DANGDAI
ZHONGGUO
TESHU
JIAOYU

师的专业化程度偏低。调查结果也显示，特殊教育学校中接受过系统的特殊教育培训或者有特殊教育专业背景的教师占比较低，而职后教育的滞后也限制了特殊教育教师在专业方面的成长。(彭霞光 等，2013)[194-196]此外，我国对特殊教育教师所实施的津贴政策长期未发生变化，仅有部分省份提高了津贴比例。国家有关部门应及时出台政策，真正发挥政策对特殊教育教师的激励作用。

区、农村、牧区特殊教育发展缓慢，水平较低。一些省份内部不同地区特殊教育的发展也不均衡。二是义务教育与非义务教育阶段特殊教育发展不均衡。义务教育阶段特殊教育发展相对较快，有相应的政策、制度、经费、师资等条件保障，已基本形成以普通学校随班就读为主体、以特殊教育学校为骨干、以送教上门和远程教育为补充的特殊教育体系。非义务教育阶段的特殊教育发展水平亟待提升：特殊儿童学前教育刚刚起步，残疾幼儿入园率偏低，贫困地区特殊儿童学前教育基本为空白；残疾人职业教育发展相对缓慢；高等特殊教育整体规划与管理亟待进一步加强，高等学校对残疾大学生支持保障力度也需进一步加大。三是特殊教育所关注的残疾儿童类别不均衡。除视力、听力和智力残疾儿童外，自闭症、脑瘫和多重残疾儿童的受教育情况堪忧。

(三) 特殊教育质量不容乐观

教育质量提升是这一时期特殊教育事业发展的重点任务，但发展结果并不乐观。一方面，仍有部分残疾儿童未入学。2012年的调查数据显示，我国实名登记的未入学适龄残疾儿童共计9.10万人，其中智力残疾儿童共计2.82万人，肢体残疾儿童共计2.86万人，多重残疾儿童共计1.36万人，其余为患有孤独症、脑瘫等其他疾病的儿童。（彭霞光 等，2013）[156]另一方面，《教育规划纲要》中期评估中的特殊教育专题评估报告显示，教材、教具、教法等诸多因素制约着特殊教育质量的提升。一些特殊教育学校仍然在使用我国在1983年为轻度智障儿童编制的教材。此外，教师制订个别化教育计划等必要技能相对较弱。同时，评估结果还显示，作为我国特殊教育主要安置形式的随班就读呈萎缩态势，其质量堪忧。送教上门工作制度普遍缺乏，对送教对象、人员、目标、内容、成效等重要问题尚未形成体系化认识，送教上门缺乏科学性与针对性。

(四) 特殊教育教师队伍建设亟待加强

从总体上看，我国特殊教育教师队伍有不断壮大的趋势，但是就全国特殊教育对教师的需求、教师队伍的结构和质量而言，还存在许多问题。从需求上看，我国特殊教育生师比较高，特殊教育教师总量仍然难以满足特殊教育的发展需求。从结构上看，我国特殊教育教师结构较为单一，特殊教育教师多毕业于师范学校特殊教育专业，学科背景以教育学为主，而我国高等教育机构对心理治疗师、言语治疗师、行为分析师、运动康复治疗师的培养相对匮乏。从质量上看，我国特殊教育教

48.70%。从参训教师占全国特殊教育教师总数的比例来看，参加特殊教育培训的教师所占比例由 2009 年的 55% 提高到 2014 年的 64%。[1]

各地以提高岗位津贴的方式把提高特殊教育教师待遇落到实处。内蒙古、浙江、湖南、海南、陕西、宁夏等省份多年来一直在提高特殊教育津贴比例，最高达到当地事业单位绩效工资基准线的 30%—50%。黑龙江、贵州规定普通学校随班就读教师享受特殊教育津贴。陕西规定省、市、县三级特殊教育专职教研员享受特殊教育岗位津贴。辽宁规定中高职特殊教育学校教师享受特殊教育津贴。浙江、福建、山东、湖北、海南、甘肃将特殊教育津贴范围扩大到退休教师。《教育规划纲要》实施以来，各地积极探索特殊教育发展规律，积累了一系列宝贵的经验，如浙江摸索出了"卫星班"模式，四川摸索出了"1+5+N"模式，福建大力推动学前特殊教育发展，上海实施特殊教育教师双证制度并将特殊教育教师职称考评单列，广西设立特殊教育师资培训中心以组织开展各类特殊教育学校师资培训工作。

二、我国特殊教育发展面临的问题

我国特殊教育自改革开放以来取得了一系列不容忽视的成就。同时，我们也应当清醒地认识到，出于种种原因，我国特殊教育与教育发达国家相比仍有很大差距，存在许多需要解决的问题。具体而言，有以下几个方面。

（一）地方政府对特殊教育的重视程度有待提高

政府对特殊教育的重视是特殊教育发展的重要动力之一，也是特殊教育政策顺利落实的重要保障。近年来，虽然国家层面增加了对特殊教育的各项投入，但相比于特殊教育的薄弱基础和巨大需求而言，仍然远远不够。《教育规划纲要》中期评估中的特殊教育专题评估报告显示，地方政府对特殊教育的重视程度不够。例如，有些地方政府仍将特殊教育定位为慈善事业或者公益事业，有些地方政府缺少特殊教育相关行政岗位以及有效的工作机制等。

（二）特殊教育发展不均衡

特殊教育发展不均衡主要表现在三个方面。一是区域发展不均衡，中西部地

---

[1] 根据教育部网站上公布的该时间段教育统计数据计算得出。相关数据见以下网址：http://www.moe.gov.cn/s78/A03/ghs_left/s182/。

截至 2014 年，全国共有特殊教育普通高中班（部）187 个，在校生 7227 人，其中盲生 1054 人，聋生 6173 人。残疾人中等职业学校（班）197 个，在校生 11671 人，毕业生 7240 人，其中 5532 人获得职业资格证书。（中国残疾人联合会，2015）

2014 年全国高等学校共招收残疾大学生 9542 人，其中 7864 名残疾学生被普通高等学校录取，1678 名残疾学生进入特殊教育学校学习。此外，国家开放大学残疾人教育学院残疾学生数量约为 7000 人。2015 年，教育部、中国残联联合印发《残疾人参加普通高等学校招生全国统一考试管理规定（暂行）》，对各级招生考试机构为残疾人参加高考提供平等机会和合理便利做出明确规定，为更多残疾学生到普通高等学校就读提供支持。

（四）特殊教育教师队伍建设初见成效

2012 年，《关于进一步加强特殊教育教师队伍建设的意见》发布。该文件就统筹规划特殊教育教师队伍建设、加大特殊教育教师培养力度、开展特殊教育教师全员培训、健全特殊教育教师管理制度、落实特殊教育教师待遇等方面做出明确规定。"国培计划" 2012 年增设了特殊教育骨干教师培训项目，已培训特殊教育骨干教师近 6000 名。开办特殊教育师范专业的高校数量明显增加，人才培养规模持续扩大。2013 年，教育部批准华东师范大学开设全国第一个教育康复专业，推动培养特殊教育相关服务人员。2014 年，教育部启动卓越特殊教育教师培养改革项目，确定华东师范大学等五所高等学校为实施学校。2015 年南京特殊师范学院升为本科学校。教育部、中国残联、交通银行从 2010 年起设立 "交通银行特教园丁奖"，每年评选 200 名优秀的特殊教育教师。"全国教书育人楷模" 等各类教师表彰名单中都有特殊教育教师。

2009—2014 年全国特殊教育学校专任教师人数呈逐年上升趋势。截至 2014 年底，全国特殊教育学校专任教师共计 48125 人，比 2009 年增加 10180 人，增幅 26.83%。特殊教育学校生师比从 2009 年 4.19 : 1 变为 2014 年的 3.86 : 1。[①]

2009—2014 年全国特殊教育教师参加特殊教育培训的人数呈逐年上升趋势。2014 年有 30802 名特殊教育教师参加培训，较 2009 年增加了 10088 人，增幅为

---

① 根据教育部网站上公布的该时间段教育统计数据计算得出。相关数据见以下网址：http: // www. moe. gov. cn/s78/A03/ghs_left/s182/。

当代中国特殊教育

以来规模最大的特殊教育学校建设项目。2008—2011 年，中央和地方累计投入 54 亿元，实施特殊教育学校建设项目，以中西部地区为重点，支持新建和改扩建 1182 所特殊教育学校；2012 年开始实施特殊教育学校建设二期项目，累计下发资金 24.42 亿元，重点支持 62 所残疾人中等、高等职业学校和高等特殊师范学校，用于加强学校特殊教育方面基础设施建设及购置教学康复实验设备。（教育部，2015）

从 2014 年起，各地将义务教育阶段特殊教育学校公用经费单列，年生均标准达 4000 元。随班就读、特教班和送教上门的义务教育阶段生均公用经费也将逐步得到同标准落实。（教育部，2015）

各地实行"两免一补"政策时，普遍将特殊教育单列。较之普通教育，特殊教育补助项目更多，标准更高，特殊教育学校学生的生活费基本由国家"全包"。残疾儿童少年接受普惠性学前教育、高中阶段教育和高等教育都享有国家相应的助学政策。截至 2014 年，全国义务教育阶段特殊教育学校共有 2000 所，其中 2009—2014 年新增特殊教育学校 328 所，[①] 基本实现了拥有 30 万以上人口且残疾儿童较多的县都有一所独立开办的特殊教育学校的目标。教育部、财政部共同实施特殊教育学校改善办学条件项目，中央特殊教育专项补助经费从 2011 年的 2500 万元提高到 2014 年的 4.1 亿元，四年里累计投入 5.4 亿元（教育部，2015），资助范围由原先的中西部地区扩大到京津沪以外的全国所有省份，支持的内容扩展至重点支持普通学校建立资源教室、特殊教育学校配备设施设备以及区域的"医教结合"实验等。特殊教育学校少、破、旧、陋等状况正在改变，办学条件得到明显改善。

（三）特殊教育体系不断完善

《教育规划纲要》实施以来，我国特殊教育体系不断完善。

截至 2013 年，在特殊教育学校学前班（部）就读的残疾儿童约有 1 万名。此外，据不完全统计，有近万名残疾幼儿在普通幼儿园就读。（教育部，2015）

截至 2014 年，在校接受特殊教育的学生共计 39.49 万人。未入学残疾儿童数量从 2010 年的 14.5 万人减少至 2013 年的 8.3 万人。（中国残疾人联合会，2015）视力、听力以及智力残疾儿童入学率提升，自闭症、脑瘫、多重残疾儿童少年就读人数逐年增加。

[①] 根据教育部网站上公布的该时间段教育统计数据计算得出。相关数据见以下网址：http://www.moe.gov.cn/s78/A03/ghs_left/s182/。

第一章 | 当代中国特殊教育发展概况

第四节 我国特殊教育发展成就与问题

一、特殊教育专题评估显示相关政策得到落实

对特殊教育所取得的成就的概括性总结可见教育部 2014 年针对《国家中长期教育改革和发展规划纲要（2010—2020 年）》（以下简称《教育规划纲要》）中期评估所做出的"特殊教育专题评估报告"（教育部，2015）。

（一）特殊教育政策保障力度显著加强

《教育规划纲要》实施以来，党和国家高度重视特殊教育，各级政府相继出台了一系列政策，不断加强对特殊教育的保障力度。党的十八大明确提出支持特殊教育。《中华人民共和国国民经济和社会发展第十二个五年规划纲要》提出要关心和支持特殊教育，"改善特殊教育学校办学条件，逐步实行残疾学生高中阶段免费教育"。党的十八届三中全会强调要推进特殊教育改革发展。2012 年，《关于加强特殊教育教师队伍建设的意见》发布，提出"到 2015 年，基本形成布局合理、专业水平较高的特殊教育教师培养培训体系，特殊教育教师职业吸引力进一步增强，教师数量基本满足办学需要。到 2020 年，形成一支数量充足、结构合理、素质优良、富有爱心的特殊教育教师队伍"。2014 年 1 月，国务院办公厅转发教育部等部门《特殊教育提升计划（2014—2016 年）》。该计划要求进一步提高特殊教育普及水平、加强条件保障、提升教育教学质量，明确提出 2014—2016 年义务教育阶段特殊教育学校生均预算内公用经费标准要达到每年 6000 元，有条件的地区可进一步提高；到 2016 年，全国基本普及残疾儿童少年义务教育，视力、听力、智力残疾儿童少年义务教育入学率达到 90% 以上，其他残疾人受教育机会明显增加。同年，国务院办公厅召开了全国特殊教育工作电视电话会议，李克强总理做出重要批示。

（二）特殊教育投入力度明显加大

《教育规划纲要》实施以来，国家及地方对特殊教育的投入力度明显加大。教育部、国家发展改革委、中国残联等部门从 2008 年开始，组织实施了新中国成立

025

当代中国特殊教育

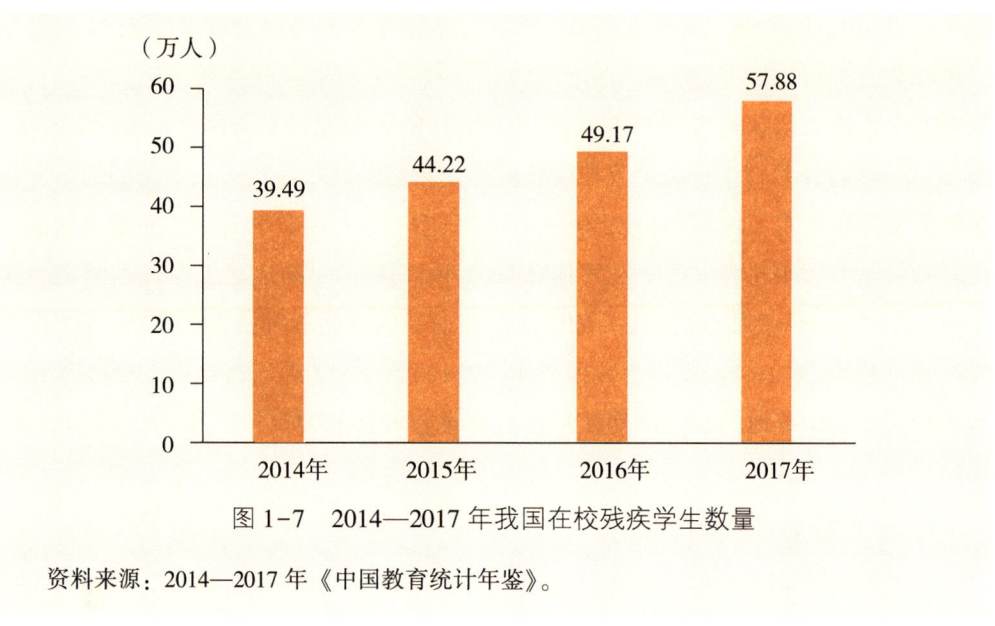

图 1-7 2014—2017 年我国在校残疾学生数量

资料来源：2014—2017 年《中国教育统计年鉴》。

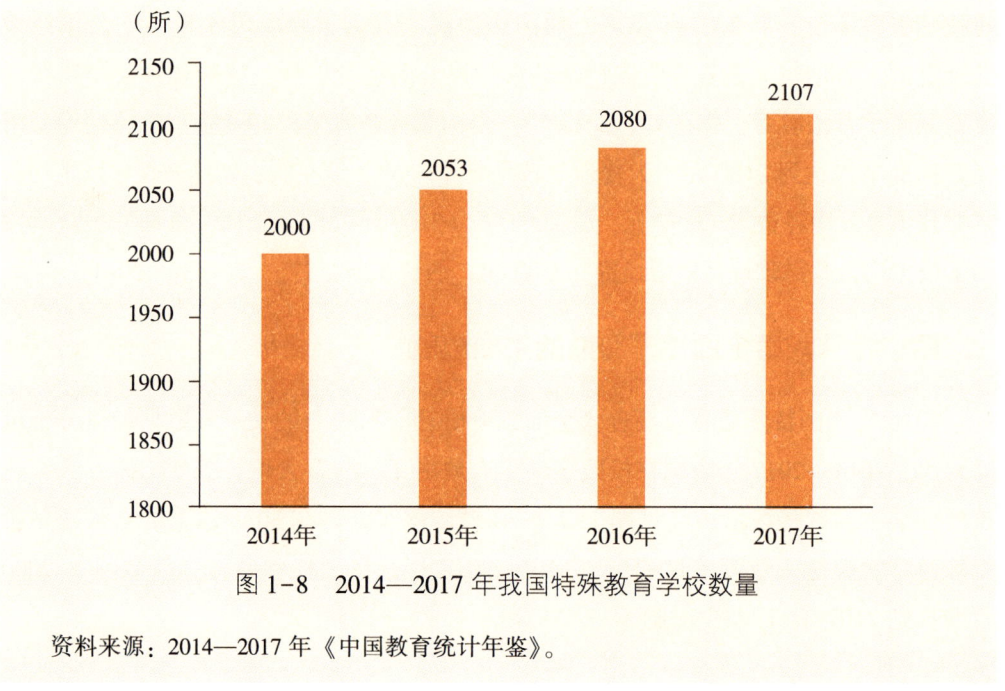

图 1-8 2014—2017 年我国特殊教育学校数量

资料来源：2014—2017 年《中国教育统计年鉴》。

较大。以 2012 年为例，这一年全国特殊教育学校专任教师变动数量是 7194 人，专任教师队伍变动率为 17.41%。在增加的专任教师中，调入教师所占比例略高，即从普通学校调入特殊教育学校的教师约占增加的教师总数的 51%。（彭霞光 等，2013）[19-25]与特殊教育学校数量及在校残疾学生数量的分布相比，东中西部地区专任教师数量分布严重不均衡。2012 年，全国特殊教育学校专任教师中，东部地区的专任教师数量为 21486 名，占专任教师总数的 49.17%；中部地区的专任教师数量为 12941 名，占专任教师总数的 29.62%；西部地区的专任教师数量为 9270 人，占专任教师总数的 21.21%。由以上数据可知，2012 年，东部地区特殊教育学校专任教师数量几乎是中部地区和西部地区特殊教育学校专任教师数量之和。（彭霞光 等，2013）[65]

（五）特殊教育经费投入

2013 年国家财政性特殊教育经费投入占国家财政性教育经费的比例为 0.26%。1998—2011 年，我国特殊教育学校经费投入从 8.4 亿元增加到 76.7 亿元，略高于同期教育经费增速。2008—2011 年，国家安排 47 亿元用于中西部地区新建、改扩建特殊教育学校。自 2007 年以来，我国多次提高义务教育阶段学校生均公用经费基准定额，各地将义务教育阶段特殊教育学校公用经费单列，特殊教育公用经费标准普遍高于普通教育。据统计，2013 年，全国义务教育阶段特殊教育学校生均公用经费标准平均达到 2100 元，为普通学校平均水平的 3 倍左右；特殊教育学校生均公共财政预算公用经费为 13597 元，是 2007 年（3109 元）的 4.4 倍，是义务教育阶段的学校生均公共财政预算公用经费（2500 元）的 5.5 倍左右。（教育部，2014）

四、特殊教育全面提升时期的主要成就

2014 年我国特殊教育发展进入全面提升时期。对现有的文献和数据加以分析可以看出，2014—2017 年全国在校残疾学生人数由 39.49 万人增长到 57.88 万人，在校残疾学生人数持续增长（见图 1-7）。在继续落实人口在 30 万以上的县须建一所特殊教育学校这一政策的过程中，2014—2017 年，我国特殊教育学校数量从 2000 所增长到 2107 所（见图 1-8）。

当 代 中 国 特 殊 教 育

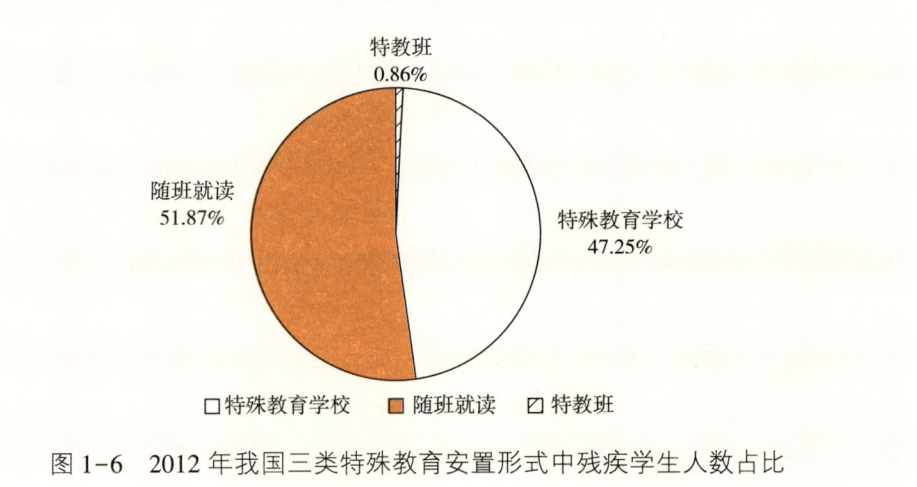

图 1-6　2012 年我国三类特殊教育安置形式中残疾学生人数占比

资料来源：彭霞光，等．中国特殊教育发展报告 2012 ［M］．北京：教育科学出版社，2013：
11-12.

2012 年残疾人事业专项彩票公益金助学项目（学前教育），为全国家庭经济困
难残疾儿童享受普惠性学前教育提供资助，共有 1 万人次接受了资助。各地也积极
多渠道争取资金支持，有 4429 名学前教育阶段适龄残疾儿童获得资助。截至 2012
年，全国已开办特殊教育普通高中班（部）186 个，在校生 7043 人。其中聋人高
级中学 121 所，在校生达 5555 人；盲人高级中学 22 所，在校生达 1488 人。残疾人
中等职业学校（班）有 152 所，在校生达 10442 人，已有 7354 人毕业，其中 5816
人获得职业资格证书。全国有 7229 名残疾人被普通高等学校录取，1134 名残疾人
进入特殊教育学院学习。截至 2012 年底，全国有未入学的适龄残疾儿童 9.1 万人，
其中视力残疾儿童 0.6 万人，听力残疾儿童 0.6 万人，言语残疾儿童 0.6 万人，智
力残疾儿童 2.8 万人，肢体残疾儿童 2.8 万人，精神残疾儿童 0.3 万人，多重残疾
儿童 1.3 万人。（中国残疾人联合会，2013）

（四）特殊教育教师

2012 年全国特殊教育学校约有 5.36 万名教师，其中专任教师近 4.37 万名，生
师比约为 4.10∶1。专任教师中，教师学历和职称不断提升，有本科以上学历的教
师所占比例超过 50%，有中级以上职称的教师所占比例接近 60%。全国特殊教育学
校专任教师队伍变动率（本学年专任教师变动数量占上学年专任教师总量的比例）

2007 年教育部、国家发展改革委印发了《"十一五"期间中西部地区特殊教育学校建设规划（2008—2010 年）》，启动了"中西部地区特殊教育学校建设"工程，中央和地方财政投入 47 亿元，新建和改扩建特殊教育学校 1182 所，保障30 万人口以上的县都有一所特殊教育学校。该工程使西部地区特殊教育学校年平均增长率达到 15%，中部地区达到 7%，特殊教育学校发展的地区差异逐步缩小（东部地区的这一数据为 4%），布局日趋合理。（彭霞光 等，2014）

2. 普通学校随班就读

残疾程度较轻的学生可以在普通学校和普通学生一起学习，这被称为残疾学生随班就读。2001—2010 年，我国随班就读残疾学生数占残疾学生总数的比例基本保持在 60% 左右。此后这一比例略微降低，2011 年降为 56%，2012 年降为 53%。（彭霞光 等，2014）

3. 送教上门

送教上门主要是针对患有重度残疾、多重残疾或无法到校的适龄残疾儿童的，接受这种形式的教育的残疾儿童。其学籍一般归当地的特殊教育学校管理。

（三）各教育阶段残疾学生情况

我国目前在特殊教育学校接受教育的残疾学生主要有三类，即听力残疾、视力残疾、智力残疾学生。在普通学校就读的残疾学生主要分为以下几类：肢体残疾儿童、轻度智力残疾儿童、轻度言语残疾儿童、有残余视力的视力残疾儿童、有残余听力的听力残疾儿童、轻度的自闭症儿童、脑瘫儿童等。

2012 年，全国在校残疾学生总数为 37.88 万人，其中在特殊教育学校就读的残疾学生总数为 17.90 万人，占残疾学生总数的 47.25%；在普通中小学随班就读的残疾学生总数为 19.65 万人，占残疾学生总数的 51.87%；在普通中小学附设特教班就读的残疾学生总数为 3253 人，占残疾学生总数的 0.86%（见图1-6）。

当 代 中 国 特 殊 教 育

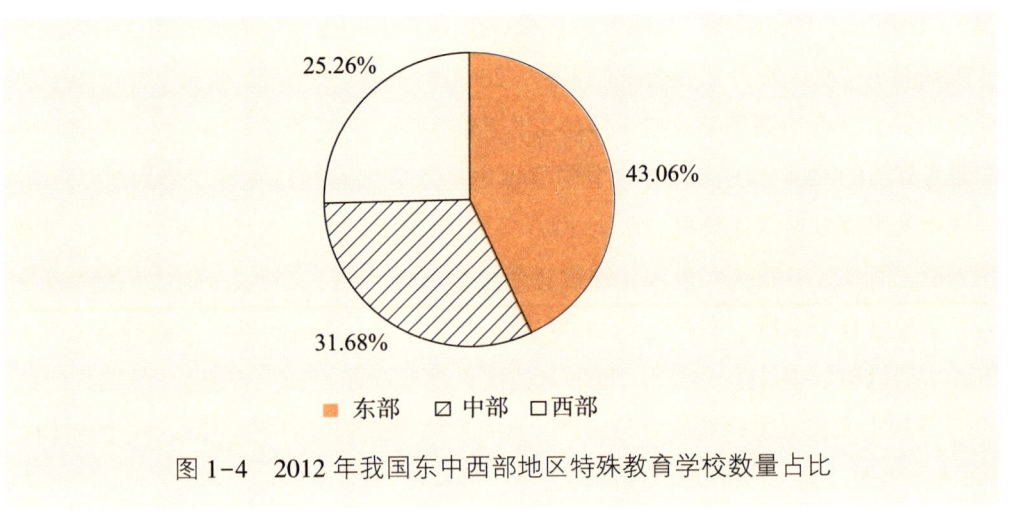

图 1-4 2012 年我国东中西部地区特殊教育学校数量占比

从不同区域数据来看，2012 年，东部地区城区特殊教育学校数量比乡村地区多出 43.54 个百分点，中部地区城区特殊教育学校数量比乡村地区多出 34.70 个百分点，西部地区城区特殊教育学校数量比乡村地区多出 26.52 个百分点（见图 1-5）。

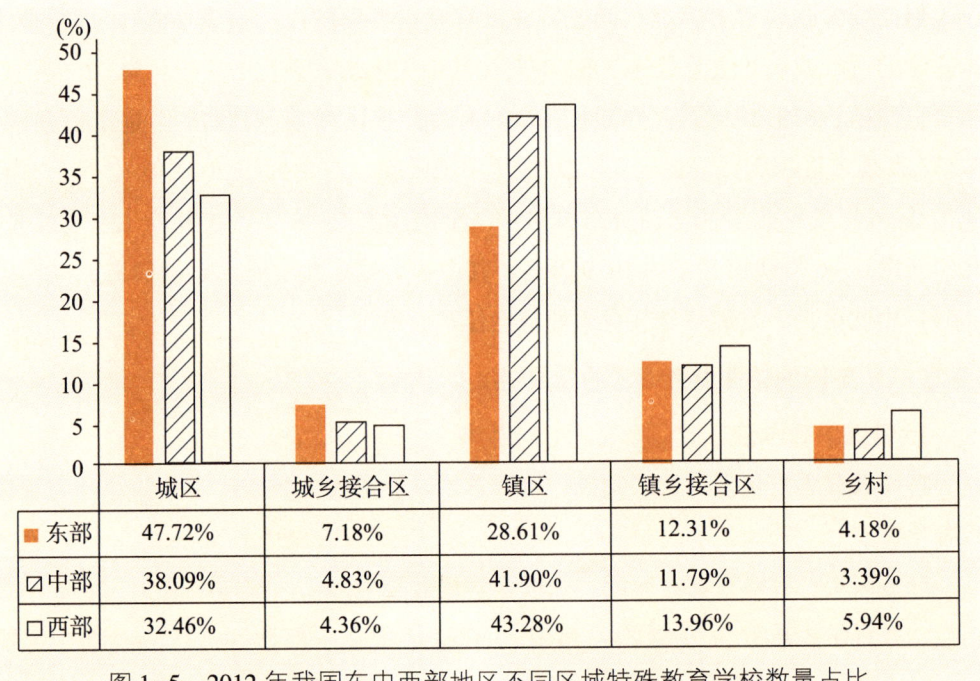

图 1-5 2012 年我国东中西部地区不同区域特殊教育学校数量占比

资料来源：彭霞光，等 . 中国特殊教育发展报告 2012 ［M］. 北京：教育科学出版社，2013：57-59.

020

款，《中华人民共和国残疾人保障法》（2008 年修订）、《残疾人教育条例》等法律法规保障了残疾人平等接受教育的权利。2003 年 3 月，教育部、卫生部、中国残联联合印发了《普通高等学校招生体检工作指导意见》，调整了对残疾考生身体条件和报考专业的限制，在普通高等学校招收残疾考生方面取得突破。根据 2003 年中国残疾人事业发展统计公报，截至 2003 年底，全国有 3072 名残疾人被普通高等学校录取，有 827 名残疾人进入特殊教育学校学习（金野，2004）。招收残疾学生的高等学校已有十余所，在校生约 2000 人。全国省级、市级、县级三级残疾人职业教育培训机构数量已达 987 个，能够对残疾人进行职业培训的普通机构有 3156 个，49 万名残疾人接受了职业教育与培训。具备发放中等学历的职业教育资格的机构有 190 个，在校生达 11311 人。（陈云英 等，2004）[56-57]

在这一时期，各地积极开展扶残助学工作，不断建立和完善残疾儿童助学制度。2003 年"扶残助学项目"共资助 6886 名贫困残疾儿童，"中西部地区盲童入学"项目资助了 3300 名残疾儿童。除此之外，各地还采取多种形式资助了 88645 名贫困残疾儿童。

然而残疾儿童"上学难"问题，并没有完全得到解决。截至 2003 年底，全国未入学的适龄残疾儿童总数达 306474 人（其中 43127 人是视力残疾，54226 人是听力语言残疾，87972 人是智力残疾，66433 人是肢体残疾，17178 人是精神残疾，37538 人是多重残疾）。（陈云英，2005）[20]中国残联等有关部门 2003 年 12 月公布的我国 0—6 岁残疾儿童抽样调查结果显示，全国约有 0—6 岁残疾儿童 139.5 万名，每年新增 0—6 岁残疾儿童约 19.9 万名，其中智力残疾儿童所占比例最高。（钟义，2004）由此可见，发展特殊教育事业依然任重而道远。

（二）不同的特殊教育形式的发展情况

1. 特殊教育学校

特殊教育学校包括盲校、聋校、培智学校以及招收各类残疾学生的综合类特殊教育学校。

分地区看，我国东部地区的特殊教育学校数量最多，西部地区最少。2012 年我国特殊教育学校总数为 1853 所，其中 43.06% 集中在东部地区，31.68% 在中部地区，25.26% 在西部地区（彭霞光 等，2013）[55-56]（见图 1-4）。

1992 年 5 月，《全国残疾儿童少年义务教育"八五"实施方案》出台，1996 年 5 月，《残疾儿童少年义务教育"九五"实施方案》出台。2001 年 4 月，《中国残疾人事业"十五"计划纲要（2001 年—2005 年）》出台。以上三个"纲要"和两个"方案"为我国特殊教育特别是残疾儿童义务教育的健康发展、持续发展做出了具体规划。

（四）加强对特殊教育的领导与管理

1989 年国务院办公厅转发的国家教委等部门《关于发展特殊教育的若干意见》提出：我国对特殊教育实行以教育行政部门为主，民政、卫生、劳动、计划、财政、残联等部门各司其职、紧密配合的管理办法。1993 年国务院残疾人工作协调委员会成立，其职责是协调包括特殊教育在内的有关残疾人事业的方针、政策、法规等的制定与实施工作。1994 年国家教委设立特殊教育办公室，其职责是协调国家教委各部门对特殊教育的领导与管理工作。

特殊教育行政部门是管理各级各类特殊教育的部门，其主要职责是贯彻执行国家关于特殊教育的方针政策，颁布课程计划、教学大纲和有关规章制度，同其他部门一起做好特殊教育发展规划，对特殊教育工作进行指导和管理，负责组织特殊教育师资的培训和特殊教育教材的编审。民政部门负责组织儿童福利机构和社区服务机构，统筹面向残疾儿童的学前教育、文化教育和职业技术教育；卫生部门负责残疾儿童的检查诊断、康复等工作；劳动部门协助有关部门推动残疾青年的职前培训和在职培训；计划和财政部门在基建投资和经费方面给特殊教育事业积极的支持；各级残联把发展特殊教育事业作为自己的重要任务之一，其职能在于协助政府、动员社会做好特殊教育工作。

三、特殊教育全覆盖时期的主要成就

2002—2013 年是我国特殊教育全覆盖时期，这一阶段的主要特点是以普及特殊教育为主，兼顾特殊教育质量。

（一）全覆盖时期我国特殊教育的主要成就

这一时期我国与时俱进地修订了有关残疾人和特殊教育的法律，并相继颁布了一系列法规和政策，推动特殊教育的发展。《中华人民共和国宪法》（2004 年修订）、《中华人民共和国义务教育法》（2006 年修订）中有保障残疾人权益的相关条

5. 特殊教育的全国布局和分工

由于各类残疾儿童的数量差别较大，全面举办特殊教育需要国家通过政策做出整体安排。我国在这一阶段针对不同类型的残疾儿童，采取了不同办法。大体如下：第一，由于盲童数量相对较少，盲童教育原则上以省、自治区、直辖市为单位划片设校，或以地市为单位设校，并有计划地安排盲童在盲童学校和普通学校随班就读。第二，针对聋童教育，原则上以县为单位办校办班。凡符合条件的聋童，应在普通学校随班就读。第三，针对智障儿童，城市地区的普通学校、残疾儿童福利机构可以办班，也可以随班就读的形式保障智障儿童接受教育的权利。此外，城市地区也可以集中办校；农村地区按就近入学原则，安排智障儿童随班就读，对其加强个别辅导；有条件的县、乡（镇）也可以办班或建校。这一时期，国家在推进特殊教育学校（班）合理布局的基础上，强调各地应有重点地办好几所盲校、聋校和培智学校或特教班，作为教学研究中心，发挥典型示范的作用。

6. 特殊教育学制和特殊儿童入学年龄

残疾儿童接受义务教育的年限原则上与当地普通儿童相同。1989年国务院办公厅转发的国家教委等部门《关于发展特殊教育的若干意见》提出：（1）面向盲童的初等学校（班）和初级中等学校（班），原则上实行五四制，也可以实行六三制。各地应在盲童中先普及五年或六年制初等教育，有条件的地区可适当发展面向盲童的四年或三年制初级中等教育。（2）面向聋童的学校（班）原则上实行九年制。条件不具备的地区，可实行六三制，先在聋童中普及六年制初等教育。（3）面向弱智儿童的学校（班）的学制一般为九年。条件不具备的地区，可实行六三制。面向这类儿童，先普及六年制初等教育。（4）招收残疾儿童，接收其随班就读的普通学校，学制不变。（5）残疾儿童的入学年龄一般为七至九周岁，有条件的地区可以逐步过渡到六至七周岁。在初等教育阶段，在校学生的年龄一般不得超过十八周岁。

（三）制定特殊教育事业的发展规划

在这一时期，我国多次以出台和落实政府工作计划、工作纲要、实施方案的方式促进特殊教育事业发展。1988年，《中国残疾人事业五年工作纲要（1988年—1992年）》印发，在教育方面提出了十项具体任务和要求。1991年，《中国残疾人事业"八五"计划纲要（1991年—1995年）》印发。为了贯彻《中国残疾人事业"八五"计划纲要（1991年—1995年）》，进一步发展面向残疾儿童的义务教育，办法，提出实施"扶残助学项目"（后续有 7544 名贫困残疾儿童获得项目资助、接受教育），以及继续实施"中西部地区盲童入学项目"（后续有 3300 名盲童得到资助）。这一时期，我国特殊高等教育有了新发展，听力残疾学生免试外语听力问题得到解决。

1988—2001 年三次全国特殊教育工作会议的召开，反映了国家对残疾人工作的重视以及发展特殊教育事业的决心，有力地扭转了我国特殊教育事业发展缓慢、落后于其他发展中国家的局面，极大地促进了我国特殊教育事业的发展。

（二）制定发展特殊教育事业的一系列政策

改革开放以来，我国特殊教育事业发展取得显著成就，教育教学改革不断深化，探索出了一条具有中国特色的特殊教育发展路径，形成了特殊教育的基本框架。这一系列成就的取得，与国家制定的一系列重要政策紧密相关。1989 年 5 月，国务院办公厅转发国家教委等部门《关于发展特殊教育的若干意见》，为特殊教育的发展指明了方向。

1. 特殊教育发展政策

普及与提高相结合，以普及为重点，着重抓好初等教育和职业技术教育，积极开展学前教育，逐步发展中等教育和高等教育，逐步形成特殊教育体系。

2. 特殊儿童教育方针

残疾儿童和普通儿童一样，要实现德智体美劳全面发展。要结合实际，面向社会，增强残疾人自立能力。对残疾学生进行思想品德、基础文化、劳动技能和职业技术教育。

3. 特殊教育办学思路

为了加快发展特殊教育，实行国家、集体、个人多种渠道办学，充分调动各方面办学的积极性，同时积极创造条件，举办多种形式的特殊教育学校；在普通学校附设特教班，让残疾儿童随就读，加快特殊教育事业的发展。

4. 特殊教育发展格局

特殊教育是一类面向多种类型残疾儿童的教育，单靠建立特殊教育学校无法满足他们的教育需求，需要采取多种教育安置措施来解决这个问题，因此教育部提出以普通学校附设特教班和随班就读为主体、以一定数量的特殊教育学校为骨干的特殊教育发展格局。

1990 年 2 月，第二次全国特殊教育工作会议召开。本次会议的主要任务是总结交流各地贯彻落实第一次全国特殊教育工作会议精神和《关于发展特殊教育的若干意见》的情况，讨论进一步推动特殊教育事业发展的措施。

1988 年，中国残联成立，自此我国有了一个协调推进残疾人教育工作的社会组织。1991 年天津大学机电分校特殊教育部成立并招收第一届学生，1996 年整建制并入天津理工大学，1997 年挂牌成立聋人工学院，这是我国第一所面向聋人的高等工科特殊教育学院。

1995 年，我国特殊教育学校在校生共计 295599 人，其中各类特殊教育学校在校生共计 106045 人，占总数的 35.87%，普通学校附设特教班及随班就读的在校生共计 189554 人，占总数的 64.13%。另外，根据中国残疾人事业发展统计公报公布的数据，截至 2003 年底，全国有 1551 所特殊教育学校；普通学校附设特教班已达 3154 个，接受教育的视力残疾、听力残疾、智力残疾等类型的残疾儿童数量达到 57.7 万名。这些数据说明我国的特殊教育办学规模不断扩大，有越来越多的残疾儿童接受教育。

《残疾儿童少年义务教育"九五"实施方案》规定，"到 2000 年，视力、听力言语和智力残疾儿童少年的入学率全国平均分别达到 80% 左右"。然而，截至 2000 年底，视力残疾、听力言语残疾、智力残疾三类残疾儿童少年义务教育入学率分别为 54.1%、72.9% 和 81.9%。除智力残疾儿童少年义务教育入学率超过 80% 外，另外两类残疾儿童少年义务教育入学率均低于 80%。造成这种现象的主要原因有特殊教育学校经费不足、特殊教育教师素质偏低、相关法律法规政策不健全以及残疾儿童少年家庭经济困难等。

2001 年 4 月，第三次全国特殊教育工作会议召开。此次会议提出要从我国经济社会全面发展和发挥社会主义制度优越性的战略高度，进一步提高对发展特殊教育事业重要性的认识，加强领导，加大投入，促进我国特殊教育事业发展。同年 11 月，国务院办公厅转发教育部等部门《关于"十五"期间进一步推进特殊教育改革和发展的意见》。此后，为进一步落实第三次全国特殊教育工作会议精神，中国残疾人联合会（以下简称中国残联）、教育部、各省份的残疾人联合会（以下简称残联）和教育行政部门开展调研，了解特殊教育工作的情况及问题，积极探索推进特殊教育改革与发展的新思路。2001 年 12 月，中国残联教育就业部与教育部基础教育司联合召开全国随班就读工作经验交流会，研讨提高残疾儿童随班就读质量的积极开展工作，取得了一定的成绩。同时，汉语盲文"七五"方案（过去被称为"带调双拼盲字方案"）的实验工作取得了初步成果，"金钥匙盲童教育计划"的试点工作在这一时期也逐步展开。

在取得成就的同时，这一时期我国特殊教育事业在发展过程中也存在一些不足，特殊教育机构的数量和质量等都没能很好地适应外部世界的客观需要，主要表现在：特殊教育师资缺乏；特殊教育经费、教育教学设施设备等办学条件亟待提升；国家有关特殊教育的法规政策还相当薄弱，对特殊教育的发展规划还不够详尽；等等。

二、特殊教育普及时期的主要成就

这一阶段我国特殊教育以《中华人民共和国义务教育法》的颁布为契机，开展了相关法制建设。自 20 世纪 80 年代以来，我国特殊教育法律基础已初步建立，制定了有关法律、法规和行政规章制度。同时，中共中央及国务院所制定的重要的教育政策都涉及特殊教育，如 1985 年中共中央颁布的《关于教育体制改革的决定》、1993 年中共中央、国务院颁布的《中国教育改革和发展纲要》、1994 年国务院颁布的《关于〈中国教育改革和发展纲要〉的实施意见》。1995年党的十四届五中全会提出实施"科教兴国"战略。实现"四个现代化"，建设有中国特色的社会主义的宏伟目标，对发展教育事业提出迫切要求，我国特殊教育在这一时期逐步普及。

（一）全国特殊教育工作会议的召开推动特殊教育事业发展

1988 年，全国盲、聋学龄儿童入学率不足 6%，采取有力措施尽快提高残疾儿童入学率是发展特殊教育的首要任务。1988 年 11 月，第一次全国特殊教育工作会议在北京召开，这是中华人民共和国成立后首次专门研究残疾人教育问题的全国性会议，是我国特殊教育发展史上的一座里程碑。会议的主要任务是研究和部署全国特殊教育的发展，着重研究了面向残疾儿童的义务教育的方针、发展规划以及需要采取的举措。会议集中审议了《关于发展特殊教育的若干意见》《特殊教育补助费使用办法》《残疾人教育条例》等文件，并交流了各地发展特殊教育的经验。会议宣布从 1989 年起国家设立残疾人教育专项补助费，扶持各地发展特殊教育事业。1989 年，国务院办公厅转发国家教委等部门《关于发展特殊教育的若干意见》。

数量达到 504 所，在校生数量达到 5.29 万人，教职工数量达到 14000 余人。在这一时期，我国特殊教育的发展成就主要体现在以下几点。

（一）开展培智教育

除了面向盲、聋儿童的特殊教育外，我国从 1979 年起开始试办针对智障儿童的培智教育。到 1987 年底，我国普通小学附设培智班达到 578 个，培智学校达到 90 所，除了一部分轻度智障儿童在普通小学就读外，在培智学校（班）接受特殊教育的智障儿童共有 9900 余人。

（二）试办非义务教育阶段特殊教育

在这一阶段，我国很多地区试办了残疾儿童学前教育，对聋童进行听觉言语训练。部分省份开设了盲、聋人初中职业班，有的地区还开办了残疾人高中职业班或残疾青年职业培训机构。全国也开始试办残疾人大学专科教育，滨州医学院、长春大学相继开办了残疾人大专班。随后天津理工大学、北京联合大学、中州大学等一批高等学校，相继建立特殊教育学院（系、班）。

（三）建立特殊教育师资培训机构

1981 年，黑龙江省肇东师范学校首先设立了特殊教育师范部。1982 年，我国第一所中等特殊教育师范学校——南京特殊教育师范学校成立。另外，北京师范大学、华东师范大学在这一阶段开设了特殊教育专业，填补了我国培养高层次特殊教育专业人才的空白。

（四）编写特殊教育教材

我国在 20 世纪 50 年代就有了为聋哑学校专门编写的统一的语文、数学教材，为盲校改编、以盲文形式呈现的小学教材和部分职业教育教材也已出版。20 世纪 70 年代，我国又重新编写和出版了面向聋校师生的语文、数学各 16 册教材及配套的教学参考书。

（五）启动特殊教育科研工作

在这一阶段，北京师范大学特殊教育研究中心、中央教育科学研究所特殊教育研究室的成立，部分省份特殊教育研究室的建立和特殊教育科研人员的配备，标志着我国特殊教育科研工作迈出了可喜的步伐。1982 年，中国教育学会特殊教育分会成立，作为中国特殊教育工作者的群众性学术团体，它在特殊教育教学和科研方面入了从学前教育至高等教育的全覆盖时期，我国逐渐形成了一个较为完整的特殊教育体系，全社会对特殊教育重要性的认识出日益加深。2009年颁布的《关于进一步加快特殊教育事业发展的意见》确定了特殊教育的五大发展任务：全面提高残疾儿童少年义务教育普及水平，不断完善残疾人教育体系；完善特殊教育经费保障机制，提高特殊教育保障水平；加强特殊教育的针对性，提高残疾学生的综合素质；加强特殊教育教师队伍建设，提高教师专业化水平；强化政府职能，全社会共同推动特殊教育事业发展。

（四）第四个阶段（2014—2017年）：特殊教育全面提升时期

2014年，国务院办公厅转发教育部等部门《特殊教育提升计划（2014—2016年）》。该文件提出2014—2016年我国将探索符合我国国情的全纳教育模式，促使残疾儿童接受合适的教育，使其能平等参与社会生活。该文件使我国特殊教育进入全面提升时期，随后国家颁布了一系列相关政策文件，规划特殊教育的发展，为特殊教育提供多方面支持和保障，致力于特殊教育质量的提升。

2017年，《第二期特殊教育提升计划（2017—2020年）》印发。该文件提出了发展特殊教育的六条措施：第一，提高残疾儿童义务教育普及水平；第二，加快发展非义务教育阶段特殊教育；第三，健全特殊教育经费投入机制；第四，健全特殊教育专业支撑体系；第五，加强专业化特殊教育教师队伍建设；第六，大力推进特殊教育课程教学改革。

第三节　我国特殊教育在不同阶段所取得的成就

一、特殊教育恢复发展时期的主要成就

1982年第五届全国人民代表大会第五次会议通过的《中华人民共和国宪法》规定："国家和社会帮助安排盲、聋、哑和其他有残疾的公民的劳动、生活和教育。"1982年的《中华人民共和国宪法》为《中华人民共和国教育法》《中华人民共和国残疾人保障法》的制定提供了法律依据。

我国特殊教育在改革开放时期迎来了发展机遇。到1987年，全国特殊教育学校

育学校数量稳定增加。在面向盲童和聋童的特殊教育继续发展的同时，面向智力障碍（以下简称智障）儿童的辅读班及培智学校也相继开设。截至 1987 年，面向盲童、聋童的学校以及培智学校等三类特殊教育机构共有 504 所，在校生达到 5.29 万人。中等教育阶段和高等教育阶段致力于培养特殊教育师资的机构也陆续建立。

（二）第二个阶段（1988—2001 年）：特殊教育普及时期

随着 1986 年《中华人民共和国义务教育法》的颁布实施，如何保障残疾儿童接受义务教育的权利成为摆在教育工作者面前的问题。1988 年，第一次全国特殊教育工作会议召开，极大地推动了特殊教育的发展。1989 年 5 月，国务院办公厅转发了国家教委等部门联合制定的《关于发展特殊教育的若干意见》，确定了特殊教育要贯彻普及与提高相结合、以普及为重点的原则。1990 年第二次全国特殊教育工作会议召开，极大地推动了特殊教育的发展。截至 2000 年，全国在校残疾学生数约为 37.76 万人，是 1987 年在校残疾学生数（5.29 万人）的 7.14 倍。其中 25.99 万名残疾学生在普通学校就读，约占当年在校残疾学生总数的 68.83%。在此时期，培智学校及辅读班、综合类特殊学校相继建立并得到快速发展。（彭霞光，2019）到 2001 年第三次全国特殊教育工作会议召开时，全国共有 1531 所特殊教育学校，接受教育的残疾儿童（包括在普通学校就读的残疾儿童）数量约为 38.64 万人。在重点解决残疾儿童接受九年义务教育的问题的基础上，我国积极在学前教育、职业教育及高等教育领域探索特殊教育的发展方式。

（三）第三个阶段（2002—2013 年）：特殊教育全覆盖时期

2001 年第三次全国特殊教育工作会议召开后，我国特殊教育事业有条不紊地发展。《中华人民共和国义务教育法》（2006 年修订）、《中华人民共和国残疾人保障法》（2008 年修订）中都增加了有关特殊教育发展的规定。党的十七大报告提出"关心特殊教育"，党的十八大报告提出"支持特殊教育"，使特殊教育逐渐成为社会公众关注的教育类型。在这一阶段，中共中央、国务院颁布了《关于促进残疾人事业发展的意见》，发布了《"十一五"期间中西部地区特殊教育学校建设规划（2008—2010 年）》，此后中央和地方财政投入 47 亿元，新建和改扩建特殊教育学校 1182 所，保证 30 万人口以上的县都有一所特殊教育学校，缩小了特殊教育的区域发展差距。2009 年第四次全国特殊教育工作会议的召开，标志着我国特殊教育进随着我国特殊教育体系日趋完善，我国特殊儿童在教育方面的可选择范围变大；另一方面也反映出我国普通教育体系更加开放，尤其是义务教育阶段普通学校能接受残疾儿童随班就读或附设特教班，保障残疾儿童的受教育权利。

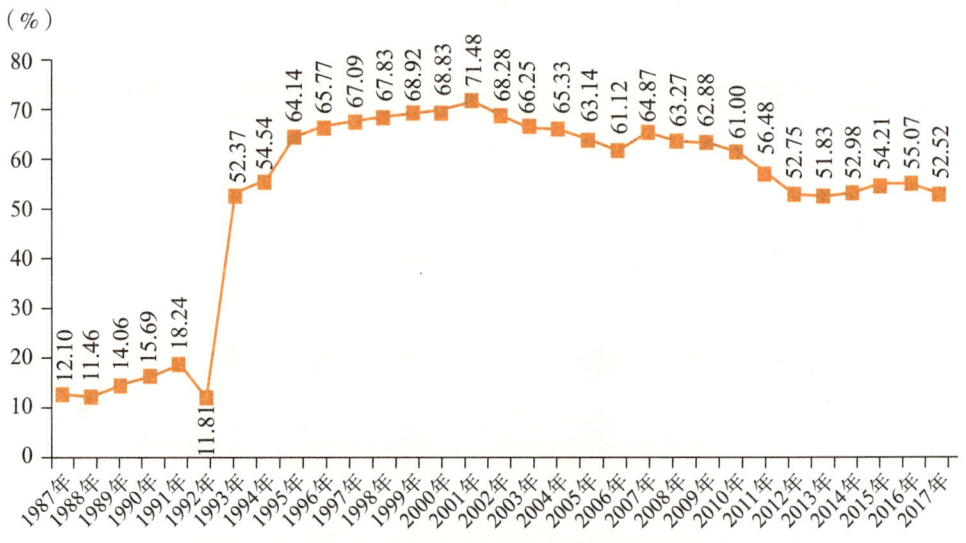

图1-3　1987—2017年我国残疾学生中随班就读者和
在普通学校附设特教班就读者占在校残疾学生总数的比例

资料来源：1987—2017年《中国教育统计年鉴》。

二、 我国特殊教育在不同时期的发展情况

关于特殊教育的发展阶段有不同的见解，本书将1978—2017年我国特殊教育40年的发展历程分成四个阶段，并对每个阶段的发展情况进行简要介绍。这四个阶段分别是：1978—1987年为第一个阶段，这个阶段是特殊教育恢复发展时期；1988—2001年为第二个阶段，这是特殊教育普及时期；2002—2013为第三个阶段，这个阶段是特殊教育全覆盖时期；2014—2017年为第四个阶段，这个阶段我国致力于推动特殊教育全面发展，注重特殊教育保障体系的构建以及特殊教育质量的全面提升。

（一）第一个阶段（1978—1987年）：特殊教育恢复发展时期

在这一阶段，随着改革开放的推进，我国残疾儿童在校数量平稳增长，特殊教

是国家用法规政策保障了残疾儿童接受教育的权利，接受教育的残疾儿童数量不断增加，残疾人口的素质也因此得以不断提高。

（二）特殊教育学校数量显著增加

1978 年我国有 292 所特殊教育学校，到了 2017 年我国特殊教育学校的数量已达到 2107 所（见图 1-2），平均每年新建约 46.54 所。1978—2017 年我国 30 万人口以上的县依照国家政策要求努力在当地建立一所特殊教育学校，用作当地特殊教育的教学中心、研究中心和资源中心，推动当地的特殊教育发展，开展当地残疾儿童的教育工作。

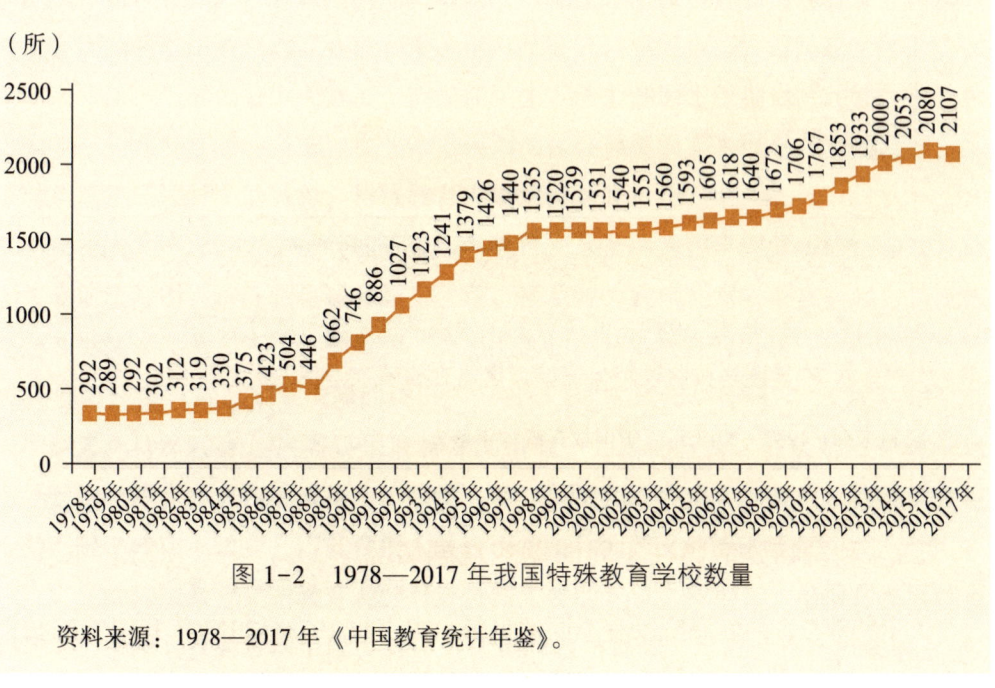

图 1-2　1978—2017 年我国特殊教育学校数量

资料来源：1978—2017 年《中国教育统计年鉴》。

（三）残疾学生中在普通学校就读者数量骤增

1987—2017 年我国残疾学生中随班就读者和在普通学校附设特教班就读者占在校残疾学生总数的比例呈现出两种趋势（见图 1-3）：第一种趋势是，1987—2001年，这一比例逐年增长，从 1987 年的 12.10% 增长至 2001 年的 61.00%。第二种趋势是，这一比例从 2002 年 68.28% 逐渐降低到 2017 年的 52.52%。导致后一种趋势的原因是，随着残疾儿童求学选择的多样化，他们既可以选择在本地特殊教育机构求学，也可以选择在普通学校随班就读。残疾儿童求学的可选择性，一方面反映了

第二节 1978—2017 年我国特殊教育总体成就扫描

一、我国特殊教育的发展成就

本部分主要梳理 1978—2017 年我国特殊教育的发展轨迹，描述我国特殊教育发展进程中的主要成就。

（一）在校残疾学生数量逐年增长

我国在校残疾学生数量由 1978 年的 3.09 万人增长到 2017 年的 57.88 万人（见图 1-1），年平均增加约 1.40 万人。在校残疾学生数量的增长，体现了我国 1978—2017 年不同时期所颁布的保障残疾儿童接受特殊教育的权利的法规政策落实之后所取得的实际成果。概言之，我国 1978—2017 年特殊教育所取得的第一大成就便

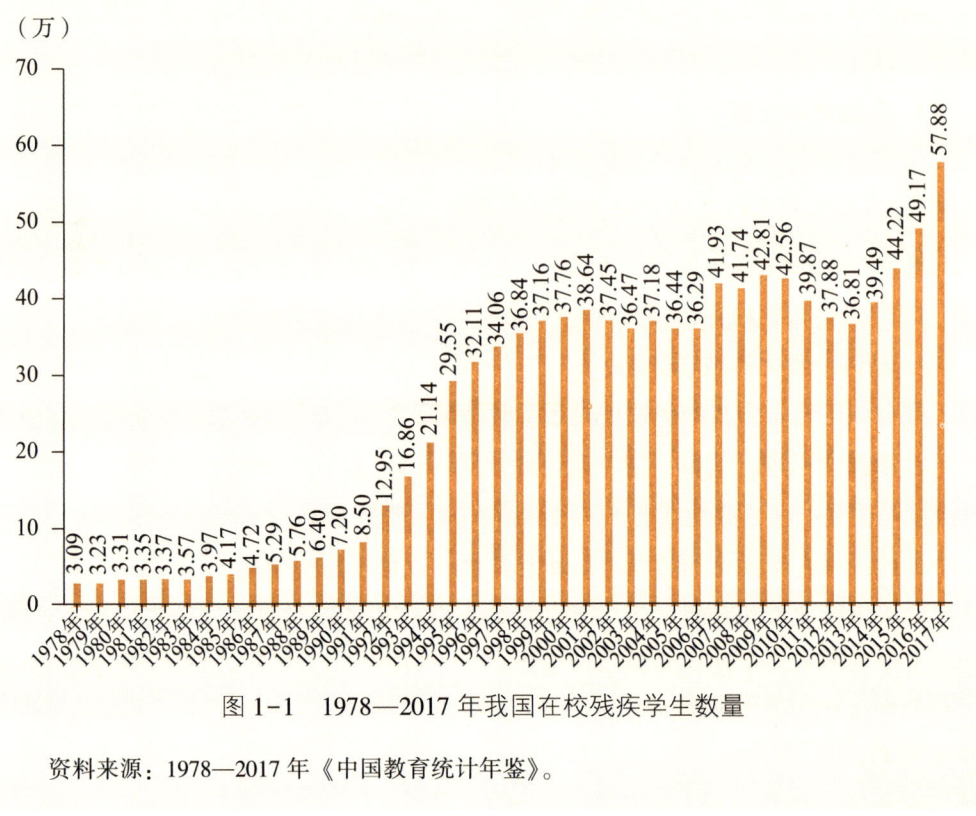

图 1-1 1978—2017 年我国在校残疾学生数量

资料来源：1978—2017 年《中国教育统计年鉴》。

（二）教学设计

特殊教育领域的教学设计有其独特性。根据特殊教育的实施原则，在进行特殊教育教学时需按照以下流程，为每一个儿童制订个性化的教学计划。（陈云英　等，2004）[28-30]

1. 确定对象

在确定儿童需要接受特殊教育之前，教师首先要对儿童进行一系列的生理和心理方面的测量诊断，要进行家访，调查儿童的病因、病史和家庭情况，对儿童的行为和学习情况进行观察，以确定其是不是特殊教育的对象。

2. 进行教育诊断

在收集资料的基础上，教师要进一步对导致儿童存在学习困难的因素进行分析，以确定是外因还是内因。如果是内因，再确定内因是不是智力因素。教育诊断的整个过程，是建立和填写儿童发展历程档案的过程，可采用的方法有观察法、问卷调查法、心理测量法等。教师在对一个儿童的整体发展情况有了初步的把握之后，请专家（有时不止一位）做出判断，确定儿童需要何种特殊教育以及可能达到的学习目标和发展水平，为后期制订个性化的教学计划奠定基础。

3. 具体教学安排

根据教育诊断所得出的结论，教师要做出具体教学安排。具体教学安排需要回答六个问题：（1）儿童需要什么样的教育？（2）儿童在哪里受教育？是随班就读或进入特教班、特殊教育学校吗？（3）儿童接受完教育后要达到什么水平？（4）怎样安排教学内容？（5）如何安排教学活动？（6）如何评估教学效果？

4. 制订个性化的教学计划

在分析了儿童本身的优缺点之后，教师需要为其制订个性化的教学计划，并且要对教学或课程进行调整。这些调整可能是：（1）教学内容的深浅与多少；（2）教学进度的快慢；（3）强化或弱化某一门课；（4）教学方法；（5）教材。

如此一来，个性化的教学计划就会和普通教育机构中使用统一教材、保持统一进度的教学模式大相径庭。除了听课之外，有些儿童还需要接受康复训练与治疗，这些安排也要写入个性化的教学计划之中。个性化的教学计划是教学的主要依据，也是评价教学效果和学生进步情况的主要依据。

当 代 中 国 特 殊 教 育

我国特殊教育对象的教育安置分为普通教育安置和特殊教育安置。《中华人民共和国残疾人保障法》（2008年修订）第三章第二十五条规定："普通小学、初级中等学校，必须招收能适应其学习生活的残疾儿童、少年入学；普通高级中等学校、中等职业学校和高等学校，必须招收符合国家规定的录取要求的残疾考生入学，不得因其残疾而拒绝招收。"第二十六条规定："残疾幼儿教育机构、普通幼儿教育机构附设的残疾儿童班、特殊教育机构的学前班、残疾儿童福利机构、残疾儿童家庭，对残疾儿童实施学前教育。""初级中等以下特殊教育机构和普通教育机构附设的特殊教育班，对不具有接受普通教育能力的残疾儿童、少年实施义务教育。""高级中等以上特殊教育机构、普通教育机构附设的特殊教育班和残疾人职业教育机构，对符合条件的残疾人实施高级中等以上文化教育、职业教育。"

我国针对特殊儿童、青少年的教育安置举措随着国家政策法规与社会经济文化发展情况而有所变化。1986年以来，特殊儿童、青少年在教育机构就读的人数从4.72万名增加到2017年的57.88万名。1986—1992年，特殊儿童、青少年进入特殊教育学校就读是主要的教育安置方式。随着1987年特殊儿童、青少年进入普通教育机构附设特教班就读的教育安置举措实施后，进入这类机构的特殊儿童、青少年人数逐年递增，1993年，进入这类机构的特殊儿童、青少年的人数与进入特殊教育机构的特殊儿童、青少年的人数基本持平。1993—2011年，每年进入普通教育机构附设特教班及随班就读的特殊儿童、青少年占特殊儿童、青少年在机构就读的总人数的50%以上。（赵小红，2013）

特殊儿童的教育安置，不只是特殊教育发展问题，也是人权事业发展问题。首先要明确的是接受教育是儿童的一项重要权利，其次是应该让儿童选择对自己发展有利的以及符合其愿望的教育方式。1989年联合国大会开会纪念《儿童权利宣言》颁布30周年，并通过了《儿童权利公约》，这是国际组织为保障儿童权利颁布的第一份国际性法律文件。《儿童权利公约》第二十三条规定"身心有残疾的儿童应能在确保其尊严、促进其自立，有利于其积极参与社会生活的条件下享有充实而适当的生活"。

《关于残疾人的世界行动纲领》第七十七条指出："一般来说，残疾预防、康复以及使残疾人融入社会的各种服务、设施和社会行动，是与政府和社会是否愿意依据其能力向处境不利的群体分配资源、提供服务等密切相关的。"面向特殊儿童和青少年的特殊教育是各国政府都要努力发展的一类教育，做好教育安置工作，有利于促进社会稳定与和谐。

残疾人的教育。《中华人民共和国残疾人保障法》（2008 年修订）规定："残疾人是指在心理、生理、人体结构上，某种组织、功能丧失或者不正常，全部或者部分丧失以正常方式从事某种活动能力的人。""残疾人包括视力残疾、听力残疾、言语残疾、肢体残疾、智力残疾、精神残疾、多重残疾和其他残疾的人。"为了保障残疾人受教育权利，发展残疾人教育事业，《中华人民共和国残疾人保障法》（2008 年修订）在第三章对教育问题做出了规定，在第二十一条至第二十九条中分别列出了与特殊教育有关的具体规定。《残疾人教育条例》（2017 年修订）没有对残疾人进行明确的界定，所以一般理解中国的特殊教育专指面向残疾人的教育，针对的是《中华人民共和国残疾人保障法》（2008 年修订）所规定的八类残疾人。

二、 教育安置与教学设计

（一）教育安置

如何看待特殊教育的发展情况？特殊教育的发展主要体现在教育安置措施的完善程度、接受特殊教育的儿童的数量、特殊教育的资源的质量等几个方面，这些是多数国家衡量特殊教育发展情况的基本指标。我国特殊教育领域的研究者曾对特殊儿童的教育安置提出了设想，从障碍程度、障碍情况来分析教育机构、培养内容、教育工作者的素质等问题（陈云英 等，2004）。

第一，存在轻度障碍或仅有某一类障碍的儿童应在普通教育机构接受教育，其主要学习内容是适应个体发展的课程，这些儿童经过教育，应该可以被社会接纳，也应该具备充分适应社会的能力。在普通教育机构培养这类儿童的教育工作者，只要掌握一般的特殊教育专业知识，便可以胜任这份工作。

第二，存在中度障碍或双重障碍的儿童应在特殊教育机构接受训练，教育者需要对他们身上的个别优势予以重点挖掘，使其具备一定的适应生活的能力，能被社会上的多数人所接纳。这个类别的教育工作者应该熟练掌握特殊教育知识和操作技巧。

第三，存在重度障碍或多重障碍的儿童应在福利机构、康复机构接受治疗或康复性训练。教育工作者应该全力以赴提高他们的社会适应能力，但是不可强求。这个类别的教育工作者必须精于某一种或某几种康复、治疗的理论和方法，他们应该是作业治疗师、言语治疗师或体疗师等专业人员。

是教学对象和实施教学的人、教学的内容和方法、教学过程、教学的场所。这种完全把特殊教育和普通教育对立起来的观念自 20 世纪 60 年代起便一直备受批评。批评者认为将特殊教育定义为在特殊的学校用特殊的方法对有特殊需要的对象进行教育的思路，是长期以来有特殊需要的儿童和青少年所接受的教育得不到重视或其即使受到教育也不能融入社会等弊端的根源之一。现代的特殊教育观念必须拆除普通教育与特殊教育之间的藩篱。因此，我们认为特殊教育是面向每一个具有特殊需要的儿童和青少年的教育，教育的场所和方法可以随着对象的需求灵活调整，不一定要特别区分是否具有特殊性。

（二）特殊教育的对象

特殊教育和普通教育的区别之一在于两者的对象不同。有四个名词常被用于描述特殊教育的对象，分别是：残疾儿童，指有智力残疾、听力残疾等各类残疾的儿童；特殊儿童，指各类残疾儿童和超常儿童；处境不利的儿童，可以包括出于各种原因而无法得到全面发展的儿童，例如老少边穷地区的儿童或残疾儿童；有特殊需要的儿童，包括存在学习困难的儿童。《特殊教育辞典》中与特殊教育的对象有关的名词有残疾儿童、异常儿童、偏常儿童、有特殊需要的儿童等。这些儿童可以分为两类——残疾儿童和需要特殊帮助的儿童。残疾儿童是少数，需要特殊帮助的儿童则有可能是大多数。所以，特殊教育是面向少数儿童的教育还是面向大多数儿童的教育，在世界各国特殊教育发展进程中持续成为探讨的问题。为了促进特殊教育事业的发展，也为了提高教育质量，教育发达国家为需要特殊教育的儿童提供了各类帮助。因此，在教育发达国家，特殊教育从狭义发展为广义，特殊教育也从面向少数残疾人的教育逐步发展为面向每一个有特殊教育需要的人的教育。此外，20 世纪 60 年代后掀起的普通教育与特殊教育一体化运动，使得大多数残疾儿童有机会进入普通学校接受教育，这一举措进而使人们越来越重视特殊教育理论与方法。

世界各国的特殊教育都体现了对具有特殊需要的儿童的关注，但是发达国家和发展中国家对具有特殊需要的儿童的理解有所区别，因此特殊教育的对象也有广义和狭义之分。以美国为例，美国《残疾人教育法》规定特殊教育的对象是存在学习障碍、视力障碍（以下简称视障）、言语功能受损、听力受损、大脑受伤、盲但不聋、盲且聋、综合障碍、健康受损（长期患病）、智力落后等情况的人。发展中国家对特殊教育的对象的定义多是狭义的，例如我国法律法规中的特殊教育是指面向要的儿童进行的旨在达到一般和特殊培养目标的教育"（朴永馨 等，2006）[42]。陈云英曾指出，特殊教育就是为特殊儿童所提供的教育。在这里，她将特殊儿童界定为有特殊教育需要的儿童。这个定义简洁明了地概括了特殊教育的主旨，即教育好有特殊教育需要的儿童，但没能从学科的视角界定清楚特殊教育到底涵盖了哪些教育元素。因此，需要一个更加完善的特殊教育的定义。从发展心理学来看儿童发展障碍，则可以把特殊教育理解为：儿童在生长发育过程中，因为生理或心理因素，会存在发育障碍或困难，因而需要采用一些康复措施或方法来帮助他们克服这些障碍或困难，在教育和心理领域里所采取的康复措施或方法便可称为特殊教育。特殊教育工作者虽然采用教育形式在教育系统里对儿童进行康复训练，但是在实际操作时采用医疗诊断与提供处方的方法，所以在工作方法上和医生很接近。此外，特殊教育为了全面开发儿童的潜能，也非常重视调动社会环境因素来促进儿童的发育。为了对儿童进行较科学的教育，特殊教育也重视特殊儿童的心理。

在我国，特殊教育常被等同于残疾人教育，这是因为在早期颁布的特殊教育的相关政策法规中，特殊教育通常与盲、聋、哑及智力残疾儿童联系在一起，是专指面向各类残疾儿童和青少年的教育。若想准确把握特殊教育的内涵，首先要对"特殊"与"残疾"的区别有清晰的认识。"特殊"通常是与"普通""一般"相对的一个概念，特殊教育是指需要采取特殊的措施、方法的教育。残疾是一个医学概念，是指个体身心有疾病或损伤，残疾人教育特指面向残疾人的教育。特殊教育包括但不限于残疾人教育，因此残疾人教育也常被称为狭义的特殊教育。

广义的特殊教育是指教育者针对有特殊需要的儿童、青少年，根据其发展特点和需求，采用有效的教学手段，制订个别化的教学计划，促进有特殊需要的儿童、青少年全面发展，使其融入社会，实现自我价值的教育。特殊教育以有特殊需要的儿童、青少年的发展为中心，提供包括特殊教育教师、课程、康复、训练、辅助技术、社区支持、咨询在内的各项服务。以此概念推算，有3%—20%的儿童、青少年是特殊教育的直接服务对象。此外，特殊教育还包括为预防儿童、青少年出现发展障碍或为已经出现发展障碍的儿童、青少年提供干预的教育。

传统的特殊教育观念和现代的特殊教育观念有着鲜明的区别。传统的特殊教育观念认为，首先，特殊教育是一种干预措施，用于对残疾的预防、矫正，对残疾人的补偿，以及向具有特殊需要的儿童和青少年传授知识和技能；其次，特殊教育是一种教学。有人据此认为可以从四个方面来区分特殊教育和普通教育，这四个方面特殊教育是当代中国特色社会主义教育改革与发展的一个窗口。通过这个窗口，人们可以清晰地看见在改革开放政策推行过程中教育事业改革与发展的深度和广度。与其他教育种类相比，特殊教育是检验社会发展、精神文明进步、人民生活幸福的一个特殊指标。我国教育事业的整体发展与教育体系的改革，影响着特殊教育的走向。每一项教育法规、教育政策的颁布与实施，对于特殊教育而言都是一座里程碑。特殊教育是面向残疾人的教育，经过几十年的努力，我国特殊教育形成了为不同类型残疾人提供不同层次的教育，为满足特殊儿童和青少年的教育需求及促进成年残疾人融入社会主义大家庭的完整的保障体系。近几十年来，一批批被称为"迟开的花朵"的残疾儿童和青少年，得以享受全社会的关怀，享受相关法律和法规所提供的保护。在这种关怀和保护下，他们得以成长，得以获得平等的对待，得以顺利地社会化，自主地走出一条属于自己的人生道路，体会到生命的美好。

本章主要阐述特殊教育的内涵、特殊教育的对象、特殊教育的服务内容、各类残疾人及其受教育情况，分析 1978—2017 年我国特殊教育的发展历程、主要成就以及存在的主要问题。

第一节 我国特殊教育基本发展情况

一、 特殊教育与特殊教育的对象

（一）特殊教育

特殊教育是我国教育事业的重要组成部分。特殊教育一词在我国官方文件中首次出现是在改革开放之后。1985 年《中共中央关于教育体制改革的决定》正式提出"在实行九年制义务教育的同时，还要努力发展幼儿教育，发展盲、聋、哑、残人和弱智儿童的特殊教育"。特殊教育是与普通教育相对的一个概念，是"使用一般的或经过特别设计的课程、教材、教法和教学组织形式及教学设备，对有特殊需

近代中国特种养殖业概说

第一章

国家出版基金项目

当代中国特殊教育

陈云英◎编著

教育科学出版社
·北京·

序　言

教育关系国计民生。习近平总书记在全国教育大会上做出加快推进教育现代化、建设教育强国、办好人民满意的教育的战略部署。当前我国各级各类教育正在加快推进现代化建设进程，非常有必要系统回顾、总结和反思教育发展经验，为教育强国建设贡献智慧。《当代中国特殊教育》全面总结了我国特殊教育领域的发展经验，出版本书，具有重要的学术意义和社会意义。

本书的专家团队多年来潜心研究特殊教育，在学术界具有重要影响力。多位专家来自国家智库，站位高，其在分析特殊教育发展成果时，结合了研究者和决策者的视角，兼顾宏观和微观。在宏观上，本书解读了特殊教育的内部结构和外部发展条件，梳理了特殊教育的法律法规和政策文本，分析了特殊教育的发展轨迹和改革创新举措；在微观上，本书以残障人群学前教育、义务教育、职业教育、高等教育领域的教育理念、办学模式、课程体系等方面为经线，以不同类别、不同年龄段残障人群为纬线，细致呈现了我国特殊教育的探索成果，在学术上具有非常重要的史料价值。此外，本书还展示了其他国家发展特殊教育的经验，梳理了国际社会保障残障群体教育权利的举措，为我国特殊教育的发展开阔了视野、指明了方向。最后，本书没有局限于教育领域，作者呼吁将特殊教育的发展与残障人群康复、残障人群心理等方面的研究结合起来，具有重要的社会价值。

2021 年 11 月

自　序

在我国，特殊教育是一个新兴的、充满活力的教育领域，获得了党和国家的大力支持。我国特殊教育致力于推动残疾青少年受教育权利的实现，经历了从无到有，再到逐步发展壮大的历程，目前正逐步形成新的发展格局。特殊教育事业是社会事业改革与发展的一扇窗口，是研究我国社会发展、教育发展、法制建设等的一项重要的参考和评价指标，比如中国教育科学研究院提出的中国教育竞争力的16个指标之一就是特殊教育。

本书所介绍的是1978年改革开放政策实施以来的特殊教育。严格地说，本书所考察的时间段不能涵盖书名中的"当代"所指的时间段。从全球来看，当代是指以第三次科技革命为起始标志的时间段，基本是20世纪四五十年代以后的时期。何东昌主编的《当代中国教育》于1996年出版，在该书的第十三章"特殊教育与工读教育"中，特殊教育仅占12页。因此，我们撰写本书的初衷之一，是续写篇幅单薄的当代中国特殊教育发展史。本书的撰写用去了接近3年的时间，而6位作者则用了自己生命中几十年的光景，方才铸就了这部《当代中国特殊教育》。

我国特殊教育领域的学者常见的撰写特殊教育学术著作的方式，是以各类残疾青少年的障碍类别为基础，重在阐述如何解决残疾人在受教育过程中所遇到的各类问题。本书以创新的方式，以特殊教育专业和学科的特色以及各级各类特殊教育的特点为基础，以特殊教育改革与发展为脉络，以各级特殊教育的发展和改革为要点，以特殊教育教师队伍建设和特殊教育经费投入为主要保障机制，充分而全面地对当代中国特殊教育改革与发展的成就进行梳理、分析、评价，总结改革开放以来我国特殊教育的总体发展情况。

本书共分七章。第一章"当代中国特殊教育发展概况"主要阐述特殊教育的内涵、对象、服务内容、各类残疾人及其受教育情况，在回顾1978—2017年我国特殊教育发展历程的基础上，总结我国特殊教育事业在不同阶段所取得的成就，并对发展过程中积累的经验和存在的问题进行分析。第二章至第五章主要介绍了我国各级各类教育体系中特殊儿童和青少年的受教育情况，包括特殊儿童学前教育（第二章）、特殊儿童义务教育（第三章）、特殊职业教育（第四章）、特殊高等教育

（第五章）。这四章，每一章主要从发展历史、政策演变、制度体系、教育规模、教育质量等多个维度梳理我国特殊教育的发展情况；同时，对特殊教育与普通教育的融合情况予以介绍；最后，立足于当前已有成就、经验及所面临的挑战，对未来我国特殊教育发展的愿景、目标、重点任务和发展策略进行展望。第六章和第七章主要关注我国特殊教育的保障机制。第六章主要介绍了我国特殊教育教师队伍建设情况，包括：我国特殊教育教师的数量、质量及管理方式的变迁；我国特殊教育教师职前培养和职后培训的模式、体系、目标、内容、标准、政策支持及质量监管措施；未来我国特殊教育教师队伍的发展思路和方向；等等。第七章主要是参考发达国家特殊教育发展经验，结合我国改革开放以来特殊教育事业改革与发展的理论与实践，从政策法规、资金来源、投入形式、地区差异、使用情况等角度，梳理我国特殊教育的经费投入情况。

本书由 6 位特殊教育领域的资深专家撰写而成。6 位作者中，4 位为特殊教育专业的博士生导师，余下 2 位是长期在特殊教育一线工作的院长、校长，作者阵容之强大，前所未有。他们都是我国特殊教育领域的力行者和领军人物。出版本书，既是为了给我国特殊教育的发展历程留下记录，同时也是为了给他们立传——他们在我国特殊教育发展上投入了半生心血。

本书分工如下：陈云英，第一章、第三章以及全书的统稿及修改；徐云，第二章；许保生，第四章；丁勇，第五章；王雁，第六章；方俊明，第七章。

　　本书的撰写工作始于 2019 年 1 月，距离本书的出版日期已近 3 年。在这期间，我们经历了庆祝中华人民共和国成立 70 周年大会、庆祝中国共产党成立 100 周年大会、纪念辛亥革命 110 周年大会等，可谓喜庆连年。同时 2020 年初爆发的新冠肺炎疫情，深刻地改变了我们的生活与工作方式。在这喜忧参半的岁月里，本书终于要与读者见面了。在此，我想表达我心底的谢意。一是感谢和我一起奋斗 3 年的 5 位专家学者，他们与我一起，出于对特殊教育的热爱，以崇高的奋斗精神，给年轻一代的特殊教育工作者传递薪火，在这本书里投入了自己的智慧和精力。二是特别感谢顾明远教授推荐本书申报国家出版基金项目并为本书撰写序言。在我从事特殊教育研究与教学的过程中，顾先生既是我的恩师也是我的挚友，我从他那儿学到了很多东西，他在我工作和研究上多次给予指导、支持和鼓励，对此，我尚需写一篇长文好好地予以回顾。三是感谢庞丽娟教授推荐本书申报国家出版基金项目。庞教授于我而言，是学者和女性参政的好榜样。四是感谢彭霞光副研究员为本书第一章和第三章的数据收集和图表制作所做出的贡献，感谢北京大学中国教育财政科学研究所田志磊教授为本书第七章的撰写提供了参考文本。五是感谢教育科学出版社及学术著作编辑部刘明堂主任为本书的出版所提供的支持和帮助。六是感谢冯超、张译方、梁珊珊、蒋亚平在书稿修改过程中所提供的帮助。此外，我还要向中国教育科学研究院致以最诚挚的谢意。我在这里开始了我的特殊教育研究工作，一干就是30年。基于中国教育科学研究院所提供的广阔平台和高起点，我的奋斗取得了成绩和成果，让我觉得不虚此生。最后，我想感谢中国特色社会主义新时代，这是一个充满生机、催人拼搏、让人勇往直前的时代，身处其中，我每日不忘吐故纳新，坚持学习新知，拥抱美好岁月！

受时间、资料和研究水平所限，本书不足之处，敬请读者批评指正！

陈云英

2021 年 11 月

目 录
CONTENTS

第一章　当代中国特殊教育发展概况 / 001

　　第一节　我国特殊教育基本发展情况　　　　　　　　　　　 / 002

　　第二节　1978—2017 年我国特殊教育总体成就扫描　　　　　 / 008

　　第三节　我国特殊教育在不同阶段所取得的成就　　　　　　 / 012

　　第四节　我国特殊教育发展成就与问题　　　　　　　　　　 / 025

第二章　特殊儿童学前教育 / 031

　　第一节　特殊儿童学前教育发展概况　　　　　　　　　　　 / 032

　　第二节　0—3 岁特殊儿童的早期发现与早期干预　　　　　　 / 038

　　第三节　面向 3—6 岁特殊儿童的学前教育　　　　　　　　　 / 046

　　第四节　特殊儿童的学前融合教育　　　　　　　　　　　　 / 050

　　第五节　对特殊儿童学前教育的展望　　　　　　　　　　　 / 055

第三章　特殊儿童义务教育 / 059

　　第一节　法律法规与政策推动特殊儿童义务教育改革与发展　 / 060

　　第二节　开展教育改革推动特殊儿童义务教育发展　　　　　 / 067

　　第三节　我国义务教育阶段特殊教育的成就与不足　　　　　 / 077

第四章　特殊职业教育　/ 083

第一节　我国残疾人职业教育的发展概况　/ 084

第二节　特殊教育学校的职业教育　/ 094

第三节　新时期残疾人职业教育发展展望　/ 109

第五章　特殊高等教育　/ 119

第一节　我国残疾人高等教育发展概况　/ 120

第二节　我国残疾人高等融合教育发展概述　/ 135

第三节　我国残疾人高等教育发展展望　/ 139

第六章　特殊教育教师队伍建设　/ 147

第一节　特殊教育教师队伍建设概况　/ 148

第二节　特殊教育教师培养　/ 165

第三节　特殊教育教师职后培训　/ 171

第四节　特殊教育教师队伍建设的展望　/ 177

第七章　特殊教育的经费投入　/ 181

第一节　现代特殊教育财政经费投入与使用概况　/ 182

第二节　第一期特殊教育提升计划执行概览与经费投入　/ 190

第三节　特殊教育主要经费指标与拨款地区差异　/ 204

参考文献　/ 211

第二章
特殊儿童学前教育

第一节　特殊儿童学前教育发展概况

特殊儿童学前教育，是指对 0—6 岁特殊儿童实施的特殊教育，一般面向的是 3—6 岁的特殊儿童。目前随着特殊儿童早期干预研究的深入和对特殊儿童大脑早期开发的重视程度不断提高，0—3 岁特殊儿童开始被纳入进来。对特殊儿童进行早期干预是指家庭、学校、社会对存在身心障碍或发育迟缓的 0—6 岁儿童有组织、有目的地提供医疗、保健、康复、心理辅导、教育等方面的服务，旨在使 0—6 岁特殊儿童的社交能力、情绪、身体和认知等方面得到充分发展，使其能进入正常的教育系统或尽可能少地接受特殊教育。0—6 岁是特殊儿童康复的"黄金期"，早发现、早诊断、早干预，一定程度上可以帮助特殊儿童正常上学，步入正常的生活轨道。

1987 年，我国进行了第一次全国残疾人抽样调查。调查结果显示，我国当时 0—6 岁残疾儿童数量为 192.50 万人。在 0—3 岁被调查群体中，残疾婴儿占 1.41%；在 4—6 岁被调查群体中，残疾儿童占 2.10%。2001 年，我国卫生部、公安部、中国残疾人联合会、国家统计局在联合国儿童基金会的资助下开展了针对学前特殊儿童的抽样调查。调查组随机调查了我国 12 个市（县）的 58628 户家庭，共涉及 60124 名 0—6 岁儿童。据调查结果推算，我国 0—6 岁残疾儿童总数约为 139.5 万人，每年新增 0—6 岁残疾儿童约 19.9 万名，3—6 岁残疾儿童接受学前教育的比例约为 43.92%，远低于正常儿童（70.55%）。（中华人民共和国卫生部 等，2003）[212] 此次调查还发现，一方面，我国当时多数普通学前教育机构不具备接纳特殊儿童的条件；另一方面，当时专门为特殊儿童提供学前教育的机构严重匮乏。截至 2003 年，我国特殊教育学校严重不足，尚有近 500 个拥有 30 万人口以上的县（市）没有设立特殊教育学校，3—6 岁特殊儿童的受教育状况亟待改善。（张婕，2016）

学前特殊儿童已经成为我国弱势群体之一。我国出生缺陷监测和残疾儿童调查结果显示，截至 2012 年初，我国累计有近 3000 万个家庭曾生育过智障、身体缺陷等类型的儿童，约占全国家庭总数的10%（谢佳闻，2012）[2]，这说明特殊儿童已经成为日益庞大且不容忽视的社会群体。2006年，第二次全国残疾人抽样调查显示，我国约有167.8万名0—6岁残疾儿童，占残疾人总数的2.02%，每年新增约19.9万名0—6岁残疾儿童。《中国妇幼卫生事业发展报告（2011）》提到，根据全国出生缺陷医院监测数据，我国出生缺陷发生率由1996年的0.88%上升到2010年的1.50%。《中国出生缺陷防治报告（2012）》指出，我国是出生缺陷高发国家，根据世界卫生组织估计，我国出生缺陷发生率与世界中等收入国家的平均水平接近，每年新增出生缺陷数约为90万例。（凌寒，2012）如果把除身体残疾以外的其他有特殊教育需要的儿童包括进来，我国有特殊教育需要的学前儿童数量惊人。

我国台湾、香港、澳门地区在发展特殊教育方面起步较早。台湾地区最早的特殊教育学校是于1890年在台南教堂内设立的训育院。1975年，我国台湾地区先后建立了启明学校、启聪学校和启智学校等类型的特殊教育学校，为不同类型的特殊儿童提供专门的教育。我国香港地区的协康会创立于1963年，是我国香港地区最具规模的特殊儿童教育及复康机构之一，致力为不同类型的儿童提供专业评估、辅导及训练，每年为超过15000户家庭服务。20世纪80年代中期，我国澳门地区开始开办特教班、特殊教育学校和特殊教育训练中心，现共有13所特殊教育学校和特教班。出于历史原因，我国大陆（内地）直到1983年才成立了中国聋儿康复研究中心（后改为中国听力语言康复研究中心）。1985年，中国残疾人福利基金会康复协会小儿麻痹后遗症研究会成立。1986年，茅于燕教授组织创办了北京新运弱智儿童养育院。1987年，黑龙江省小儿脑性瘫痪防治疗育中心成立。1993年我国有了第一家为孤独症儿童及其家庭提供服务的机构——北京星星雨教育研究所。截至2018年底，我国已有残疾人康复机构9036个，其中提供视力残疾康复服务的机构1346个，提供听力语言残疾康复服务的机构1549个，提供肢体残疾康复服务的机构3737个，提供智力残疾康复服务的机构3024个，提供精神残疾康复服务的机构1962个，提供孤独症儿童康复服务的机构1811个，提供辅助器具服务的机构1929个。残疾人事业专项彩票公益金助学项目为全国1.7万名家庭经济困难残疾儿童享受普惠性学前教育提供了资助。各地多渠道争取资金支持，给予4993名残疾儿童学前教育资助。（中国残疾人联合会，2019）中国听力语言康复研究中心公布的数据显示，2009—2015年在全国接受人工耳蜗植入的2.09万名听力残疾儿童中，有87%的儿童进入了普通幼儿园、小学。（罗争光，2018）

近几十年来,我国学前儿童特殊教育事业发生了非常快速的变化,主要表现在以下几个方面。

一、特殊儿童学前教育政策的演变

20世纪中后期,美国等西方国家的研究者逐渐认识到,把特殊儿童的教育重点放在青少年阶段,不能取得理想的效果,因为青少年阶段的特殊儿童已经错过了最好的矫正与康复的时机。他们主张有关社会机构应该尽早发现特殊儿童,并尽早给予治疗、康复训练及教育,争取时间帮助特殊儿童克服或减轻残障所带来的不良后果,使其中的一部分特殊儿童可以进入普通幼儿园和小学就读,尽可能促进特殊儿童向正常的方向发展。基于此,美国等西方国家在20世纪中后期开始提倡对特殊儿童进行必要的早期教育和训练,并尝试在特殊教育学校开设学前班,在普通幼儿园增设特教班或创设融合班。

我国自20世纪60年代开始广泛开展托儿教育,对特殊儿童进行早期筛查、诊断及早期干预。这为一些普通幼儿园开设特教班接收特殊儿童,或者在普通幼儿园中让特殊儿童以随园就读的方式接受学前特殊教育打下了较好的基础,这些尝试与探索使特殊儿童对学前教育的需求得到了一定的满足。1978年,我国香港地区的社会福利署开始在幼儿中心推行兼收弱能儿童计划,对2—6岁轻度残疾儿童进行照顾和训练,协助残疾儿童尽量融入正常的学前教育环境。1988年,国务院批转了《中国残疾人事业五年工作纲要(1988年—1992年)》。该文件指出:"学前教育对残疾儿童尤其重要。大力提倡在残疾儿童家庭、特教学校附设的学前班、普通幼儿园增设的特教班中,对残疾儿童进行行走定向、听力语言、心理康复、智力开发和功能训练。"2004年,我国台湾地区印发了《加强推动学前身心障碍特殊教育实施方案》,鼓励小学和幼儿园积极增设学前特教巡回辅导班,提供特殊儿童团队支持服务和巡回指导等。2006年,我国澳门地区颁布了《非高等教育制度纲要法》,要求学校及其教学人员留意幼儿是否有弱智和弱能的情况,并给予合适的指导。2016年8月,国务院印发了《"十三五"加快残疾人小康进程规划纲要》。《"十三五"加快残疾人小康进程规划纲要》提出:鼓励特殊教育学校实施学前教育;鼓励残疾儿童康复机构取得办园许可,为残疾儿童提供学前教育;鼓励普通幼儿园接收残疾儿童;进一步落实残疾儿童接受普惠性学前教育资助政策。可以说,随着社会的进步和民主化进程的加快,特殊教育在当代社会已经不是面向残疾人的一种福利，而是保障他们基本权利的公共服务。

社会对特殊儿童学前教育意义的认识，同样也发生了巨大变化，主要体现为以下几点。

第一，学前教育可以积极促进特殊儿童在发展关键期内成长，为其奠定全面发展的基础。对由各种障碍造成的发展处境不利的儿童来说，在发展关键期给予其特别的教育，可以在其大脑尚未完全定型的情况下，帮助其减轻障碍程度，使其获得身体机能的发展。例如，对智力落后儿童进行早期教育，可以提升其智力水平；对听力损伤儿童进行早期教育，可以开发其残余听力，引导其通过多种途径接收信息，习得语言技能。

第二，特殊儿童学前教育对特殊儿童家庭意义重大。特殊儿童学前教育有助于家长正确认识孩子的特殊需要，动员家长积极参与教育过程，还有助于减轻家长精神和物质方面的压力，为特殊儿童的成长提供更好的条件。

第三，特殊儿童学前教育具有重要的社会意义。特殊儿童学前教育为社会发展增加了建设力量。在特殊儿童学前教育中，直接受益的是学前教育阶段的特殊儿童。大部分特殊儿童能在接受教育后减轻障碍程度，这为其未来融入社会做了准备。此外，特殊儿童学前教育有助于减轻家长的精神和物质压力，为其投入工作间接地创造了条件。

学前儿童特殊教育将有效地减少社会承担的特殊教育和社会福利费用。通过早期教育，有相当一部分特殊儿童可以进入普通小学就读，另有部分特殊儿童虽然在特殊教育学校就读，但他们的残障程度的减轻必然带来相应的特殊教育经费和其他费用的降低。特殊儿童经过早期特殊教育，能力和发展水平得以提高，他们未来在工作中还可以利用自己的聪明才智为社会创造更多的价值。

一个国家的特殊教育的发展水平往往反映了其文明程度。我国开展学前儿童特殊教育，展示了我国充分重视特殊儿童受教育的权利，注重保护特殊儿童的利益。社会对特殊儿童的承认、重视，有助于他们的成长，同时也有助于社会精神文明建设。

二、特殊儿童早期干预教育体系基本建立

目前我国面向0—3岁特殊儿童的教育，以卫生部门为主，由多部门协作。面向3—6岁特殊儿童的教育由教育部门牵头，由多部门协作，采取在特殊教育学校

学前班、特殊教育幼儿园、普通小学和研究机构附设的特殊教育幼儿班、普通幼儿园随班就读等安置形式。

从20世纪80年代起，上海、江苏、浙江、北京、广东等地开始了托幼一体化的探索实验，对0—6岁婴幼儿实施全面的保育和教育。以上各地政府都纷纷出台了推进托幼一体化的政策文件，突出了面向0—6岁婴幼儿的教育的连贯性和整合性。面向不同障碍类型的儿童的早期干预强调多部门协同，因为单个部门所能调动的资源有限，很容易使很多有不同障碍或疑似问题的婴幼儿不能被及时发现、诊断。早期干预教育对象的障碍类别包括脑瘫、听力障碍（下文简称听障）、智障和孤独症等。本章就这些类型的特殊儿童早期干预进行分析讨论。

三、特殊儿童早发现、早干预得到重视

特殊儿童的早发现和早干预不仅可以帮助特殊儿童减轻或克服由残疾带来的不良后果，还可以为特殊儿童营造支持性的教育环境。早发现、早诊断是关键，其有助于为特殊儿童制定干预方案，为特殊儿童的成长创造条件。

2018年6月，《国务院关于建立残疾儿童康复救助制度的意见》发布。该文件指出，为了改善残疾儿童康复状况、促进残疾儿童全面发展、减轻残疾儿童家庭负担、完善社会保障体系，决定建立残疾儿童康复救助制度，救助对象为符合条件的0—6岁视力、听力、言语、肢体、智力等残疾儿童和孤独症儿童。文件规定："县级以上地方人民政府根据本地实际确定残疾儿童康复救助基本服务项目和内容，包括以减轻功能障碍、改善功能状况、增强生活自理和社会参与能力为主要目的的手术、辅助器具配置和康复训练等。""到2020年，建立与全面建成小康社会目标相适应的残疾儿童康复救助制度体系，形成党委领导、政府主导、残联牵头、部门配合、社会参与的残疾儿童康复救助工作格局，基本实现残疾儿童应救尽救。""到2025年，残疾儿童康复救助制度体系更加健全完善，残疾儿童康复服务供给能力显著增强，服务质量和保障水平明显提高，残疾儿童普遍享有基本康复服务，健康成长、全面发展权益得到有效保障。"该意见的出台对积极引导全社会关心、支持特殊儿童早期干预工作，营造良好社会环境意义重大。

四、特殊儿童学前教育质量提升

特殊儿童学前教育的主旨是为各种不同类型的特殊儿童提供能促进其发展的帮

助和支持，就是用不同的安置形态、教材教法以及辅助器具等对具有特殊需要的个体实施的有别于普通教育的教育。随着妇幼卫生事业的发展，早产儿的存活率大大提高，因此，20 世纪 80 年代以来，特殊教育对象中单纯的生理性残疾学生的比例下降，而存在心理障碍、行为问题的学生越来越多。特殊教育的内涵和外延不断扩大，涉及面越来越广。在儿童发展早期，为存在各种不同发展差异的儿童提供支持性教育环境，可以使他们在发展的关键期内获得适应其需要的发展机会。当前，特殊教育逐渐从过去的偏重缺陷补偿向关注人的全面发展、组织文化以及人与环境相互作用的社会生态学教育模式转变。现代科技的发展为特殊儿童学习和生活质量的提高提供了便利的条件，具有科技含量的教具、学具等为特殊儿童的学习等提供了有力的帮助和支持。

五、特殊儿童学前融合教育迅速发展

大量研究证明，学前融合教育非常有利于特殊儿童的发展。正常儿童在融合教育环境中，不仅不会受到特殊儿童表现出来的"不良模式"的影响，而且比起传统的普通教育机构中的儿童，其语言、认知、逻辑思维等能力也未呈现出发展缓慢的现象。另外，在融合教育环境中的普通儿童能快速地解读特殊儿童所发出的一些信号并做出恰当的反应，其提供帮助的意识远远强于传统教育环境中的儿童。有机会与特殊儿童一起成长的正常儿童，其长大以后会更宽容，会对社会中的弱势人群有更深刻的理解。

由于我国特殊儿童早期干预工作起步晚，工作基础薄弱，学前特殊教育仍面临许多问题和挑战。一是早期干预服务状况不容乐观。特殊儿童因家庭经济困难难以享有基本康复服务的现象仍然存在。二是保障制度不完善。特殊儿童教育和康复周期长、开销大，多数康复项目不在现有社会保障制度保障范围内，个别已纳入医疗保障的项目出于报销比例低等原因，补偿水平较低。特殊儿童家庭普遍面临沉重的经济压力。三是专业服务体系不健全，专业化服务能力不强。特殊儿童筛查、诊断、康复有效衔接的工作机制仍未充分建立，特殊儿童康复机构、特殊教育和康复专业人员数量不足，服务规范性、专业性不强的问题仍较突出。同时，针对特殊儿童康复机构、康复从业人员、康复服务质量的评价与监管等工作也有待加强。以上这些问题，近年来均得到重视。《中国残疾人事业"十二五"发展纲要》提出"积极发展残疾儿童学前康复教育"，"实施 0—6 岁残疾儿童免费抢救

性康复项目,建立残疾儿童抢救性康复救助制度"。2017年5月,修订后的《残疾人教育条例》实施,该条例提出"融合教育"。《中国教育现代化2035》提出:"办好特殊教育,推进适龄残疾儿童少年教育全覆盖,全面推进融合教育。"据不完全统计,我国已经有近百个特殊教育专业开设"融合教育"课程,培养了大量优秀教师。中国残疾人康复协会针对孤独症、脑瘫、智障儿童康复服务团体标准已经出台。

第二节 0—3岁特殊儿童的早期发现与早期干预

一、听障儿童的早期发现与早期干预

1988年,听障儿童康复工作被纳入《中国残疾人事业五年工作纲要(1988年—1992年)》。同年召开的全国特殊教育工作会议进一步确定了随后一段时间我国特殊教育的发展方针、政策、措施。此后,我国的听力语言康复事业进入了一个新的历史阶段,新思想、新理念、新举措使我国听力语言康复事业又有了新的飞跃。在过去以医学为主体的实验听力学的基础上,我国诊断听力学和康复听力学得到快速发展并与国际接轨。在诊断听力学方面,听力测试、测试结果分析、听觉功能分析、耳聋的鉴别诊断等得到发展,填补了国内之前的空白,并已广泛应用于临床。在康复听力学方面,选配助听器进行听力补偿、植入人工耳蜗进行听力重建等技术飞速发展。(高成华,2003)

1999年11月,中国残疾人联合会、卫生部、教育部、民政部等部门下发通知,确定每年的3月3日为全国"爱耳日"。2004年12月,卫生部颁布文件,正式将新生儿听力筛查技术规范纳入《新生儿疾病筛查技术规范》。2009年2月,卫生部颁布《新生儿疾病筛查管理办法》。该文件规定,"开展新生儿听力初筛、复筛的医疗机构发现新生儿疑似听力障碍的,应当及时通知新生儿监护人到新生儿听力筛查中心进行听力确诊"。在我国各级卫生行政管理部门的大力支持下,目前全国多数省份已制定新生儿听力筛查的相关法规和管理办法,新生儿听力筛查和耳聋防治工作在有条件的省份得到了较为广泛的开展。这一系列工作使全民预防听力疾病的意识得以增强,婴幼儿听力问题也得到了广泛的关注。早在2005年10月,《聋儿早

期康复教育指导纲要（试行）》发布。该纲要包括总则、康复教育内容与要求、组织与实施和康复教育评价等四项基本内容，指明了听障儿童早期康复教育的地位与作用，明确了该文件适用的对象及各类主体应承担的责任，规定了听障儿童早期康复教育的目标、内容、方法与实施原则。（梁巍，2007）2007年12月，《全国听力障碍预防与康复规划（2007—2015年）》发布，该文件提出要努力实现人人享有基本听力卫生保健和康复的目标。此后，多个省份制定和颁布了相应的规划，积极宣传和普及听障预防及康复知识，大力开展听障儿童康复训练，积极对听障儿童提供早期干预及康复服务。

研究发现，可以通过观察儿童的听觉言语行为，或采用简易测听法、听性脑干反应测听法等方法发现听障儿童。一旦发现婴儿听力存在问题，就应当尽快为其验配助听器，满月的婴儿即可佩戴助听器。早期验配应在2周岁以内，为2—3岁幼儿验配助听器也能产生较好的听力言语康复效果。在明确诊断后，相关人员可根据听性脑干反应阈值初步确定助听器的功率，选好助听器后让幼儿佩戴。

在验配助听器之后，应当立即对听障儿童进行听力语言康复训练，包括听力训练、发音训练和语言训练。这三个部分的主要内容如下。

第一，听力训练。利用简单的音响玩具增强听障儿童对声音的感知和理解，用不同的图片、模型等与其对应的实物所发出的声音进行组合，使听障儿童感知不同种类的声音。目前，徐云等人开发了听觉评估教育系统软件和听觉训练教育平台系统软件，为听障儿童听力功能的评估和训练提供了新平台。

第二，发音训练。接受发音训练是听障儿童学习语言的必经过程，它能帮助听障儿童掌握发音要领及技巧，培养正确的发音习惯，为准确、清晰地说出每个字的字音做准备。

第三，语言训练。这主要指教育者选择听障儿童容易理解的一些词语对其进行词汇训练，在词汇训练的基础上再对其进行句子方面的训练。（胡岢，2004）

研究发现，家长对听障儿童进行早期干预非常重要。家长要全面正确地认识听障儿童，肯定其也是需要成长和发展的儿童。在进行早期干预时，要充分尊重听障儿童的学习与发展特点，从而促进听障儿童在原有基础上获得更大的发展。在对听障儿童进行早期干预的过程中，儿童的父亲和母亲必须承担起各自应尽的责任，同时应该努力构建和谐互助的家庭氛围，争取家庭其他成员的支持和帮助。由于听障儿童的听力受到损伤，其有意注意的稳定性差，时刻需要丰富多彩的活动来吸引其

注意力，因此干预活动应该以游戏为主。（李蓉，2011）

二、智障儿童的早期发现与早期干预

智障又称智力缺陷、智力迟滞，一般指由于大脑受到器质性的损害或是由于大脑发育不完全从而造成的认识活动的持续障碍以及整个心理活动的障碍。近些年来，智障的内涵一直在变化。同时，由于科学技术的发展，对智障儿童的早期发现与早期干预也在发生变化。

已有研究认为，造成儿童智障的因素包括以下方面：就出生前而言，主要是儿童染色体异常；就婴儿出生过程而言，主要是其在出生过程中受伤或其母亲在无痛分娩过程中使用的药物对其造成不良影响；就出生后而言，则有婴幼儿患病特别是脑部疾病、严重营养不良、社会文化因素等。（杨尧 等，2013）

新生儿疾病筛查是指在新生儿期，对严重危害新生儿健康的先天性、遗传性疾病进行专项检查，提供早期诊断和治疗的母婴保健技术。（孔元原，2014）1979年12月，国务院转发卫生部等部门《食盐加碘防治地方性甲状腺肿暂行办法》。从20世纪80年代初开始，北京、上海就开展了苯丙酮尿症和先天性甲状腺功能减低症等疾病的筛查。1994年6月，国务院办公厅发布了《关于实施食盐加碘项目有关问题的通知》。经过几十年的努力，地方性克汀病基本消灭。《新生儿疾病筛查管理办法》经2008年12月1日卫生部部务会议讨论通过，自2009年6月1日起施行。新生儿疾病筛查是一个集组织管理、实验技术、临床诊治及宣传教育为一体的系统工程，遵循自主性、公益性、无害性及公平性的原则。自实行新生儿疾病筛查以来，唐氏综合征等遗传性疾病造成的智障发病率明显下降。

（一）对智障儿童的早期观察

对智障儿童进行观察是指通过有目的、有计划地观察智障儿童在日常生活、游戏和学习过程中的表现，分析其发展状态的方法，也是全面了解智障儿童身心发展状况最基本的方法。观察的内容一般包括以下四个方面：第一，儿童的面容和体态。第二，儿童对外界的反应。由于智障儿童的感知觉、注意力差，所以其对外界刺激的反应存在问题。第三，儿童的情绪、情感。智障儿童的情绪情感不丰富，不能恰当地表达自己的情绪情感，因此常常出现情绪情感表达与其情绪情感体验不一致的现象。第四，儿童语言和动作的发展。智障儿童的语言和动作发展与一般儿童

相比要缓慢。（茅于燕，2007）[71-72]

智力筛查是指把智力异常和可疑的儿童，通过快速、简易的方法从一般儿童中鉴别出来，以便对其进行进一步的智商鉴定。卫生部等部门推荐使用的智障早期筛查工具有：第一，丹佛发育筛查测验，其适用对象为出生后2周到6岁的儿童；第二，新生儿行为评价量表，其测量对象是出生后第一天到满月的婴儿，是目前测量对象年龄最小的量表；第三，画人测验，其是一种能够引起儿童兴趣且简单易行有效的测验方法，适用于6—12岁儿童；第四，瑞文标准推理测验，其适用于大规模的智力筛查，测验对象为5—75岁的人。智力筛查能够从大量儿童中初步筛选出可能有发育问题和障碍的儿童，并为之后是否需要做进一步诊断性测验提供信息。智障的评估和鉴定涉及两大要素，即智力水平和社会适应能力，对这两大要素的评估则要借助一些评估工具。常用的智力评估、智力测验工具有盖赛尔发展量表、韦克斯勒学龄前儿童智力量表、韦克斯勒学龄儿童智力量表以及比奈-西蒙智力量表等。常用的社会适应能力量表有婴儿-初中学生社会生活能力量表、儿童适应行为评定量表等。

（二）智障儿童早期干预的形式

对智障儿童进行早期干预的形式，按照安置场所可以分为三类。第一，以家庭为安置场所，在家庭中展开干预活动，使家长直接参与训练方案的实施，让儿童行为目标更明确，使其能把所学的技能直接应用在日常生活中。这种早期干预形式的优点是家长与孩子不分离，节省资金和时间，不需要特殊的场地。第二，以康复机构、特殊教育班为安置场所，将需要接受干预的儿童送至相关机构，机构提供专业的服务，家长则可以正常工作。这种早期干预形式的优点是机构的设施设备齐全，专业力量相对集中。第三，融合教育，即智障儿童融入普通班级，其有更多的机会与普通儿童接触，有利于智障儿童和普通儿童的融合。

（三）智障儿童早期干预所涉及的领域

对智障儿童进行早期干预，通常涉及感知觉、动作、语言、认知、社交、生活自理这六大领域，具体包括以下内容。第一，感知觉训练。主要是对智障儿童的视觉、听觉、触觉、嗅觉、味觉、知觉进行训练。第二，动作能力训练。这分为大运动能力和精细运动能力训练。大运动能力训练包括基本的动作训练（如头部控制、坐、爬、翻身等）和平衡协调训练，精细运动能力训练则主要是手眼协调、用手抓物及双手协调能力的训练。第三，语言能力训练，具体可包括发音功能训练、理解能力训练、语言表达能力训练等。第四，认知能力训练，具体可以从以下几个方面进行：注意力训练（通过多感觉通道综合引导以引起和维持其注意）、记忆力以及思维能力训练等。第五，社交能力训练，包括基本行为训练和社会交往技能训练，其中社会交往技能训练常采用的方法是自然情景法、游戏法等。第六，生活自理能力训练，主要包括穿脱衣能力训练、洗漱能力训练等，主要目的是让智障儿童能够独立生活。目前我国已有研究者自主研发了康复游戏训练系统，该系统设计了绚丽多彩的画面，有语音提示，可以有效激发儿童参与训练的兴趣，有效提升智障儿童的沟通能力等。（徐云 等，2016a）2015 年，世界卫生组织康复协作中心所写的《智力障碍儿童沟通能力康复训练手册》中文版已在我国出版，其可以为智障儿童沟通能力的康复训练提供指导。

（四）智障儿童早期干预大纲

智障儿童早期干预大纲是保障智障儿童早期干预效果的基础。家庭是早期干预重要的依靠力量，对早期干预有明显的影响。在以家庭为主的早期干预大纲中，有以家长为主的干预方式，也有以家长、教师为主的干预方式。从早期干预的发展历程来看，著名的特殊儿童早期干预大纲是以智障儿童为干预对象的。波特奇计划是世界上应用范围最广的早期干预计划，该计划主要通过训练家庭教师，让其教导家长在家里对孩子进行综合性教育。波特奇计划的所有活动都是在孩子所在的家庭里完成的。该计划的设计者认为，家庭是儿童与家庭成员共同活动的环境，家长能给孩子提供最有力的支持；训练效果不取决于家庭的经济水平、家长的受教育程度以及家长的智力水平，而是取决于家长对孩子的态度。（韦小满 等，2004；徐胜 等，2009；徐云，1994）

1991 年 12 月，《中国残疾人事业"八五"计划纲要（1991 年—1995 年）》获国务院批转。该文件提及"在智力残疾高发地区，制定地方性法规，控制遗传因素导致的智力残疾；选择若干典型地区，进行病因调查分析，采取措施防治，总结经验予以推广。家庭与幼儿园、儿童福利院、学校、社区相结合，对智力残疾儿童进行生活自理能力训练和智力开发"。近些年我国各个地区已逐步采取这些措施来开展智障儿童的预防和康复工作。

三、脑瘫儿童的早期发现与早期干预

脑瘫，又称脑性瘫痪。《中国脑性瘫痪康复指南（2015）》指出，脑瘫是一组持续存在的中枢性运动和姿势发育障碍、活动受限症候群，这种症候群是由于发育中的胎儿或者婴幼儿脑部非进行性损伤所致。脑瘫的运动障碍常常伴有感觉、知觉、认知、交流和行为障碍，以及癫痫及继发性肌肉骨骼问题。

（一）脑瘫的早期诊断及干预

早期诊断及干预是促进脑瘫儿童康复的有效方法之一。相关人员可以通过对高危因素的筛查和婴儿常规发育检查以及神经学检查，对脑瘫儿童做早期临床筛查，其中包括对孕妇分娩期以及围生期的检查，对照婴儿不同成长阶段的特征，对婴儿不同的姿势，如仰卧、俯卧、坐、站、走、跑等做神经学检查。除非儿童的脑瘫程度特别严重，否则在出生后前 6 个月是不易检查出的。肌张力异常是脑瘫儿童最早出现的症状。一般来说，在新生儿出生 12 个月之后才可以准确地判断其是否患有脑瘫。

中国康复医学会儿童康复专业委员会、中国残疾人康复协会小儿脑性瘫痪康复专业委员会等组织编写的《中国脑性瘫痪康复指南（2015）》在第三节"脑性瘫痪的辅助检查"中指出，对脑瘫儿童完整的评估还应包括对其他方面及可能存在的疾病进行评估。量表评估法是评估脑瘫儿童重要的方法之一。常用的粗大运动功能评估工具有粗大运动功能测试量表、粗大运动功能分级系统、Peabody 粗大运动发育量表、Alberta 婴儿运动量表。常用的精细运动功能评估工具有 Peabody 精细运动发育量表、精细运动功能评估量表等。随着近年来人们对脑瘫儿童的日益关注，研究者不断改进对脑瘫儿童的诊断方法和技术，对神经行为、运动能力、肌张力、痉挛程度、关节活动度及日常生活能力等不同层面进行了研究。（钱玲玲，2013）[8]

（二）对脑瘫儿童的训练及干预措施

脑瘫儿童训练的内容为：第一，运动能力训练，主要包括粗大运动能力和精细运动能力两方面。第二，生活能力训练。第三，认知能力训练。在学前教育阶段主要是训练儿童的感知觉，帮助儿童认识周围事物，掌握基本概念，形成初步的辨别、匹配、比较、分类、归类等简单逻辑思维能力。第四，语言能力训练，包括发音训练、语言模仿训练、语言表达训练。

目前对脑瘫儿童主要实行物理疗法，采取机械的、物理的手段帮助患儿锻炼，让患儿经常转动头部、四肢，尤其是训练患儿的下肢，逐步发展患儿的运动功能、协调功能，目前常用的方法有博巴斯法、沃伊塔法。（卢庆春，2000）[221-269]此外还有作业疗法，主要是让患儿做一些精细的动作，锻炼患儿的精细运动能力和协调能力，如让患儿捏黄豆、摆积木、缝衣服等。接受治疗的患儿年龄越小，治疗的效果大概率会越好。

四、孤独症儿童的早期发现与早期干预

1943 年，美国医生利奥·凯纳（Leo Kanner）首次提出孤独症（autism 又译为自闭症）概念。1982 年，陶国泰教授发表了论文《婴儿孤独症的诊断和归属问题》。论文报道了 4 名中国儿童被确诊为孤独症，他们是我国最早被发现并被确诊的孤独症患儿。2006 年，第二次全国残疾人抽样调查所使用的残疾标准中，孤独症属于精神残疾范畴。2010 年，卫生部办公厅印发《儿童孤独症诊疗康复指南》。第二次全国残疾人抽样调查结果显示，我国 0—6 岁精神残疾（含多重）儿童数量约为 11.1 万人，占 0—6 岁儿童总数的 1.10‰，其中孤独症儿童数量约为 4.1 万名，占精神残疾儿童总数的 36.9%。孤独症是由多种因素导致的，是带有遗传易感性的个体在特定因素作用下发生的疾病，是遗传因素和环境因素共同作用的结果。遗传因素是孤独症的主要致病因素。环境因素，特别是对发育时期孩子的大脑有不利影响的因素也可能是孤独症的致病因素。

早期行为观察是实现早期识别、转诊、确诊和干预的关键一步。神经生物学研究证实，幼儿的大脑神经具有可塑性，后天良好的环境可使有先天发育障碍的儿童大脑重回正常发育轨道。为提高我国医师识别孤独症儿童早期行为特征的能力，规范早期筛查，中华医学会儿科学分会发育行为学组主持，并邀请中国医师协会儿科分会儿童保健学专业委员会、国家卫生和计划生育委员会行业专项儿童孤独症诊断与防治技术和标准研究项目专家组以及相关专业的专家参加讨论，参考美国、英国等有关孤独症谱系障碍管理指南，同时结合国内外孤独症研究进展，形成了《孤独症谱系障碍儿童早期识别筛查和早期干预专家共识》。该文对孤独症儿童的早期识别、筛查、干预方法和原则都做了详细的介绍，有兴趣的读者可参阅。

五、特殊儿童的早期发现与早期干预

（一）科技促进疾病早发现和早干预

科学技术的快速发展使越来越多的疾病可以在婴儿成长早期被发现或被干预，如染色体检查技术使唐氏综合征容易在婴儿成长早期被发现，人工耳蜗植入技术使听障儿童有机会得到早期干预。

（二）《残疾预防和残疾人康复条例》的颁布与实施

国务院于2017年颁布了《残疾预防和残疾人康复条例》，这是一个具有里程碑意义的条例。2006年全国残疾人抽样调查结果显示，全国残疾人总数为8296万人。1987年全国残疾人抽样调查结果显示，当时全国残疾人总数为5164万人。预测到2050年，我国残疾人口总规模将达到1.68亿。《残疾预防和残疾人康复条例》明确了我国残疾预防工作应当覆盖全部人口和全生命周期，以社区和家庭为基础，坚持普遍预防和重点防控相结合，强化政府统一领导，将残疾预防融入各相关行业的管理与服务工作，实施残疾监测，定期调查残疾状况，分析致残原因，对主要致残因素实施动态监测。卫生、教育、民政、残联等有关部门各司其职。强化全民残疾预防责任与意识，鼓励公民学习残疾预防知识和技能，及时接受政府免费提供的疾病和残疾筛查，对职工进行残疾预防知识培训，等等。国家为残疾早期发现工作提供资金保障、物资支持，并加强残疾预防和残疾人康复专业人才的培养。

（三）儿童早期发现与早期干预在儿童早期教育服务体系建设中得到重视

研究显示，0—3岁是婴幼儿生理、情感、语言、认知等各方面发展的关键时期，对人的一生的发展至关重要。2011年，国务院颁布了《中国儿童发展纲要（2011—2020年）》，提出以下目标和要求："严重多发致残的出生缺陷发生率逐步下降，减少出生缺陷所致残疾"；"5岁以下儿童生长迟缓率控制在7%以下，低体重率降低到5%以下"；"促进0—3岁儿童早期综合发展"；"加强儿童保健服务和管理。推进儿童医疗保健科室标准化建设，开展新生儿保健、生长发育监测、营养与喂养指导、早期综合发展、心理行为发育评估与指导等服务。逐步扩展国家基本公共卫生服务项目中的儿童保健服务内容。3岁以下儿童系统管理率和7岁以下儿童保健管理率均达到80%以上"；"开展新生儿疾病筛查、诊断和治疗，先天性甲状腺功能减低症、新生儿苯丙酮尿症等遗传代谢性疾病筛查率达到80%以上，新生儿听力筛查率达到60%以上，提高确诊病例治疗率和康复率。加大出生缺陷防治知识宣传力度，提高目标人群出生缺陷防治知识知晓率"；"构建儿童心理健康公共服务网络。儿童医院、精神专科医院和有条件的妇幼保健机构设儿童心理科（门诊），配备专科医师。学校设心理咨询室，配备专职心理健康教育教师。开展精神卫生专业人员培训"。

2012年，教育部办公厅印发了《关于开展0—3岁婴幼儿早期教育试点的通知》，要求试点地区建立政府主导，教育部门和卫生部门分工负责，有关部门协调配合的0—3岁婴幼儿早期教育管理体制，明确各有关部门的管理职责和分工，切实把0—3岁早期教育指导纳入公共卫生和教育服务体系。这就把儿童生理与心理发展检测纳入公共服务体系，教育与卫生部门需要协作，共同为儿童发展提供服务保障。政策的出台和经验的积累，有力地推进特殊儿童早期干预工作的顺利开展。

第三节 面向3—6岁特殊儿童的学前教育

一、面向听障儿童的学前康复教育

听障儿童的学前康复教育的主要内容是听觉康复、言语矫治和语言认知教育等三部分。听觉康复的内容主要包括听觉察知、听觉分辨、听觉识别和听觉理解。其中，听觉察知主要训练听障儿童有意识地判断声音的有无并做出反应的能力，包括察知声音的开始与结束，分辨声源；听觉分辨主要训练听障儿童分辨声音异同的能力，包括声音的长短、高低、轻重和快慢；听觉识别主要训练听障儿童把握音段、音位等声音特征从而将声音识别出来的能力，包括超音段识别、儿歌或童谣识别、有意义音节识别、语音均衡识别、最小音位的识别；听觉理解主要训练听障儿童将音和义相结合的能力，包括单条件词语理解、双条件词语理解、三条件词语理解、日常用语理解、闭合式语言理解。

对听障儿童进行言语矫治时，首先要了解听障儿童各发音器官的构音能力，找出其存在的言语问题，分析造成言语障碍的原因，制定个别化的言语康复方案，帮助听障儿童发出准确、清晰、舒适的说话声。

在对听障儿童进行语言认知教育的过程中，教育者一般是参照同龄健听幼儿的语言及认知常模，对听障儿童进行词语训练、短句训练和应用训练，同时渗透听觉康复和言语矫治，使听障儿童听说结合，尽量做到与他人自如交流。词语训练采用主题的方式，原则是选择与听障儿童的生活联系密切的词语。如围绕主题"我自己"，引导听障儿童学习"眼睛""头发""鼻子""手"等词语。短句训练，一般是结合听障儿童学过的词语，引导其学习说短句子。普通幼儿教材、普通幼儿读物等是面向听障儿童开展语言认知教育常用的教材。教育者围绕教材创设的情景，引导幼儿进行对话交流，话题一般应贴近听障儿童的生活。

听障儿童的语言康复教育贯穿听障儿童整个幼儿教育阶段。语言康复教育有集体教学和个别教学两种形式。集体教学包括强化听觉、言语与语言训练的主题教学活动和渗透普通幼儿园的语言、健康、社会、科学、艺术五大领域内容的区角活动及一日生活活动等延伸性活动。语言康复教育须把集体教学和个别教学、学校康复和家庭康复有机结合起来，以期达到最佳的康复目标。（周志英，2016）[44]个别教学的内容主要包括听觉康复、言语矫治和认知训练三部分。对听障儿童实施个别教学的程序为：康复评估—制定康复训练计划—实施康复训练计划—总结—制订新的康复训练计划—实施新的康复训练计划—新的总结。

二、面向智障儿童的早期教育

面向智障儿童的早期教育应根据不同智障儿童身心发展的具体情况，制订个别教育方案，进行有针对性的教育。基本要求如下：第一，对每个智障儿童有全面的了解和正确的评估，特别要重视对其发展潜能的评估，在此基础上，确定其对特殊教育的需求，制订个别教育计划。第二，认真观察和思考不同智障儿童之间的差异，有步骤、有针对性地对他们进行教育和训练。第三，细致分析智障儿童的现有发展水平，在充分考虑其各方面能力协调发展的基础上，重视其可接受性，避免对其进行过度训练，以免对儿童造成伤害。在对智障儿童进行有针对性的教育和训练的同时，抓住难点、重点，保证教育与训练的连续性。

面向智障儿童的早期教育无论是在教育内容还是在教育方法上都要综合考虑各方面因素，以达到理想的教育效果。在教育内容上，要融认知教育、自理能力培养、沟通能力训练等于一体；在教育方法上，要综合使用听、说、读、写、做、唱、演、玩等方法，不过分依赖某一种方法。此外，在教育者与环境方面，教师与家长合作，把幼儿园教育与家庭教育结合起来。在对智障儿童进行早期教育时要做到以下几点：第一，综合设计教育和训练内容，使一项活动尽可能指向儿童多方面能力的培养，或多个活动指向儿童某方面能力的培养。第二，尽可能让儿童的多种感觉器官参与活动，并尽可能使活动具有可操作性。第三，通过多种途径，鼓励和引导家长积极参与面向智障儿童的教育和训练活动，并在内容、方法方面持续给予指导，建议幼儿园和家庭之间经常保持联系。

面向智障儿童的教育和训练活动要经常、反复地进行，因为不可能一蹴而就、一劳永逸。这就要求：第一，教育和训练活动要给智障儿童留出复习和巩固的时间。第二，教育和训练活动要有循环性。第三，教师要有足够的耐心，并在儿童学习过程中及时给予反馈与强化。第四，反复与提高相结合，利用"变式"达到理想的复习效果。

三、面向脑瘫儿童的早期教育

面向脑瘫儿童的早期教育所涉及的领域非常多，其中医学康复是主导，教育康复是基础。目前，我国一些机构在对脑瘫儿童进行传统的康复治疗的同时，逐步开展了激发患儿主动克服运动障碍的信心，引导其学习日常生活技能，改善其社交能力的引导式教育。这种引导式教育的理念，是匈牙利神经学家和教育学家安德拉斯·裴图（András Peto）教授在20世纪40年代提出的。

引导式教育重点强调脑瘫儿童主动参与活动，而不是被动参与活动。在引导式教育中，引导员融教师与治疗师的角色于一体，根据每个患儿的障碍程度与特点，进行活动分析，使用节律性意向的训练方法，引导患儿利用自己的运动潜能，将动作转移至行动上，从而获得日常生活中独立生活的技能和节律性意向。引导式教育所特有的器材，如木条床、梯背椅、障碍梯等可以有效调动脑瘫儿童参与活动的积极性，使其在活动过程中获得成就感与自信心。1987年，黑龙江省小儿脑性瘫痪防治疗育中心开展了引导式教育。世界卫生组织康复协作中心等也多次举办引导式教育培训班，培养了大批引导式教育工作人员，并将这一教育模式逐渐应用于肢体运动功能障碍者的康复进程中。引导式教育适用的对象年龄为4个月到10岁，小于2岁效果更明显。对有轻度运动障碍的幼儿，不需要运用引导式教育模式。（向群，1998；魏国荣 等，2001；赵聪敏 等，2002；李志军 等，2001；周安艳，2000；袁新茂，1997；高志琼，2002）2020年，中国残疾人康复协会发布了《脑性瘫痪儿童康复服务团体标准》，该文件为脑瘫儿童的康复服务提供了科学依据。

四、面向孤独症儿童的早期干预

近几十年的流行病学数据显示，全球范围内孤独症患病率呈上升趋势，估计全球患病率为1%。2007年12月18日，联合国大会规定，从2008年起，每年的4月2日为世界孤独症关注日，简称"世界孤独症日"，旨在唤起政府、医学界和社会对孤独症的重视，同时强调孤独症早期诊断和科学干预的重要意义。

目前，面向孤独症儿童的早期干预方法有很多。基于不同理论，早期干预方法有以下几类。

第一，基于行为理论的干预法，例如回合式操作教学法、关键性反应训练法、正向行为支持法等。

第二，基于发展理论的干预法，例如人际关系发展干预法、地板时光、早期介入丹佛模式、共同注意训练法、象征性游戏训练法，以及社会交往、情绪管理和全面支持模式等。

第三，基于心理特征的支持导向的干预法，例如扩大和替代沟通、孤独症和沟通障碍儿童的治疗与教育等。

第四，康复训练导向的干预法，例如言语与语言治疗等。

基于行为理论的干预法和基于发展理论的干预法的不同之处在于：基于行为理论的干预法，主要以增加适当行为（如穿衣）、减少不当行为（如自我伤害或攻击性行为）为目标，然后以结构化的方式教给孩子；基于发展理论的干预法主要针对孤独症儿童的核心障碍，而不针对其明显的行为问题，治疗师或家长基于孩子的兴趣来慢慢引导孩子与外界互动、沟通，以及引导其掌握特定的技能。不过，在实践中，很多干预法是综合性的，既以行为理论为基础，也以发展理论为基础。

中国残疾人康复协会基于多年调研实践成果，组织多位孤独症相关医学和康复领域的专家编写了《孤独症儿童康复服务机构建设管理指导手册》（华夏出版社2018年版），提供了一个非常具有操作性的指南。此外，为贯彻落实《中国残疾人事业"十一五"发展纲要与配套实施方案》，进一步规范各类孤独症儿童康复训练机构的发展，我国制定了《孤独症儿童康复服务机构建设评估方案（试行）》，为孤独症儿童康复服务机构制定了明确的行业标准。

第四节 特殊儿童的学前融合教育

一、听障儿童的学前融合教育

根据听障儿童的康复程度，幼儿园会安排与之相匹配的健听幼儿班，开展初期融合、半日融合和全日融合等三种形式的融合教育活动。

如果听障儿童经过一段时间的听力语言康复训练之后，具备了一定的听说能力，可以参加一至两次的初期融合教育，每次参加半日教学活动。如果聋儿具备了基本的听说能力，其可以每天接受半日的融合教育。如果聋儿达到了康复教育的目标，且具备了主动交流和表达的能力，则可以接受全日融合教育。相关人员应在每个阶段根据聋儿情况，评估其适应环境、与人交往的水平，也对听觉康复、言语矫治和语言认知教育等个别化教学和指导内容的实现情况进行评估。

听障儿童融合教育的实施策略为：在安置前对听障儿童进行评估，具体而言，采用多种评估工具评估听障儿童的听觉能力、语言能力、认知能力等发展情况，根据已有的实践内容，对比健听儿童常模后，确定听障儿童不同阶段的发展目标。根据不同发展水平的听障儿童的需求，选择与之实际需求相符的安置方法，并对其个别化康复指导方案做出相应调整。在班级的选择上，通常根据听障儿童的生理年龄将其安置在相应的年级，每班安置1—2名听障儿童，目的在于促进听障儿童与健听儿童交往。在安置形式的选择上，经过评估，对达到初级水平的听障儿童采取初期融合的形式，对达到中级水平的听障儿童采取半日融合的形式，对达到高级水平的听障儿童采取全日融合的形式。（周志英，2016）[131-133]

厦门市心欣幼儿园根据听障儿童所处阶段的不同，将每位听障儿童的融合情况划分为：融合前的准备、半融合和全融合。在听障儿童处于"融合前的准备"状态时，该幼儿园主要通过集体课和个训课开展融合教育，该园的融合教育集体康复课程也是围绕着自身开发的特殊儿童学前教育系列教材《言语康复》《日常生活技能》《运动康复》《艺术康复（美术篇）》等设计的，结合了幼儿园五大领域——语言、科学、健康、社会、艺术，其中水疗课程是一门特色课程。"半融合"主要是指入园康复效果较好，已经适合进入普通幼儿园的儿童有50%以上时间在普通幼儿园就读。"全融合"主要是指各项能力符合融合要求的听障儿童全天在普通幼儿园就读。

二、孤独症儿童的学前融合教育

孤独症儿童的学前融合教育完全可以在普通幼儿园进行。目前，我国的融合教育还存在许多问题，比如缺少相关行政力量和资金的支持，教师专业水平不高，从事孤独症儿童研究的专业人员数量少，学校对相关专业的支持力度较小，等等。除了上述问题外，实行融合教育最大的困难来自教师、教育机构管理者和教育行政人员还没有形成科学的融合教育观念，对融合教育的认同度较低。

孤独症儿童的学前融合教育需要把握以下要点。第一，保证学前融合教育符合孤独症儿童的心理特点。孤独症儿童需要在安全、稳定、友爱的环境中成长，他们在学习时依赖视觉提示和结构化安排，因此教师在教育过程中要根据儿童的实际心理状况和心理需求，提供帮助。第二，从孤独症儿童的角度思考问题。障碍程度较高的孤独症儿童，不能提早进行融合，要注重对他们进行早期的行为干预训练。第三，加大对孤独症儿童的支持力度。教师在制定孤独症儿童教育方案时，要根据前期评估结果，及时与家长沟通，在此基础上制定更加符合儿童教育需求的教育方案。第四，要为孤独症儿童创设良好的学习环境，例如，在教学过程中，教师要为学生安排适当的同伴，建立规范化的班集体。第五，及时处理孤独症儿童的行为与情绪问题。第六，发挥好家长的作用，学校教育需要家庭教育配合。

杭州市湖墅学校于 2016 年创办了学前融合班，主要为杭州市拱墅区 3—6 周岁的孤独症、脑瘫、智障等类型的幼儿和 2—3 周岁的普通幼儿提供康复训练和融合教育。该校的学前融合班通过前期的评估，为特殊儿童制订个别化教育计划。目前该校学前融合班已开设"点心时光"课、主题单元课（包含认知、语言、社交、感知觉、精细动作发展等）、生活自理课、律动课等丰富的课程，通过集体课、小组课、个训课等多种形式开展教育教学活动。同时，学校根据普通儿童和特殊儿童的心理需求，在教室内创设多个区角，也在室外创建了促进学生精细动作发展的多个墙面游戏角，为特殊儿童与普通儿童创设多种情境，促进特殊儿童和普通儿童共同学习、沟通与融合。截至 2019 年，该校学前融合班已为 40 名幼儿提供支持性服务，其中 23 名普通幼儿进入普通幼儿园，3 名特殊儿童进入普通学校随班就读，1

名盲童进入盲校，10名特殊儿童进入湖墅学校一年级，3名特殊儿童申请继续在学前融合班学习。

郑州市管城回族区奇色花福利幼儿园创办于1991年。自1996年起，奇色花福利幼儿园开始按8∶1的比例在普通幼儿园接收特殊儿童，开始了学前融合教育的探索实践。该幼儿园在2016年组建了学前融合教育资源中心，承担了河南省学前融合教育试点园的师资培训及巡回辅导工作，该幼儿园园长主编的《学前融合教育理论与实务》《学前儿童教育发展评量手册》等关注学前融合教育的书籍已出版。上述两所幼儿园的实践活动是比较有特色和富有成效的。

近年来，孤独症发病率有升高的趋势，孤独症儿童的融合教育已经是一个无法回避的问题。对于推动孤独症儿童学前融合教育的发展，我们有如下建议。

第一，用法律和政策保障孤独症儿童接受教育的权利。为了更好地提高特殊儿童尤其是孤独症儿童的地位，建议尽快修订有关法律法规，让孤独症儿童的受教育权得到法律的保障。同时，加大政策的执行力度，统筹多方力量，配合和监督政策的实施。

第二，深化对孤独症儿童学前融合教育理论的认识。进一步深化对孤独症儿童学前融合教育理论的认识很重要。孤独症儿童是否做好了接受融合教育的准备？普通幼儿园能否提供良好的融合教育资源？这些都是影响融合教育发展的问题。广大教育工作者需要加深对孤独症儿童学前融合教育的理解，为孤独症儿童提供更好的学前融合教育。

第三，完善随班就读的资源配置。这主要是指完善随班就读的资源配置，提高孤独症儿童随班就读的教育质量。当然，还需要相关老师对孤独症儿童进行个别化教育，在课余时间充分利用融合教育的资源，努力为孤独症儿童创造良好的学习环境。

第四，拓宽学前融合教育渠道。要提高教育质量，除了需要改善当前随班就读的形式外，还需要不断拓宽学前融合教育渠道，形成开放、包容、多元的学前融合教育发展格局。（马斯佳，2016）

第五，完善特殊教育教师培养体系，建设高质量的学前教育融合课程。目前我国孤独症儿童学前融合教育的课程难以顺利开设，主要是因为针对孤独症儿童的课程指南和教学资源比较匮乏。有研究者在多次调研中发现，我国目前面向孤独症儿童的学前融合教育基本采用的是针对智障儿童的课程。既有的一些教材生活化和趣味性不足，不利于孤独症儿童的理解和学习。集体教学满足不了孤独症儿童的教育需求，而个别化教育的质和量都存在问题，归根结底，还是由于特殊教育师资匮乏及特殊教育领域的教师的专业化程度不够高。（徐云 等，2016b）今后，一方面要完善特殊教育教师培养体系，另一方面要建设高质量的学前融合教育课程。

三、特殊儿童学前融合教育的发展趋势

学前教育阶段是儿童启蒙关键期，这一时期的教育对于儿童身心健康与日后的发展至关重要。如今，融合教育在国内外已成为热点，也取得了丰硕的发展成果。北京市的融合教育就是一个例证。

北京市自20世纪80年代开始，基于现实需求、本地资源、教育传统等，不断探索特殊儿童随园就读的形式。为进一步推进基本公共教育服务均等化，保障特殊儿童享有公平而有质量的教育，2013年北京市人民政府办公厅印发了《北京市中小学融合教育行动计划》，加快推进融合教育。2018年北京市教育委员会等部门发布了《北京市特殊教育提升计划（2017—2020年）》，提出全面开展学前三年基本教育康复服务，力争到2020年学前三年基本教育康复服务覆盖全市3—6岁残疾儿童。具体措施包括以下几点。一是扩大学位。通过在特殊教育学校附设幼儿园、普通幼儿园接收残疾儿童等方式，实现学前三年基本教育康复服务覆盖全市3—6岁残疾儿童。二是进一步完善资助体系。进一步完善惠及学前教育至高等教育阶段所有残疾学生的资助体系。三是完善满足特殊儿童个性化需求的服务体系。不断加强专业支持体系建设，通过对标准化资源教室、学区融合教育资源中心、区级特殊教育中心等各个层级专业支持力量的有机整合，为特殊儿童提供个性化的保教支持。同时，北京市注重融合教育的内涵式发展，表现为以下几点。第一，构建了北京市学前融合教育的发展指标。在对特殊儿童学前教育机构融合教育发展特征进行分析的基础上，北京市系统构建了八个维度的发展指标，即领导理念、制度设计、资源统筹、关爱特殊儿童、鼓励特殊儿童进步、引导普通家长和儿童接纳特殊儿童、调整日程安排、特别支持政策。同时，提出较为完整的评价框架和适宜的质量标准。第二，形成了具有北京特色的学前融合教育课程实施模式，即普通班级模式、普通班级加个别化支持课程模式。第三，构建了北京市特殊儿童学前融合教育管理服务体系，包括管理的层次、支持的内容、服务的流程三个维度，规定了学前融合教育

中特殊儿童接受专业的支持与服务的流程。第四，积累了特殊儿童的融合方法，如北京市海淀区特殊教育研究与指导中心王红霞等人提出了孤独症儿童渐进教育法（从个训到半融合再到全融合），效果比较明显。

我国学前融合教育之所以能够快速发展，主要有以下几点原因。

第一，教育观念的进步。目前我国对于学前融合教育的认识正在逐步深化。随着这几年学前融合教育的逐步普及，学前融合教育观念也被越来越多的人所接受，人们开始意识到学前融合教育的必要性。

第二，融合教育教师培养体系逐渐完善。我国发展学前融合教育的设想最早是在1989年提出的，但在随后的几十年中，我国的教师培养体系中并没有设置相应的特殊教育课程，具有特殊教育专业背景的普通幼儿教师严重缺乏，这也直接导致了我国学前融合教育发展缓慢。近几年，我国部分高校开设了融合教育课程，普通师范学校开设了特殊教育方向的必修课或选修课，以适应我国学前融合教育的发展，这是我国教育事业的一大突破。适应性与可操作性俱佳的教师培养体系，壮大了教师队伍，使得我国学前融合教育覆盖范围更大，发展前景更广阔。

第三，家校合作日渐紧密。与一般学生相比，特殊儿童更加敏感，也更加依赖家长，因此学前融合教育需要家长与学校保持密切联系，进行有效沟通。随着学前融合教育的逐渐普及，一个显著的变化是家长与学校之间的合作日益紧密，保障了学前融合教育的顺利发展。有效的家校合作，可以弥补特殊儿童居家学习和康复的不足，令家长和教师对学生的学习与生活情况有全方位的了解，并在此基础上达成教育共识，这对于特殊儿童健全人格的培养大有益处。

第四，学前融合教育日益普及。现阶段，让特殊儿童和普通儿童一起接受教育的融合教育理念，正被越来越多的人接受，学前融合教育已经成为国际特殊儿童学前教育的发展趋势。我国同样也开始重视学前融合教育。2016年，由中国残疾人福利基金会主办的"衣恋集善融合教育"项目启动，该项目主要帮助孤独症及其他残疾儿童享有与健全儿童一样的学前教育和义务教育，进一步推动我国特殊儿童融合教育的发展。"衣恋集善融合教育"项目包括三个板块：融合教育先行计划试点幼儿园推广及支持活动、融合教育教师培训、融合教育研讨及宣传活动。

从我国学前融合教育目前的发展态势来看，尽管我国对于学前融合教育的认识在逐渐深化，教师队伍在不断发展壮大，家长与学校之间紧密联系，但整体而言，我国学前融合教育尚处于初级发展阶段，未来还会遇到许多新的问题，面临新的挑战。未来，从事学前融合教育的工作者要付出更多的努力，结合我国教育的实际情况，勇于尝试，让学前融合教育实现大发展，更好地造福特殊儿童。

第五节 对特殊儿童学前教育的展望

我国特殊儿童学前教育事业目前还处于起步阶段，特殊儿童的早期教育现状亟须改善。根据 2006 年全国残疾人抽样调查数据推算，我国大陆 31 个省份 0—6 岁的学龄前残疾儿童数量为 141 万名，占残疾人口总数的 1.7%。面向特殊儿童的早期教育，目前既有隔离式的，也有融合式的。隔离式的是以学前儿童特殊教育机构与学前特教班为主，包括特殊儿童教育机构、康复机构、特殊教育学校的学前班。在我国香港地区，学前融合教育已成为特殊教育的主流形式，形成了完善的"三层支援"模式。2006 年，我国澳门特别行政区颁布了《非高等教育制度纲要法》，该法强调特殊教育优先在普通学校内以融合的方式实施。我国台湾地区以自足式特教班、分散式资源班和巡回辅导班为主要安置形式，形成了具有当地特色的学前融合教育体系。我国大陆地区普遍举办了以聋儿听力语言康复训练为主体的听障儿童学前教育班，并逐渐扩大到其他类型的特殊儿童，开办了以面向智障儿童和孤独症儿童为主体的早期教育机构。目前我国学前儿童特殊教育机构有公办与民办两种类型，其中，民办机构多集中开展听障、智障和孤独症儿童教育康复。

特殊儿童早期教育是我国教育体系一个重要的组成部分，我国特殊儿童学前教育若未来想要实现跨越式发展，需要优先保障以下几点。

一、政府加大对特殊儿童早期教育的资金投入

政府对特殊儿童的早期教育负有不可推卸的责任，应逐年增加资金投入，重点关注缺少早期教育机会的特殊儿童及其家庭，致力于缩小特殊儿童早期教育的城乡差距、东西部地区差距、发达地区与落后地区的差距。虽然未来我国不可能使所有特殊儿童都能获得同等质量的早期教育，但至少要通过政策的调控缩小差距，如逐步分阶段实施 0—6 岁特殊儿童早期干预，为特殊儿童及其家庭提供一定资助（如经济补助、政策优惠）。

二、完善为特殊儿童提供专业服务的早期教育体系

对特殊儿童越早发现、越早干预，效果越好。早期干预需要专业团队提供的专业服务，既需要特殊儿童保育与向学龄前不断延伸的特殊教育，也需要兼顾特殊儿童的个别差异，辅之以个别化家庭服务。此外，我国也鼓励社区和家庭积极参与特殊儿童早期教育。未来，我国可分区域适度推进多样化的早期教育机构建设，发展公办与民办相结合、正规与非正规相结合的多种形式的早期教育与服务机构，完善为特殊儿童提供专业服务的早期教育体系。

三、培养高质量的特殊儿童早期教育教师队伍

影响特殊儿童早期教育质量的关键要素不仅有资金和设备，还有教师。高质量的师资是特殊儿童早期教育发展的基石。培养高质量的特殊儿童早期教育师资可从以下方面入手：在高校相关专业增开特殊儿童早期教育课程（如在学前教育专业开设特殊教育类课程），通过多种形式保障残疾儿童早期教育从业人员的在职培训；提高特殊儿童早期教育教师的地位；不断通过各种措施提高人事特殊儿童早期教育的教师的专业化水平。

四、建立评价预警机制

建立特殊儿童学前教育的评价预警机制是落实特殊教育政策的有效措施。各级各类教育机构应把特殊儿童学前教育纳入评价体系，建立评价特殊教育和学前教育的双重预警机制，包括把普通幼儿园接纳特殊儿童入园情况纳入学前教育评价体系。

五、鼓励特殊儿童到普通学前教育机构就读

未来，应积极创造条件让特殊儿童有机会和普通儿童一起学习。融合教育是一种更重视特殊儿童需求的教育方式，教师在设计课程内容时，必须兼顾特殊儿童与普通儿童的学习需求。相较于以往的教育方式，这种方式更加关注特殊儿童的学习需求、重视特殊儿童的受教育权。尽管这种教育形式在实践中会遇到许多困难，但从隔离式走向融合式的学前融合教育是特殊教育重要的发展趋势。

我国特殊教育在各级政府的重视与支持下，在各级主管部门、社会保障机构、

专家学者、民间机构、家长与教育工作者的通力合作下，逐渐发展壮大，与时俱进。未来，应不断提高特殊儿童教育服务质量，提供符合特殊儿童需求的课程、教学与无障碍学习环境，达到服务对象普及化、入学安置多元化、行政支持制度化、人力资源专业化、课程教学精细化、学习环境优质化、家庭参与全面化、绩效评估标准化的目标，逐步实现因材施教、人尽其才的理想。

第三章
特殊儿童义务教育

第一节 法律法规与政策推动特殊儿童义务教育改革与发展

一、依法治教，保障特殊儿童接受义务教育的权利

党的十一届三中全会确定了以经济建设为中心、坚持改革开放的战略方针，开创了我国社会主义现代化建设的新局面，促使我国踏上了现代化的征程。国家现代化建设离不开教育事业的现代化，而教育事业的现代化必然要求保障特殊儿童的受教育权利。改革开放以来，我国特殊教育事业取得重大进展和成就，这得益于一系列相关法律政策的颁布和相应制度的建立，它们共同促成了特殊教育事业逐步走上有法可依和依法治教的轨道。

（一）《中华人民共和国宪法》

《中华人民共和国宪法》是我国的根本大法。1982年的《中华人民共和国宪法》第四十五条规定，"国家和社会帮助安排盲、聋、哑和其他有残疾的公民的劳动、生活和教育"，这是新中国成立后残疾人教育第一次出现在宪法中。1985年发布的《中共中央关于教育体制改革的决定》指出："在实行九年制义务教育的同时，还要努力发展幼儿教育，发展盲、聋、哑、残人和弱智儿童的特殊教育。"这段话有两点值得注意：第一，该文件明确将盲、聋、哑、肢体残疾和智障等四类儿童纳入教育体系，保护他们接受教育的权利，但这份文件没有明确这几类儿童是不是和其他儿童一样接受九年制义务教育。第二，该文件明确了特殊教育应当包括面向智障儿童的教育。这是新中国的政策文件中首次明确提及智障儿童接受教育的权利，也开启了我国向有特殊教育需求的儿童提供教育服务的进程。

（二）《中华人民共和国义务教育法》

1986年，第六届全国人民代表大会第四次会议通过《中华人民共和国义务教育法》，规定"国家实行九年制义务教育"，"凡年满六周岁的儿童，不分性别、民

族、种族，应当入学接受规定年限的义务教育"，"国家对接受义务教育的学生免收学费"，"地方各级人民政府应当合理设置小学、初级中等学校，使儿童、少年就近入学。地方各级人民政府为盲、聋哑和弱智的儿童、少年举办特殊教育学校（班）"。2006年第十届全国人民代表大会常务委员会第二十二次会议对《中华人民共和国义务教育法》进行了修订。修订后的《中华人民共和国义务教育法》也对保障残疾儿童接受义务教育的权利进行了规定："国家实行九年义务教育制度。义务教育是国家统一实施的所有适龄儿童、少年必须接受的教育，是国家必须予以保障的公益性事业。实施义务教育，不收学费、杂费。"2018年修订的《中华人民共和国义务教育法》第十九条规定："县级以上地方人民政府根据需要设置相应的实施特殊教育的学校（班），对视力残疾、听力语言残疾和智力残疾的适龄儿童、少年实施义务教育。特殊教育学校（班）应当具备适应残疾儿童、少年学习、康复、生活特点的场所和设施。普通学校应当接收具有接受普通教育能力的残疾适龄儿童、少年随班就读，并为其学习、康复提供帮助。"根据2018年修订的《中华人民共和国义务教育法》的要求，各地必须保障残疾儿童和少年接受义务教育，义务教育阶段残疾儿童和少年的教育安置形式，可以是特殊教育学校，也可以是普通学校附设特教班或随班就读。

（三）《中华人民共和国残疾人保障法》

1990年颁布的《中华人民共和国残疾人保障法》第十八条规定："国家保障残疾人受教育的权利。各级人民政府应当将残疾人教育作为国家教育事业的组成部分，统一规划，加强领导。国家、社会、学校和家庭对残疾儿童、少年实施义务教育。国家对接受义务教育的残疾学生免收学费，并根据实际情况减免杂费。国家设立助学金，帮助贫困残疾学生就学。"2008年修订通过的《中华人民共和国残疾人保障法》规定："国家保障残疾人享有平等接受教育的权利。各级人民政府应当将残疾人教育作为国家教育事业的组成部分，统一规划，加强领导，为残疾人接受教育创造条件。政府、社会、学校应当采取有效措施，解决残疾儿童、少年就学存在的实际困难，帮助其完成义务教育。各级人民政府对接受义务教育的残疾学生、贫困残疾人家庭的学生提供免费教科书，并给予寄宿生活费等费用补助；对接受义务教育以外其他教育的残疾学生、贫困残疾人家庭的学生按照国家有关规定给予资助"。从保障残疾人受教育的权利到保障残疾人享有平等接受教育的权利，标志着国家层面对社会公平与教育公平的认识的深化。

(四)《残疾人教育条例》

2017年1月11日国务院第161次常务会议修订通过了《残疾人教育条例》。该条例第一条规定:"为了保障残疾人受教育的权利,发展残疾人教育事业,根据《中华人民共和国教育法》和《中华人民共和国残疾人保障法》,制定本条例。"该条例第二条规定:"国家保障残疾人享有平等接受教育的权利,禁止任何基于残疾的教育歧视。残疾人教育应当贯彻国家的教育方针,并根据残疾人的身心特性和需要,全面提高其素质,为残疾人平等地参与社会生活创造条件。"该条例第三条规定:"残疾人教育是国家教育事业的组成部分。发展残疾人教育事业,实行普及与提高相结合、以普及为重点的方针,保障义务教育,着重发展职业教育,积极开展学前教育,逐步发展高级中等以上教育。残疾人教育应当提高教育质量,积极推进融合教育,根据残疾人的残疾类别和接受能力,采取普通教育方式或者特殊教育方式,优先采取普通教育方式。"该条例第四条规定:"县级以上人民政府应当加强对残疾人教育事业的领导,将残疾人教育纳入教育事业发展规划,统筹安排实施,合理配置资源,保障残疾人教育经费投入,改善办学条件。"上述规定再次确认了残疾人的受教育权利,阐明了残疾人教育是我国教育事业的重要组成部分,受到法律的保障和支持,同时对不同阶段的残疾人教育发展提出具体要求,明确残疾人教育的责任主体和保障机制,极大地促进了我国残疾人教育事业的发展。

二、制定专项政策,推动残疾人义务教育发展

(一)做好全国残疾人抽样调查工作

为了了解全国残疾人数量、残疾人生活就业情况以及残疾人受教育水平,我国先后实施了两次全国残疾人抽样调查,以调查结果作为制定残疾人相关政策的依据。1987年我国进行了第一次全国残疾人抽样调查,调查对象来自29个省份,共调查1579314人,占全国总人口的1.5‰;查出视力、听力语言、智力、肢体、精神残疾等5类残疾以及多重残疾人口77434人,占调查总人数的4.9%。以此推算,当年全国约有各类残疾人5164万人。其中,听力语言残疾人数量约为1770万人,智力残疾人数量约为1017万人,肢体残疾人数量约为755万人,视力残疾人数量约为755万人,精神残疾人数量约为194万人,多重残疾人数量约为673万人。在

5164万名残疾人中，0—14周岁的残疾儿童数量约为817.1万人，其中不同类型残疾儿童数量依次为：智力残疾儿童539万人，听力语言残疾儿童116万人（其中听力残疾儿童86.6万人，言语残疾儿童29.4万人），多重残疾儿童80.6万人，肢体残疾儿童62万人，视力残疾儿童18.1万人，精神残疾儿童1.4万人（见表3-1）。

表3-1　1987年全国残疾人抽样调查所推算的各类残疾人数量

残疾类别	残疾人数量（万人）	0—14周岁残疾儿童数量（万人）
听力语言残疾	1770	116
智力残疾	1017	539
肢体残疾	755	62
视力残疾	755	18.1
精神残疾	194	1.4
多重残疾	673	80.6
合计	5164	817.1

数据来源：中国残疾人联合会. 1987年全国残疾人抽样调查概况［EB/OL］.（2007-11-21）［2018-10-08］. http：//www.cdpf.org.cn/sjzx/cjrgk/200804/t20080407_387575.shtml.

2006年我国进行了第二次全国残疾人抽样调查。根据调查数据推算，2006年4月我国残疾人口约占全国总人口的6.34%。我国残疾人受教育程度情况为：具有大学（大专及以上）学历的残疾人数量为94万人，具有高中（含中专）学历的残疾人数量为406万人，具有初中学历的残疾人数量为1248万人，具有小学学历的残疾人数量为2642万人（见表3-2）。

表3-2　2006年全国残疾人抽样调查中残疾人受教育程度情况

受教育程度	人数（万人）
大学（大专及以上）	94
高中（含中专）	406
初中	1248
小学	2642

注：表中数据包括各学段的毕业生、肄业生和在校生数量。

数据来源：国家统计局，第二次全国残疾人抽样调查领导小组. 2006年第二次全国残疾人抽样调查主要数据公报（第二号）［EB/OL］.（2009-05-08）［2021-10-04］. http://www.gov.cn/govweb/fwxx/cjr/content_1308391.htm.

根据第二次全国残疾人抽样调查结果推算，2006年4月，我国6—14岁残疾儿童数量为246万人，占全国残疾人口的2.96%。其中，视力残疾儿童13万人，听力残疾儿童11万人，言语残疾儿童17万人，肢体残疾儿童48万人，智力残疾儿童76万人，精神残疾儿童6万人，多重残疾儿童75万人。学龄残疾儿童中，平均有63.19%的残疾儿童当时正在接受义务教育，具体到各类别残疾儿童的比例为：视力残疾儿童79.07%，听力残疾儿童85.05%，言语残疾儿童76.92%，肢体残疾儿童80.36%，智力残疾儿童64.86%，精神残疾儿童69.42%，多重残疾儿童40.99%（见图3-1）。

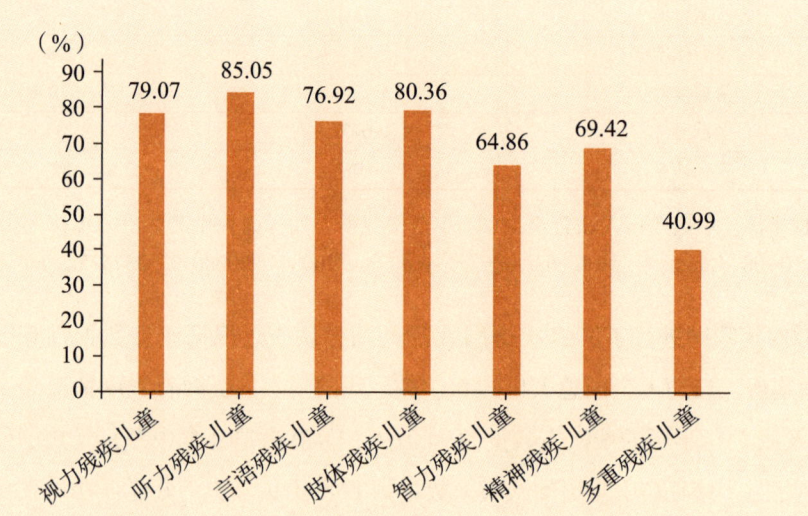

图3-1　根据第二次全国残疾人抽样调查结果推算的各类6—14岁残疾儿童接受教育的比例

数据来源：国家统计局，第二次全国残疾人抽样调查领导小组. 2006年第二次全国残疾人抽样调查主要数据公报（第二号）[EB/OL].（2009-05-08）[2021-10-04]. http://www.gov.cn/govweb/fwxx/cjr/content_ 1308391.htm.

（二）制定残疾人事业发展规划

从1988年国务院批准执行第一个残疾人事业发展规划——《中国残疾人事业五年工作纲要（1988年—1992年）》开始，我国陆续颁布了一系列残疾人发展规划，如《中国残疾人事业"八五"计划纲要（1991年—1995年）》《中国残疾人事业"九五"计划纲要（1996年—2000年）》《中国残疾人事业"十五"计划纲要（2001年—2005年）》《中国残疾人事业"十一五"发展纲要（2006年—2010年）》《中国残疾人事业"十二五"发展纲要》《"十三五"加快残疾人小康进程规划纲要》。这些文件使得社会对残疾儿童、青少年接受教育重要性的认识有所深化，为残疾儿童、青少年接受高质量的教育提供了保障。比如《中国残疾人事业"八五"计划纲要（1991年—1995年）》提出，"使可以接受普通教育的残疾儿童、少年与当地其他儿童、少年的义务教育水平同步；使需要接受特殊教育的视力、听力、言语和智力残疾儿童、少年的初等义务教育入学率，在城市和发达与比较发达的地区达到60%左右，中等发展地区达到30%左右，困难地区有较大提高"。这份文件的重点在于保障残疾儿童、青少年接受义务教育，不断提高残疾儿童、青少年义务教育入学率。《"十三五"加快残疾人小康进程规划纲要》则提出"巩固特殊教育发展基础"，"提高残疾人受教育水平。……为家庭经济困难的残疾儿童、青少年提供包括义务教育、高中阶段教育在内的12年免费教育"，"继续采取'一人一案'方式解决好未入学适龄残疾儿童少年义务教育问题"，"规范为不能到校学习的重度残疾儿童送教上门服务"，"大力推行融合教育，建立随班就读支持保障体系，在残疾学生较多的学校建立特殊教育资源教室，提高普通学校接收残疾学生的能力，不断扩大融合教育规模"。随着义务教育阶段特殊教育的发展，残疾儿童、青少年入学已不是主要问题，下一阶段的重点应当是保障和提升残疾儿童、青少年所接受的教育的质量。

（三）制定特殊教育发展规划

特殊教育事业的发展离不开教育行政部门的系统规划和指导。改革开放以来，我国多次召开全国性特殊教育工作会议，并颁布与特殊教育相关的专项规划文件，系统部署实施特殊儿童义务教育。

1992年，国家教委、中国残联印发《残疾儿童少年义务教育"八五"实施方案》，要求"各级人民政府、教育行政部门及其他有关部门应高度重视这项工作，采取有力措施，力争使残疾儿童、少年教育事业在'八五'期间有较大的发展"。1996年颁布的《残疾儿童少年义务教育"九五"实施方案》规定，各级人民政府要采取有力措施，使残疾儿童与其他儿童同步接受义务教育，残疾幼儿学前教育有较大发展。2017年教育部办公厅、中国残联办公厅发布《关于做好残疾儿童少年义务教育招生入学工作的通知》，从招生工作入手，要求进一步保障适龄残疾儿童少年接受义务教育的权利。

1988年11月，全国特殊教育工作会议在北京召开。会议讨论、修改了《关于发展特殊教育的若干意见》等文件，并就各地开展特殊教育的经验进行了交流，确定了发展特殊教育的基本方针，提出把残疾儿童少年义务教育切实纳入普及义务教育的工作。1990年2月召开的全国特殊教育工作会议，对特殊教育的方针政策、保障措施进一步予以明确。2001年4月召开的全国特殊教育工作会议总结了我国"九五"期间特殊教育改革和发展的成就和经验，对"十五"期间乃至往后一个时期的特殊教育工作进行了规划，并提出了"十五"期间残疾儿童少年义务教育发展目标。2009年5月召开的全国特殊教育工作会议对进一步加快特殊教育事业的发展进程进行了深入研讨，提出要大力普及特殊儿童少年义务教育，积极发展特殊儿童学前教育和康复教育。

（四）颁布特殊教育提升计划

为了加快推进特殊教育发展，大力提升特殊教育水平，国务院办公厅于2014年转发教育部等部门《特殊教育提升计划（2014—2016年）》。该文件提出，"全面推进全纳教育，使每一个残疾孩子都能接受合适的教育。经过三年努力，初步建立布局合理、学段衔接、普职融通、医教结合的特殊教育体系，办学条件和教育质量进一步提升。建立财政为主、社会支持、全面覆盖、通畅便利的特殊教育服务保障机制，基本形成政府主导、部门协同、各方参与的特殊教育工作格局。到2016年，全国基本普及残疾儿童少年义务教育，视力、听力、智力残疾儿童少年义务教育入学率达到90%以上，其他残疾人受教育机会明显增加"。《特殊教育提升计划（2014—2016年）》提出要扩大特殊教育覆盖面，涵盖义务教育、学前教育、高中教育、职业教育以及高等教育。医教结合是深化特殊教育改革的一条新途径。实行"一人一案"，保障残疾儿童接受义务教育，各地要以县（市、区）为单位，全面了解每一个孩子的残疾类型、残疾程度和家庭情况，制订具体解决办法，把责任落实到人、落实到校，做到"全覆盖、零拒绝"。对于适合进入普通学校的残疾儿童，要就近就便、优先安排随班就读。对于中重度残疾儿童，要安排到特殊教育学校就读。对于确实不能进校就读的重度残疾儿童，要送教上门，让他们在家里也能接受一定的教育和康复训练。为了实现残疾儿童义务教育的"全覆盖"，"零拒绝"成为特殊儿童义务教育的一条实施准则，学校不能拒绝任何残疾儿童接受教育。

为了进一步提升残疾人受教育水平，推进教育公平，实现教育现代化，继《特殊教育提升计划（2014—2016 年）》后，《第二期特殊教育提升计划（2017—2020年）》于 2017 年 7 月印发。该文件提出："到 2020 年，各级各类特殊教育普及水平全面提高，残疾儿童少年义务教育入学率达到 95%以上，非义务教育阶段特殊教育规模显著扩大。特殊教育学校、普通学校随班就读和送教上门的运行保障能力全面增强。"

第二节　开展教育改革推动特殊儿童义务教育发展

1978 年以来，在国家进行社会主义现代化建设的大好形势下，特殊教育得到政府部门和社会热心人士的关怀。为了使特殊教育稳步发展，许多问题被提上了议事日程，特殊教育领域进行了大胆探索和改革，以保障特殊儿童接受义务教育。

一、与随班就读有关的概念

1988 年特殊教育国际会议在北京召开。陈云英发表《中国特殊教育的发展和展望》，提到为了更积极地发展特殊教育，借鉴外国发展特殊教育的经验，我国应该打破过去特殊教育的单一发展模式，让有能力在普通班上课的学生在普通班接受特殊教育的辅导，实现全体残疾儿童接受教育的目标。同时建议把已经开办的特殊教育学校办成教学研究中心，使其可以为教师提供教学咨询服务。（陈云英，1988）当时"回归主流""一体化教育"成了我国特殊教育界经常讨论的话题（陈云英，1991）。

我国把特殊儿童与普通儿童一起在普通学校的课堂上接受教育的做法称作"残疾儿童随班就读"，简称"随班就读"。教育界常用的与"随班就读"有关的概念还有"回归主流""一体化教育""融合教育"及"全纳教育"。由于"随班就读"与"回归主流""一体化教育""融合教育""全纳教育"经常被混淆，因此有必要澄清它们之间的差异。此外，为了聚焦特殊教育的改革所取得的成就与存在的问题，也有必要弄清楚相关概念的内涵。

(一)"随班就读"与"一体化教育"

"随班就读"专指残疾儿童在普通学校的普通班中与普通儿童一起接受教育的形式。尽管我国的相关法律法规政策文件已对"随班就读"做了规定,但是与改革开放中出现的大部分新生事物一样,人们对"随班就读"这种形式存在争议甚至误解。

1987年,国家教委在《关于印发〈全日制弱智学校(班)教学计划〉(征求意见稿)的通知》中指出,"在普及初等教育的过程中,大多数轻度弱智儿童已经进入当地普通小学随班就读。这种形式有利于弱智儿童与正常儿童的交往,是在那些尚未建立弱智学校(班)的地区特别是农村地区解决轻度弱智儿童入学问题的可行办法"。这是"随班就读"一词首次在我国政策文件中出现。1988年,在全国特殊教育工作会议上,残疾儿童随班就读正式成为发展特殊教育的一项举措。此后,随班就读开始被正式推行。

1988年,《中国残疾人事业五年工作纲要(1988年—1992年)》颁布,该文件指出:"坚持多种形式办学。……采取有力措施,积极推动普通学校和幼儿园附设特教班,及普通班中吸收肢残、轻度弱智、弱视和重听(含经过听力语言训练达到三级康复标准的聋童)等残疾儿童随班就读。"1989年发布的《关于发展特殊教育的若干意见》提出"各地要充分利用现有普通小学,积极招收虽有一定残疾,但可以在普通班学习的残疾儿童入学"。国家教委1994年印发的《关于开展残疾儿童少年随班就读工作的试行办法》提出"学校应当安排残疾学生与普通学生一起学习、活动",对随班就读的对象、入学政策、教学要求、师资培训等方面进行了规定。从上述文件的表述中可以看出,随班就读是招收残疾儿童进入普通学校学习的教育举措,最终目的是让残疾儿童少年能够在普通学校的班级中和其他学生一起学习、一起成长,为他们未来融入社会奠基。

"随班就读"是不是"一体化教育"呢?一体化教育是国际通用的一个概念,指的是打通特殊教育和普通教育之间的壁垒,整合特殊教育与普通教育的资源的一种教育思想与实践,在我国香港和台湾地区它被称为"融合教育"。"随班就读"打开了普通学校的大门,让残疾儿童进入普通教育体系,这种做法自然推动了普通教育与特殊教育的一体化。可以说,随班就读是因,一体化教育或教育的一体化是果,随班就读发展到一定程度就是一体化教育。

(二)"回归主流"

"回归主流"是欧美国家的一个专有名词,用以指代20世纪60年代末欧美教育界开始的一场把特殊儿童从特殊学校"转移"到普通学校的教育运动。这场教育运动的思想来源是美国一位特殊教育专家1986年发表的一篇文章,这篇文章批评了美国当时把轻度智障儿童送到特殊教育学校或康复机构就读的不恰当的做法。这篇文章适时地反映了美国学术界和家长们的观点,因而成了教育改革的导火索。其后《残疾儿童教育法》在美国特殊教育史上引发了一场"回归主流"的教育运动。美国特殊儿童学会1976年对"回归主流"做了如下定义:"回归主流"是一种有关特殊儿童教育安置措施和过程的理论。这个理论认识到每个儿童都应在最低限度的受限制环境中接受教育,因为只有在这样的环境中儿童的相关需要才能得到满足。"回归主流"的提出主要是基于对美国特殊教育发展过程中过多地发展特殊教育学校和特教班而忽视特殊儿童少年在普通班随班就读的优势所做的反思。这里的"主流"主要是指普通班,有时也兼指普通学校。"回归主流"不应与"随班就读"混用,主要原因为:第一,"回归主流"指的是欧美国家的一场教育运动,而不是指特殊教育形式。第二,"回归主流"是针对欧美国家将特殊儿童放在特殊教育机构和康复机构的做法而提出的教育改革思路,对还没有普遍建立特殊教育学校和康复机构的国家并不适用。第三,在"回归主流"教育运动中,人们提出多种教育安置形式,在普通班级随班就读只是其中一种形式。

(三)全纳教育与融合教育

全纳教育,对应的英文为"inclusive education",我国时常将其译成"融合教育"。全纳教育是在对"回归主流"思想进行批判的基础上提出来的,它强调对整体教育制度进行全面改革,使其能够提供面向包括残疾儿童在内的所有有特殊教育需要的儿童的教育服务。全纳教育至少应该包括全纳课堂、全纳学校、全纳社区支持网络等三个不同层次,形成纵向指导支持、横向交流合作的体系。(陈云英,2003)

1993年,联合国教科文组织在黑龙江省哈尔滨市召开亚太地区有特殊教育需要的儿童、青少年教育政策、规划和组织研讨会,并在此次会议上通过了《哈尔滨宣言》。该宣言指出:"通过全纳性教育的观念,探索满足一切儿童基本学习需要的多种策略。"(陈云英,1997;Mitchell,1995)这是全纳教育首次在中国被提出。

1994年联合国教科文组织在西班牙萨拉曼卡召开世界特殊教育大会，通过了全纳教育纲领性文件——《萨拉曼卡宣言》，提出了全纳教育的思想。全纳教育是通过全纳学校实施的教育，全纳学校的原则是为所有儿童提供教育，包括那些有特殊教育需要的儿童。全纳教育要求普通中小学进行全面改革，以便对学生的多样性予以恰当回应并采取适当措施，以适应儿童不同的生活方式和学习速度，因此学校需要通过合理的课程安排、有效的组织与管理、对人力与财力资源的充分利用，以及与社区的密切合作来保证教育质量。

联合国教科文组织2005年发布的《全纳教育指南：确保全民教育的通路》对全纳教育的定义是："全纳教育是通过增加学习、文化和社区参与，减少教育系统内外的排斥，应对所有学习者的多样化需求，并对其做出反应的过程。以覆盖所有适龄儿童为共识，以常规体制负责教育所有儿童为信念，全纳教育涉及到教育内容、教育途径、教育结构和教育战略的变革和调整。"（周满生，2008）

全纳教育至少应包括以下三个方面的含义：第一，普通学校要接纳所有儿童，特殊儿童要与健全儿童共同在普通学校学习。第二，特殊儿童同样是普通学校的学习主体。第三，教育要有一定的灵活性，必须保证每一个儿童都得到充分发展。（刘贤伟，2007）这种教育思想认为，任何一个儿童，不论何时何地有了任何学习困难，都应该得到特殊教育工作者的精心辅导；如果说特殊教育过去是为特殊儿童而设，那么如今特殊教育是为每一个儿童而设。在全纳教育的理念中，特殊教育试图解决整个教育体系存在的种种问题，以提高教育质量，促进教育公平。

全纳教育主张主流学校视所有学生（包括有特殊教育需要的学生）为学习主体并珍视他们为学校所做的贡献。全纳教育要能有效地在主流学校中推行，所有学生应能接纳、参与校内生活，对集体有归属感。他们的不同兴趣、能力和成就也应被视为能使学校生活更加丰富的资源。

二、随班就读的意义

（一）随班就读是残疾儿童接受义务教育的新方式

随班就读的目的有如下两点：一是解决残疾儿童入学难问题，二是解决教育权利不平等问题。入学难问题容易解决，只要转变观念，承认残疾儿童需要学习，也有学习能力，落实残疾儿童入学政策就不会有太大的障碍。《中共中央关于教育体制改革的决定》、1986年的《中华人民共和国义务教育法》、《关于实施〈义务教育法〉若干问题的意见》深化了全社会关于残疾儿童接受义务教育的认识，为日后全国性随班就读试验扫除了诸多障碍，并打下了特殊教育改革的坚实基础。

保障教育权利平等，难度较大。国际上一般把随班就读分成三个层次：形式上随班就读、社会融入式随班就读、随班就读有明显成效。在我国采取随班就读措施后，学校把这三个层次形象地解释随班就读的学生"招得来""留得住""学得好"。随班就读的初级层次是形式上随班就读。由于教师没有采取具体的康复措施或教学方法，有特殊需要的学生只是形式上在班级里学习。就社会融入式随班就读而言，其要求残疾学生和普通学生一起活动，尽量多进行社会交往。这个层次的随班就读能增进学生之间的理解，培养学生的交往能力。除个别学生外，多数学生随班就读能够达到这个层次。第三个层次的随班就读强调教育效果，即残疾学生不仅要和普通学生友好相处，而且要能够在教师的辅导下完成学习任务，学有所得。自1988年全国开展随班就读试验起，这项举措至今已经有30余年的历史，其间伴随着疑问、争论等。如今，随班就读在我国没有被完全否定，也没有完全实现。主要原因在于，随班就读的完全实现必须以特殊教育和普通教育各个环节的衔接为前提，它依赖两类教育的协同发展与合作，最终建立起一个不必区分特殊教育与普通教育的全纳教育体系。

随班就读最初的目的是突破只在特殊教育学校教育残疾儿童的困境。根据1987年的统计数据，当时我国普通儿童的小学入学率达到97%以上，而根据国家教委公布的数据，当时残疾儿童的小学入学率还不到6%。当时"如何统计残疾儿童入学率"这一问题引起了教育界的广泛争论，这场争论使人们认识到实施随班就读不但可以使大量儿童接受义务教育，快速有效地增加残疾儿童的受教育机会，还可以令全国儿童的小学入学率得到大幅提高。从这个角度看，这场争论实际上推动了随班就读举措的逐步落实。

(二) 随班就读是举办特殊教育的创新举措

1988年的全国特殊教育工作会议和1989年颁发的《关于发展特殊教育的若干意见》，均提出要以多种形式发展特殊教育。这一点在《中国残疾人事业五年工作纲要（1988年—1992年）》《中华人民共和国残疾人保障法》《残疾人教育条例》等相关法律政策文件中一再得到重申。因此，自1988年的全国特殊教育工作会议召开之后，我国特殊教育的发展方针便是在办好特殊教育学校的同时，有计划地在一部分普通小学附设特教班或吸收能够跟班学习的残疾儿童随班就读。对这一方针的贯彻，改变了我国过去举办特殊教育学校的单一办学形式，形成了办校、办班和随班就读三种形式并存以满足残疾儿童少年接受教育的需要的特殊教育体系。这是我国特殊教育迈向新起点的体现，也是随班就读在我国"生根发芽"的开始。

（三）随班就读扩大特殊教育服务对象

改革开放以来，接受教育的残疾儿童数量大幅增长，随班就读在扩大特殊教育服务对象方面发挥着主体作用。目前我国已经基本形成符合我国实际情况的特殊教育发展模式，即以特殊教育学校为骨干，以普通学校随班就读和特教班为主体，以送教上门为补充的特殊教育发展格局。（彭霞光 等，2014）

从世界范围内特殊教育发展的历史可以看出，特殊教育的服务对象在不断扩大。18 世纪，特殊教育刚刚起步，当时的服务对象是听力残疾与视力残疾儿童。19 世纪，特殊教育服务对象扩大到精神残疾与智力残疾儿童。20 世纪，许多国家的特殊教育服务对象包含了有学习障碍的儿童与天资优异的儿童。21 世纪，特殊教育的服务对象已变成有特殊需要的儿童。由于每个儿童都有可能在某个时期存在发展障碍或学习困难，因此也就存在每个儿童都有可能需要特殊教育的情况。在一些发达国家，特殊教育的服务对象出现了随特殊教育事业发展而逐步扩大的现象，有些国家接受特殊教育的儿童的比例高至 20% 甚至 25%。可以预见，随着特殊教育事业的发展，我国特殊教育服务对象也会逐步扩大，随班就读的学生可能会涵盖有学习困难的学生。

（四）随班就读解决农村地区残疾儿童入学困难问题

随班就读可以解决我国农村地区残疾儿童入学困难问题。我国有很多适龄儿童居住在农村，农村地区残疾儿童入学困难是我国特殊教育面临的关键性问题。我国特殊教育学校与特教班的数量还不能满足残疾儿童入学的需要，加上农村地区师资匮乏，农村儿童居住分散，交通不便，所以农村地区开展随班就读是保障残疾儿童接受义务教育的一个可行的措施。陈云英 1989 年在山东、辽宁、江苏等省进行调研时了解到，为了解决农村残疾儿童入学困难问题，我国一些地区早在 1982 年就有了盲童、智力残疾儿童随班就读的经验。

(五) 随班就读促进教育现代化

采取随班就读举措的主要目的是适应残疾儿童的潜能，对残疾儿童因材施教。为了顺利推进随班就读，教育工作者们进行了以下几个方面的改革，这些改革促进了我国教育的现代化。

第一，改革教师培训内容以培养高水平教师。随班就读举措的推行，推动了我国教师培训内容的改革，间接培养了一批掌握现代教育思想与技术的教师，为教育现代化打下了基础。(陈云英，1993)[1-9]第二，改革课程与教材，使课程与教材灵活地适应学生的需要。(陈云英，1996)[56-62]第三，改革学校管理方式，使学校的管理有利于残疾学生随班就读。第四，改革评价制度，丢弃了原本单一的评价方法，采取多种方法评价学生。(陈云英，1996)[56-62]第五，特殊儿童和普通儿童一起接受教育，有利于全体儿童全面发展。特殊儿童因为有机会和普通儿童接触，可以受到较为全面的教育，得到全面的发展，这为他们将来回归社会，和社会上其他人一起平等参与社会生活创造了条件。普通儿童则可以经由和特殊儿童一同学习，在多个方面有所成长。

三、特殊儿童义务教育"零拒绝"与送教上门

(一) 特殊儿童义务教育"零拒绝"

"零拒绝"是一种教育思想和政策，也是美国《残疾人教育法》所确定的特殊教育应遵循的六大原则之一。"零拒绝"思想和政策主张所有特殊儿童都应接受免费的、适合他们需要的公立教育。各级公立学校都要为特殊儿童提供教育机会和有关服务，不应以任何理由拒绝他们入学。(朴永馨，2014)[52]"零拒绝"是为了保证所有儿童和青少年，不管残障程度如何，都能在公立学校得到免费且适当的教育。

我国尚无法律文本直接使用"零拒绝"一词，近年来我国全纳教育和义务教育的发展情况，说明我国与教育相关的法律和政策所秉持的理念与"零拒绝"接近。1999 年颁布的《关于深化教育改革，全面推进素质教育的决定》提出，"大力提高义务教育阶段残疾儿童少年的入学率"。2006 年修订的《中华人民共和国义务教育法》规定："普通学校应当接收具有接受普通教育能力的残疾适龄儿童、少年随班就读"，"拒绝接收具有接受普通教育能力的残疾适龄儿童、少年随班就读的"学校，由

县级人民政府教育行政部门责令限期改正；情节严重的，对直接负责的主管人员和其他直接责任人员依法给予处分。2006年修订的《中华人民共和国义务教育法》虽然没有使用"零拒绝"，但其实从侧面对"零拒绝"提出了要求。上述文件使得"零拒绝"作为提高特殊儿童入学率的措施，在全国义务教育阶段全面实施。

在实践中，"零拒绝"因为其实施主体不同而有着不同层次的体现。第一个层次是义务教育系统对残疾儿童"零拒绝"。1986年《中华人民共和国义务教育法》的颁布，标志着我国义务教育事业开启了新的发展阶段。随后很长一段时间内，大力提升义务教育阶段儿童入学率成为义务教育的重要发展目标。与普通儿童相比，残疾儿童入学困难得多。例如，有学者2015年对北京市残疾人教育状况进行了调查，发现：北京市学前残疾儿童教育安置比例仅为62.3%，义务教育阶段28.6%的残疾儿童没有进入教育机构接受教育，重度多重残疾和重度智力残疾的学龄儿童入学比例更低。（刘艳虹 等，2016）《2015年度浙江省残疾人状况和小康实现程度监测主要数据公报》显示：浙江省学龄段（6—15岁）残疾儿童接受义务教育的比例为80.9%，比上年度略增0.4个百分点。（佚名，2016）在这样的现实背景下，为了贯彻2006年修订的《中华人民共和国义务教育法》的精神，进一步提高义务教育阶段残疾儿童入学率，保障残疾儿童的教育权利，2017年4月教育部办公厅和中国残联办公厅联合发布《关于做好残疾儿童少年义务教育招生入学工作的通知》，规定"各地要按照'全覆盖、零拒绝'的要求，以区县为单位，根据残疾儿童的实际制订教育安置方案，逐一做好适龄残疾儿童少年的入学安置工作"。"零拒绝"一词直接出现在我国国家层面的教育政策文本中。

许多经济与教育相对发达的地区通过推行"零拒绝"政策，构建了较为完备的特殊教育体系，保障了特殊儿童的受教育权利。比如，有研究者指出，"上海特殊教育已实现了'零拒绝'，残疾儿童享受免费义务教育，……上海特殊教育已基本形成了以特教学校为骨干，特教班和随班就读为主体，以送教上门、社区教育为补充的，从学前教育到高等教育相互衔接、普教融合的特教体系"（罗阳佳 等，2009）。广东省佛山市全面推进"零拒绝""全接纳"，2016年形成了"1+5"的特殊教育学校格局，有随班就读学校209所、随园保教幼儿园90所，基本实现了全市"一镇一室一基地"特殊教育体系。（夏小荔，2016）《北京市2016年深化基础教育综合改革情况督导调研报告》显示：北京市东城区构建了特殊教育支持保障体系，出台了《关于在全区开展建立随班就读工作支持保障体系工作的意见》《关于实施对重度残疾儿童少年"送教上门"的管理办法》《未入学适龄残疾儿童少年调查统计工作实施方案》,形成了"以特殊教育学校为龙头、以随班就读学校为主体、以送教上门为补充"的特殊教育办学体系,义务教育阶段残疾儿童入学率达到了100%。(北京市教育委员会,2017)广州市人民政府办公厅2013年发布的《关于加强我市特殊教育工作的实施意见(2012—2016年)》要求:"提高残疾儿童少年义务教育普及水平。积极创造条件,对视力残疾、听力语言残疾、智力残疾、肢体残疾、孤独症、脑瘫儿童、多重残疾的适龄儿童实施义务教育,确保其入学率达到普通适龄儿童水平,实行'零拒绝'。采用特殊教育学校、普通学校附设特教班、普通学校随班就读、送教上门等多种形式对适龄残疾儿童实施特殊教育。"

第二个层次是义务教育阶段普通学校对残疾儿童"零拒绝"。近些年,"零拒绝"除了指我国教育系统对特殊儿童的接纳之外,也经常与随班就读联系在一起,指普通学校需要接纳特殊儿童,为特殊儿童的学习创造条件。比如,承德市义务教育阶段普通学校本着"零拒绝"和就近入学的原则,全面接纳轻度残疾儿童少年随班就读,残疾儿童、少年在入学条件、入学流程等方面与其他适龄儿童、少年同等对待。(石盈盈 等,2018)但就目前的随班就读实践来看,普通学校对残疾儿童"零拒绝"之路还很漫长,目前的"零拒绝"也是有条件的"零拒绝"。很多普通学校招收残疾儿童少年的前提是其能适应普通学校学习与生活。这与我国之前颁布的一些文件有关,如1994年颁布的《残疾人教育条例》规定:"普通学校应当按照国家有关规定招收能适应普通班学习的适龄残疾儿童、少年就读,并根据其学习、康复的特殊需要对其提供帮助。"1990年底颁布的《中华人民共和国残疾人保障法》规定"普通教育机构对具有接受普通教育能力的残疾人实施教育",而2008年、2016年的修订版也仍然规定普通小学、初级中等学校,必须招收能适应其学习生活的残疾儿童、少年入学。加之我国特殊教育发展起步晚、起点低,在普通学校接纳条件有限的情况下,大量残疾儿童少年在短期内涌入普通学校随班就读,会使普通学校和残疾儿童及其家庭面临巨大的挑战。

综上所述,有研究者认为,"零拒绝"政策是教育公平的要求,也是全纳教育理念的体现,但鉴于我国现阶段教育整体发展水平和特殊教育工作推进情况,"零拒绝"政策在实践中还面临着很多困难,建议在今后的改革中努力做好以下几点:转变特殊儿童特殊对待的思想观念,使特殊儿童融入班集体;建立"合格性评价体系",在合格基础上推动特殊儿童发展;构建"全纳教育课程",逐步使学校、家

庭、社会对全纳教育形成共识。（赵汤琪，2013）

（二）为义务教育阶段特殊儿童送教上门

送教上门在不同国家有不同称谓，如在美国其被称为"在家医院教育方案""在家方案""家庭医院服务"等，在日本被称为"访问教育"。在我国，送教上门是对重度残疾儿童、少年实施教育的一种方式，具体是指由普通学校或者特殊教育学校派教师到残疾儿童、少年家中提供教学和相关康复训练服务，遵循定时入户、免费实施的原则，将教育对象纳入学籍管理。送教上门具有以下特征：一是教师主动走进学生家里，实施个别化康复训练与教育教学；二是接受服务的学生大多是重度残疾儿童，因家庭困难或离校太远而不能入校。（史恩胜 等，2015）有学者认为送教上门是一种服务方式，涵盖特殊教育服务、医疗复健服务以及其他必要的行政服务等。（董玮倩 等，2011）

2014年《特殊教育提升计划（2014—2016年）》第一次明确提出"送教上门"，要求"组织开展送教上门。县（市、区）教育行政部门要统筹安排特殊教育学校和普通学校教育资源，为确实不能到校就读的重度残疾儿童少年提供送教上门或远程教育等服务，并将其纳入学籍管理"。2017年修订通过的《残疾人教育条例》明确指出："适龄残疾儿童、少年需要专人护理，不能到学校就读的，由县级人民政府教育行政部门统筹安排，通过提供送教上门或者远程教育等方式实施义务教育，并纳入学籍管理。"同年教育部办公厅和中国残联办公厅联合发布《关于做好残疾儿童少年义务教育招生入学工作的通知》，规定："对于需专人护理、不能到校就读的残疾儿童少年，通过提供送教上门或远程教育等方式实施义务教育，并纳入学籍管理。"上述文件，令送教上门逐渐成为我国面向中重度残疾儿童的一种教育安置方式。

目前各地在推行送教上门的过程中积累了丰富的经验，有的地区还创造了独特的模式，如"海淀模式"（于文，2016）[1]、"元江模式"（夏峰 等，2016）、"桐乡模式"（陈文强，2017）。以"元江模式"为例，2013年云南省玉溪市启动了送教上门工作，2015年玉溪市作为37个国家特殊教育改革实验区之一开展送教上门实验工作，元江县是送教上门实验县。元江县在实践过程中逐步形成了系统整合、医教结合、普特融合、"互联网+"的"三合一加"理念。在实践方面，元江县教育行政部门在卫生部门、民政部门等的支持下，形成了政府主导、多部门参与的区域送教上门支持保障体系；同时发挥特殊教育学校教师的指导作用，开展县（区）、乡（镇）残联康复员和普通学校的教师重点入户，医务工作人员、志愿者参与的送教工作，同时对送教队伍进行培训，形成了立体送教队伍的可持续发展机制。

送教上门一直伴随着争议。2015年教育部办公厅公布了国家特殊教育改革实验区名单，有的实验区是单独就医教结合、送教上门、随班就读三项中的某一项开展实验，有的则提出进行医教结合与送教上门相结合的实验。在实践中，送教上门常被认为是医教结合理念下的一种保障残疾儿童教育权利的方式。由于医教结合本身面临一些争议，因此，送教上门在实施过程中难以避免"谁来送？""送给谁？""送什么？""如何送？""效果如何？"等问题。（雷江华，2016）

在实践中，送教上门主要针对出于各种原因无法进入校园就读的中重度残疾儿童。由于这个群体在特殊需要儿童中占比相对较小，因此针对他们的主要教育方式——送教上门也容易被忽略。有研究者总结当前我国送教上门的现实困境，主要包括：送教上门的政策文本缺乏操作性；提供送教上门的教师素质有待提高；送教上门对象的需求难以满足；送教上门课程亟待开发。（杨赛男 等，2018）

第三节 我国义务教育阶段特殊教育的成就与不足

一、特殊教育服务对象数量逐步增长

随着法律法规的颁布以及经济、医疗和文化的蓬勃发展，我国特殊教育也得到了长足发展。根据2006年进行的第二次全国残疾人抽样调查结果推算，2006年我国6—14岁学龄残疾儿童少年数量为246万人，占全部残疾人口的2.96%，其中视力残疾儿童约有13万人，听力残疾儿童约有11万人，言语残疾儿童约有17万人，肢体残疾儿童约有48万人，智力残疾儿童约有76万人，精神残疾儿童约有6万人，多重残疾儿童约有75万人。（第二次全国残疾人抽样调查领导小组 等，2009）在适龄残疾儿童中，63.19%的残疾儿童正在普通学校或特殊教育学校接受义务教育，各类别残疾儿童中接受义务教育的儿童所占的比例为：视力残疾儿童79.07%，听力残疾儿童85.05%，言语残疾儿童76.92%，肢体残疾儿童80.36%，智力残疾

儿童64.86%，精神残疾儿童69.42%，多重残疾儿童40.99%。根据《中国教育统计年鉴2017》，2017年我国共有特殊教育学校2107所，特殊教育学校专任教师总数为5.60万人，特殊教育学校在校生总数为57.88万人，普通小学、初中随班就读和附设特教班在校生总数为30.40万人。

进入21世纪后，我国特殊教育飞速发展，一系列政策的出台，尤其是两期特殊教育提升计划的颁布极大地加速了这一进程，其间残疾儿童义务教育普及范围不断扩大，入学率不断提高。就普及范围而言，《特殊教育提升计划（2014—2016年）》提出到2016年全国基本普及残疾儿童、少年义务教育，《第二期特殊教育提升计划（2017—2020年）》提出全面普及残疾儿童、少年义务教育。就残疾儿童、少年义务教育入学率而言，两期特殊教育提升计划所规定的残疾儿童、少年义务教育入学率分别为90%、95%。在不同残疾类型儿童的入学率要求方面，《第二期特殊教育提升计划（2017—2020年）》将《特殊教育提升计划（2014—2016年）》中要求的视力、听力、智力残疾儿童、少年义务教育，扩大到针对各种障碍儿童、少年的义务教育，并同时提出实行家庭经济困难残疾学生从义务教育到高中阶段教育的12年免费教育。

与此同时，政府对特殊教育的经费投入不断增加，特殊教育师资队伍不断扩大。《中国教育经费统计年鉴》的数据显示，1997年我国特殊教育学校教育经费、生均教育经费分别是7.58亿元和5780.07元，2016年我国特殊教育学校教育经费、生均教育经费分别是129.11亿元和61394.72元。

《中国教育年鉴》的数据显示，1978年我国共有特殊教育教职工6933人，其中专任教师4200人，2016年我国特殊教育学校共有专任教师53213人，专任教师净增49013人。另外，近年来我国特殊教育学校专任教师的学历层次也在不断提高。截至2016年，特殊教育学校专任教师中，拥有研究生学历的教师为1085人，拥有本科学历的教师为33386人，拥有大专学历的教师为17073人，拥有高中学历的教师为1389人。

二、发展残疾儿童少年义务教育面临的问题

（一）义务教育阶段教育公平问题

适龄残疾儿童义务教育阶段教育公平问题主要体现在入学率上，具体表现在两

个方面：一是适龄残疾儿童入学率低于普通儿童入学率；二是适龄残疾儿童入学率表现出明显的城乡差异，农村残疾儿童入学率低于城市残疾儿童。

大量调查结果显示，当前我国义务教育阶段残疾儿童入学率与普通儿童入学率存在较大差距，教育公平没有完全实现。例如，据2006年第二次全国残疾人抽样调查结果测算，湖南省6—14岁适龄残疾儿童数量为10.3万人。根据湖南省残联、湖南省教育厅、湖南省卫生厅开展的未入学适龄残疾儿童少年调查统计结果，湖南省未入学适龄残疾儿童少年有6326人，适龄残疾儿童少年入学率仅为68.73%。而同期湖南省普通小学适龄儿童入学率为99.88%，普通初中入学率为99.71%。（谭奇元 等，2013）《2016年度浙江省残疾人全面小康实现程度主要数据公报》显示，2016年，浙江省6—14周岁残疾儿童在学率为82.97%，而该年浙江省适龄儿童义务教育阶段入学率为99.99%。（浙江省残疾人联合会，2017）有研究者在对北京市残疾儿童教育情况进行调查时也发现了类似问题，在接受调研的3565名6—14岁残疾儿童中，71.4%的残疾儿童被安置在不同的教育机构中，而28.6%的残疾儿童没有进入教育机构接受教育，患有重度多重残疾和重度智力残疾的适龄残疾儿童接受教育的比例很低。（刘艳虹 等，2016）

此外，城市与农村地区残疾儿童少年义务教育阶段入学率也存在差异。有研究者对山东省烟台市2060名城乡适龄残疾儿童少年接受义务教育的情况进行了比较，发现未接受义务教育的市区残疾儿童少年的比例为12.86%，而未接受义务教育的农村残疾儿童少年的比例为22.27%，表现出了显著的城乡差异。（孔海燕 等，2016）

上述几个地区的调查数据显示了我国义务教育阶段残疾儿童少年在入学机会方面所面临的严峻形势。我国离实现残疾儿童少年义务教育全面普及这一目标还有很大的差距，还要克服重重困难。

（二）特殊教育经费与师资力量制约义务教育均衡发展

近年来，尽管我国特殊教育学校财政性教育经费不断增长，保障能力持续增强，但与发达国家相比，与特殊教育发展需求相比，我国特殊教育学校财政性教育经费依然不足，具体表现在特殊教育学校财政性教育经费占国家财政性教育经费比例偏低，普通学校随班就读和附设特教班经费占比过低。《第二期特殊教育提升计划（2017—2020年）》指出，在落实义务教育阶段特殊教育学校生均预算内公用经费 6000 元基础上，有条件的地区根据学校招收重度、多重残疾学生的比例，适当增加年度预算。

北京师范大学中国公益研究院 2017 年发布了中国残疾人政策进步指数，评价了 2017 年我国各省份残疾人政策，指出我国已全面覆盖残疾儿童免费教育，北京等 14 个省份率先实现了 15 年免费教育。2015—2016 年，北京持续推动残疾人政策创新，其康复服务、融合教育、无障碍建设、购买服务等三级指标排名均为全国第一。截至 2016 年底，全国共有 28 个省份通过出台政策建立了残疾人康复服务体系，31 个省份出台相关政策推行残疾儿童免费教育。其中，北京、辽宁、上海、江苏、浙江、福建、江西、山东、广西、海南、云南、西藏、青海、宁夏 14 个省份率先推出 15 年免费教育政策，包括学前教育 3 年、义务教育 9 年和高中教育 3 年。北京市残疾儿童教育经费达到 12000 元每人每年，上海达到 7800 元每人每年，但西部地区残疾儿童教育经费每人每年约为 3000 元。各地区教育经费严重不均衡，致使各地区特殊教育学校发展不均衡。（北京师范大学中国公益研究院，2017）

与经费投入不足类似，特殊教育师资力量也明显不足。《中国教育统计年鉴 2016》显示，2016 年初高中阶段全国残疾学生数量为 491740 人，而特殊教育专任教师数量为 53213 人，师生比为 1∶9.2。特殊教育专任教师的严重不足给日常教学的开展带来了不便，导致特殊教育教师无法顾及每一个残疾儿童的教育需求，教学质量无法得到保障。

三、巩固与提高残疾儿童接受义务教育的水平

（一）用法律保障残疾儿童接受义务教育的权利

虽然我国颁布了一些与特殊教育相关的法律法规，但是相关法律法规整体上仍存在一些问题。一是法律效力不强。例如，国务院第 161 次常务会议虽然在 2017 年 1 月通过了修订后的《残疾人教育条例》，加强了对残疾人受教育权利的法律保护，但该条例只是一部行政法规，效力低于普通法律。二是特殊教育司法救济存在缺陷。近年来，随着普法工作的不断深入，民众的法律意识进一步增强。但是在部分地区，特别是在一些边远的农村地区，侵害残疾儿童受教育权利的事件仍时有发生。以浙江省为例，根据《浙江省残疾人基本服务状况和需求专项调查报告》，截至 2016 年初，浙江省约有 3000 名适龄残疾儿童未入学，约占适龄残疾儿童总数的

22%，而他们绝大多数来自农村。（俞晓婷，2018）三是特殊教育行政救济存在缺陷。当前，我国的教育行政救济手段存在原则性规定过多、可操作性不强等问题。以行政申诉为例，在学生申诉过程中，学校仍是做出决定的一方，这就很难保证学生申诉处理结果的公正性。尽管学生可以申请行政复议，但是根据《中华人民共和国行政复议法》的相关规定，我国依旧没有明确学生的复议范围。因此，在司法实践中，残疾学生通过申诉、复议来解决自己受教育权受侵害的问题面临较大的困难。

（二）扩大残疾儿童接受义务教育的机会

提高残疾儿童义务教育入学率，可以从以下几个方面入手。一是在人口密集地区增加特殊教育学校数量，方便残疾儿童就近入学，降低残疾儿童与特殊教育学校专任教师的数量之比。二是增加随班就读学校数量，依托特殊教育学校资源，在普通学校设立随班就读资源共享中心。这样做一方面可以促进特殊教育师资互动，以便更有效地对学生开展教育教学和康复训练；另一方面有助于解决居住地分散的残疾儿童入学困难问题，保障他们的受教育权利。三是支持民办特殊教育机构发展。除上述几点外，加强农村地区残疾儿童义务教育也是提高残疾儿童入学率的一大关键举措。可以在农村地区每个普通学校附设特教班，完善随班就读制度，使普通学校具备接收残疾儿童随班就读的条件，满足残疾儿童就近入学的需要，降低辍学率。对于重度残疾儿童，可以通过送教上门或提供网络资源满足他们的教育需求。

（三）建设数量充足、专业基础牢固的特殊教育教师队伍

特殊教育师资队伍建设问题一直制约着残疾儿童义务教育的普及。若要保障残疾儿童接受义务教育的权利，一方面要增加特殊教育教师数量（可以在更多高校开设特殊教育专业，培养更多特殊教育专业学生），另一方面要积极开展针对特殊教育教师的培训。

我国特殊教育教师专业基础还不够扎实，教学效果不理想。具体而言，可以从两个方面着手解决这一问题。第一，针对特殊教育专业学生，强调专业性，倡导实践性，使他们对所掌握的理论知识有更深的理解，通过理论知识的运用解决实践中所遇到的问题。同时，在更多高校中开设特殊教育专业，促进特殊教育专业化、职业化。加快建立特殊教育教师专业证书制度和准入标准，尽早开展全国性特殊教育

教师资格认证。第二，对于从非特殊教育专业毕业的特殊教育教师，可以依托本地区特殊教育学校，加强他们之间的交流。通过职后培训和在职学历提升等方式，构建特殊教育教师专业成长的一体化路径。在教师专业发展制度设计上，将进修学习、专业能力发展作为评估指标，推动特殊教育教师不断提高专业能力。

第四章
特殊职业教育

特殊职业教育通常也称残疾人职业教育，当前国家有关部门出台的政策文件大多使用的是"残疾人职业教育"，为保持前后表述一致，本章使用"残疾人职业教育"这一概念。

陈云英等在《中国特殊教育学基础》一书中将残疾人职业技术教育定义为："根据社会需要和残疾青少年的身心特点，实施的职前、职后的各级各类职业和技术教育以及寓普通教育中的普通职业教育的总称。"（陈云英 等，2004）[320]残疾人职业教育除了具有普通职业教育的一般特性外，还具有以下特点。首先，教育对象特殊。残疾人职业教育主要针对生理或心理有障碍的残疾人，所以教育的难度和成本更高。其次，教育内容不同。普通职业教育主要围绕职业和技术开展各种教育，而残疾人职业教育除以职业和技术为方向外，还将医疗康复、心理咨询、社区服务等贯穿始终。最后，教学方式有差异。普通职业教育一般采取大班授课、集体学习的方式，而残疾人职业教育大多需要采取个别或小班教学的形式。

我国残疾人职业教育分职业学校教育和职业培训两种类型。职业学校教育由国家规定学制，实施较系统的教育，颁发学历证书。职业培训不限学制，是以就业、转岗或在岗提高为目的的非学历职业教育，完成培训者可获得结业证书，符合条件并通过考试者可获得相应等级的职业资格证书。本章主要阐述残疾人职业学校教育的相关内容。

第一节　我国残疾人职业教育的发展概况

习近平总书记指出：全面建成小康社会，残疾人一个也不能少。发展特殊教育事业尤其是残疾人职业教育是从根本上实现残疾人全面小康的一条重要的途径。正如2015年7月李克强总理在对第五届全国残疾人职业技能竞赛暨第二届全国残疾人展能节做出的批示里所指出的那样：提升残疾人职业技能、促进他们就业和增收，既是保障基本民生、加快残疾人小康进程的要求，也是践行大众创业、万众创新的生动体现。

一、发展残疾人职业教育的社会意义

（一）残疾人职业教育可促进残疾人群体的幸福生活

1. 能够有效提高残疾人的受教育水平

目前，很多残疾人在接受了义务教育以后，出于种种原因未能继续接受中高等教育，总体接受教育的程度要远远低于健全人群体。相比于普通高中教育和本科教育，中高等职业教育的"门槛"相对较低，以为社会培养高素质的职业技能型人才为主，是以就业为导向的中高等教育。相比于同龄的健全人，残疾人更加适合接受中高等职业教育，也能够通过接受中高等职业教育有效提高自身的文化知识和技能水平。在现阶段不断扩大中高等职业教育的覆盖面，是提高残疾人群体文化素质和受教育水平的有效途径。

2. 有助于增加残疾人的就业机会

2011年世界卫生组织和世界银行共同发布的首份《世界残疾报告》指出：对残疾儿童而言，乃至对所有儿童而言，教育是他们最重要的问题，也是他们参加工作、涉足其他社会活动领域的一种手段。可见，教育和就业有着重要的关系。一个人无论残疾与否，如果缺乏足够的教育，就将面对贫困和被社会淘汰的风险。虽然国家出台了按比例安置残疾人就业等解决残疾人就业问题的特殊扶助政策，但残疾人就业依然面临诸多困难，就业率偏低、稳定性差、层次不高的总体趋势并没有改变。具有一技之长是就业的根本。发展残疾人职业教育，是适应市场经济需求、提高残疾人职业技能和整体素质的重要途径，也是促进残疾人成才的基本形式和有效途径。

3. 有助于提高残疾人的生活质量

职业教育是主要以就业为导向的教育，无论是专业设置、教学模式还是人才培养模式，都以促进行业发展和满足劳动力市场需求作为目标。实现残疾人全面小康，就业增收是重中之重，只有让更多的残疾人实现就业创业，获得稳定收入，才能从根本上提高残疾人群体的生活质量和水平。相比于一些综合性本科院校，职业院校学生的就业率更高，更加适应劳动力市场的变化和需求。让更多的残疾人接受职业教育，获得更加系统的培养，对于他们实现就业增收是十分重要的，也是促进残疾人在物质层面脱贫的必由之路。（王荣光，2018）

4. 有助于残疾人平等融入社会

残疾人作为弱势群体，要想克服残疾障碍，成长为有用之才，很好地融入社会，实现自强自立，掌握一门职业技能是重要的条件之一。职业教育是直接为企业生产和社会发展培养与培训一线生产、管理、技术、服务人才的教育，或者说，是为人们就业和发展做准备的教育。残疾人通过职业教育获得职业技能，可以实现就业，进而融入经济社会发展。这不仅可以帮助残疾人实现其社会价值，增强残疾人的自信心和服务社会的勇气，也有利于促进全社会对残疾人的理解和尊重，消除社会上的各种歧视和偏见，实现残疾人与健全人相互理解、和谐共处。

（二）残疾人职业教育有利于促进社会公平和谐

1. 落实党的十九大精神的重要举措

习近平总书记在党的十九大报告中指出，要办好特殊教育。办好特殊教育，不仅包括拓展特殊教育的覆盖面，而且包括提高其办学质量。目前，我国大量的特殊教育学校都集中于九年义务教育阶段，为残疾人提供专门的职业教育的院校还比较少，还没有真正达到"办好"的要求。只有大力发展残疾人中高等职业教育，让更多有需求的残疾人接受中高等职业教育，才能够实现我国特殊教育"质"的变化和层次的提高。

2. 经济社会发展的必然要求

职业教育对于提高劳动力的素质，进而提高劳动生产率和产品竞争力具有直接的作用。经济社会的发展必然要求发展职业教育，而职业教育的发展又可以直接推动经济社会更快更好发展。在信息社会、知识经济时代以及经济全球化的大背景下，职业教育是未来社会和经济发展的重要推动力。在这样的现实背景下，发展残疾人职业教育显得尤为迫切。

3. 残疾人教育事业的重要组成部分

改革开放以来，我国将大力发展残疾人教育事业列为重要的工作内容。自1988年中国残联成立以来，国家更是把残疾人职业教育作为残疾人工作的重要内容。从《中国残疾人事业五年工作纲要（1988年—1992年）》到《"十三五"加快残疾人小康进程规划纲要》，一系列政策文件都对残疾人职业教育提出了明确的要求，它们是残疾人事业发展的重要标志。

4. 社会文明程度的重要标志

残疾人与健全人一样，拥有平等接受教育、享受社会文明成果的权利。我国政府在《"十三五"加快残疾人小康进程规划纲要》中提出,要"加快发展以职业教育为主的残疾人高中阶段教育""加强残疾人中高等特殊教育职业院校建设",到 2020 年要使"残疾人平等权益得到更好保障,受教育水平明显提高"。我们要实现全面小康路上"残疾人一个也不能少",广大残疾人应该与健全人共享社会发展的成果。

二、我国残疾人职业教育的发展历程

我国近代第一所特殊教育学校是一所盲人学校——1874 年苏格兰圣经公会的传教士威廉·穆瑞在北京建立的瞽叟通文馆。学校设有工艺部,主要向学生教授技艺,如做垫子、纺纱布、编篮子以及缝纫等。1916 年,刘先骥先生在湖南长沙创办了导盲学校(今长沙市特殊教育学校的前身之一)。这是中国人自己创办的第一所特殊教育学校。学校设置编织科,专门对残疾人进行工艺职业技术教育。1927 年 10 月,南京市立盲哑学校成立,它是中国第一所公立特殊教育学校。学校设有专门的职业部,学生在学校学习职业课程,并可升入国立艺术专门学校继续学习。

新中国成立后,残疾人职业教育事业进入一个崭新的时期。特别是《中华人民共和国宪法》确定了残疾人的平等受教育权后,一系列法律法规明确保障了残疾人职业教育的发展,残疾人职业教育逐渐被纳入新中国教育体系之中,国家对其实行统一领导、统一规划、统一管理和统一检查,并对当时的所有特殊教育学校进行整顿和改革。(章永,2004)

党的十一届三中全会后,残疾人职业教育被纳入九年义务教育中。随着 1989 年《关于发展特殊教育的若干意见》、1994 年《残疾人教育条例》、2001 年《中国残疾人事业"十五"计划纲要(2001 年—2005 年)》等一系列法规和政策文件的颁布实施,残疾人职业教育走上了有法可依、有政策可依的发展轨道,取得了快速发展。

三、我国残疾人职业教育取得的成就

(一)残疾人职业教育支持政策与法规不断完善

1.《中华人民共和国宪法》的专门规定

《中华人民共和国宪法》第四十五条规定:"国家和社会帮助安排盲、聋、哑和其他有残疾的公民的劳动、生活和教育。"

2. 国家其他专项法律法规的相关规定

《中华人民共和国教育法》第十条规定:"国家扶持和发展残疾人教育事业。"《中华人民共和国职业教育法》明确:"扶持残疾人职业教育的发展","残疾人职业教育除由残疾人教育机构实施外,各级各类职业学校和职业培训机构及其他教育机构应当按照国家有关规定接纳残疾学生"。2017年1月修订的《残疾人教育条例》第三章专门对残疾人职业教育做出规定,第二十七条到第三十条对残疾人职业教育的层次、实施单位、入学条件、实习问题等专门做了规定。

3. 国家一系列政策文件的指导意见

2010年颁布的《教育规划纲要》第十章提到要大力推进残疾人职业教育。2011年国务院批转的《中国残疾人事业"十二五"发展纲要》、2012年教育部颁布的《国家教育事业发展第十二个五年规划》、2016年的《"十三五"加快残疾人小康进程规划纲要》均对残疾人职业教育的发展做出了安排。2018年4月,教育部、国家发展改革委、财政部、中国残联联合发布了《关于加快发展残疾人职业教育的若干意见》,要求各地高度重视并采取切实措施加快发展残疾人职业教育。

1982年以来出台的有关残疾人职业教育的主要法律法规与文件如表4-1所示。

表4-1 1982年以来出台的有关残疾人职业教育的主要法律法规与文件

类型	名称
法律	《中华人民共和国宪法》《中华人民共和国义务教育法》《中华人民共和国残疾人保障法》《中华人民共和国教育法》《中华人民共和国职业教育法》
教育行政法规	《残疾人教育条例》《残疾人就业条例》《关于发展特殊教育的若干意见》等
教育部门规章	《特殊教育学校暂行规程》《关于制订中等职业学校专业教学标准的意见》《关于加快推进职业教育信息化发展的意见》《关于建立完善以改革和绩效为导向的生均拨款制度加快发展现代高等职业教育的意见》《关于建立完善中等职业学校生均拨款制度的指导意见》《关于加快发展残疾人职业教育的若干意见》等
规划文件与其他	《中国残疾人事业五年工作纲要(1988年—1992年)》《中国残疾人事业"八五"计划纲要(1991年—1995年)》《中国残疾人事业"九五"计划纲要(1996年—2000年)》《中国残疾人事业"十五"计划纲要(2001年—2005年)》《中国残疾人事业"十一五"发展纲要(2006年—2010年)》《关于加快发展现代职业教育的决定》《现代职业教育体系建设规划(2014—2020年)》《中国残疾人事业"十二五"发展纲要》《特殊教育提升计划(2014—2016年)》《"十三五"加快残疾人小康进程规划纲要》《残疾人就业促进"十三五"实施方案》《残疾人职业技能提升计划(2016—2020年)》《第二期特殊教育提升计划(2017—2020年)》等

仅 2013—2018 年国家制定和修改的关于残疾人的专门法规、规章就达 126 项（见表 4-2）。我国残疾人职业教育支持政策在实践探索中与时俱进，有力地促进了残疾人职业教育快速而富有特色的发展。

表 4-2　2013—2018 年制定和修改有关残疾人的法规、规章与文件的完成情况

类型	2013 年	2014 年	2015 年	2016 年	2017 年	2018 年
制定和修改关于残疾人的专门法规、规章	31 项	18 项	13 项	19 项	21 项	24 项
制定和修改保障残疾人权益的规范性文件	543 项	427 项	338 项	285 项	217 项	228 项

资料来源：中国残联官网。

（二）国家对残疾人职业教育的经费保障力度不断增强

特殊高等教育各个环节的运行成本较高，国际上普遍认为是普通高等教育成本的 4—5 倍。残疾人职业教育的成本更高，除了开展小班教学、配备翻译、进行心理指导、配备资源中心以满足学生学习过程中提出的一般要求外，还需要配备符合学生特殊需要的无障碍的实训设备与环境。1996 年颁布的《中华人民共和国职业教育法》规定："省、自治区、直辖市人民政府应当制定本地区职业学校学生人数平均经费标准；国务院有关部门应当会同国务院财政部门制定本部门职业学校学生人数平均经费标准。职业学校举办者应当按照学生人数平均经费标准足额拨付职业教育经费。"按照中央关于多渠道筹措教育经费的精神，国家实行了向特殊教育学校职业教育倾斜的经费政策，要求各级政府按照已制定的职业学校学生人数平均经费标准足额拨付职业教育经费。为多渠道增加特殊教育学校职业教育经费的投入，国家规定扩大残疾人就业保障金用于特殊教育学校开展残疾人职业教育及彩票公益金收益部分用于特殊教育的份额。

目前，我国九年义务教育阶段的职业学校教育免学费，许多中高等职业学校和培训机构也对残疾人减免学费并提供生活补助，大多数中等职业学校的残疾人和高等职业学校家庭经济困难的残疾人还享受每年 1500—4000 元的国家助学金。国家部门举办的残疾人职业教育学校以政府财政拨款为主、其他多渠道筹措经费为辅。随着政策法规的日臻完善，以政府为主导、以举办方为主体的职业教育经费筹措机制正逐步形成。截至 2015 年 12 月，全国 31 个省份已经全部建立了高等职业院校生均拨款制度。（教育部，2016a）当前我国的教育经费投入已进入"后4%"时代，相关研究机构正在调研，以确定适合我国国情的残疾人高等教育经费划拨标准，通过各种渠道不断增加教育经费，这将为残疾人职业教育的可持续发展提供更加坚实的保障。

（三）残疾人职业教育的结构和体系不断完善

1. 管理职责清晰

国家各级教育、民政、人力资源和社会保障部门及残联负责管理各级各类残疾人职业学校和培训机构，指导各级各类职业教育学会、研究机构参与决策咨询和科学研究。

教育部门负责制定职业教育具体政策、发展规划和规章制度，指导、督促、检查职业教育工作，指导所辖地区的特殊教育学校、普通学校、职业技术学校的残疾人职业教育发展与改革。

民政部门负责残疾人群体的保障工作，管理各级民政技术学校和民政培训机构招收残疾人开展职业教育和培训，指导福利企业吸纳残疾职工并做好职业培训。

人力资源和社会保障部门负责完善职业资格制度，建立面向城乡劳动者的职业培训制度，指导技工学校、就业训练中心、民办职业培训机构开展招收残疾人的职业教育和培训，开展职业资格鉴定工作。

残联主要负责促进残疾人教育，开展残疾人职业培训工作。各地残联负责管理本系统的残疾人中等职业学校、残疾人职业技能培训中心、残疾人就业服务中心等。

2. 办学模式和结构趋向合理

从20世纪80年代以视障和听障类特殊教育学校为主，到现在建立了肢体障碍、精神障碍、语言障碍、智障等多种分类的或综合性的特殊教育学校，我国残疾人职业教育在学校类型上有了很大扩展。各地还在积极探索适合自身经济社会发展特点的残疾人职业教育办学模式，如"3+1""三年制或四年制职业初中""职业高中""高职学院"等，通过文化教育和职业教育并举，构建了"初职、中职为主体，高职为骨干"的结构合理、层次多样的残疾人职业教育体系框架。2019年，全国共有特殊教育普通高中班（部）103个、在校生8676人，残疾人中等职业学校（班）145个、在校生17319人（中国残疾人联合会，2020），特殊教育结构趋向合理。

3. 办学层次不断提升

当前，我国残疾人职业教育办学机构多元化，办学层次不断提高，办学规模逐渐扩大。残疾人职业教育在诞生初期，多与宗教组织、机构有关，具有私立性和慈善性。新中国成立以来，随着国家越来越多地参与并支持残疾人职业教育，残疾人职业教育逐步形成了以国家办学为主、个人和机构参与办学的特点。

在办学层次方面，"八五"期间，残疾人职业教育以在特殊教育学校开设职业教育课程或开设初职班为主。"九五"期间，残疾人初等职业教育和中等职业教育并举。"十五"到"十二五"期间，残疾人职业教育办学层次不断提高，中高等职业教育快速发展。

从规模上看，1978年全国共有各类特殊教育学校292所，在校残疾学生约3.09万人。2019年，全国残疾人中等职业学校（班）的毕业生为4337人，其中1705人获得职业资格证书；全国有12362名残疾人被普通高等院校录取，2053名残疾人进入高等特殊教育学院学习。（中国残疾人联合会，2020）尤其是残疾人高等职业教育目前已形成以残疾人在普通高校就读为基础、在特殊教育学院（专业）就读为骨干、通过成人教育和远程教育等方式就读为辅助的格局。截至2018年底，经教育部批准，我国实施单考单招政策专门招收残疾人的高等职业院校有23所。如表4-3所示，我国残疾人职业教育近年来得到了飞速的发展。

表4-3 2013—2018年残疾人职业教育发展情况

项目	2013年	2014年	2015年	2016年	2017年	2018年
中等职业教育机构（所）	98	197	100	118	132	102
中等职业教育在校学生（人）	11350	11671	8134	11209	12968	19475
高等特殊教育院校（所）	15	18	20	21	21	23
高等特殊教育院校录取残疾考生（人）	1388	1678	1678	1942	1845	1873
普通高等院校录取残疾考生（人）	7538	7864	8508	9592	10818	11154

资料来源：中国残联官网。

4. 体系不断完善

我国在实践探索中已初步建立了"一、二、三、四"式的中国特色残疾人职业教育体系。

"一"即各级各类残疾人职业教育秉持同一个目标：帮助残疾人适应社会、掌握生存技能、过有尊严的生活、为社会发展做贡献。

"二"即普通职业教育机构和特殊职业教育机构共同实施残疾人职业教育与培训，残疾人可根据自身残疾类型和程度选择受限制最少的学习环境。

"三"即残疾人职业教育有三个层次：职业学校教育分为初等、中等和高等三个级别，职业培训分为初级、中级、高级及以上三个等级。三个层次相互衔接、逐步延伸，并与普通教育互相沟通，建立起从初等职业教育到高等职业教育、从初级工到高级工的残疾人职业技能成长通道。

"四"即各级各类特殊职业教育机构由教育、民政、人力资源和社会保障部门及残联依法管理，它们彼此协作又各有侧重，在不同层面、基于不同视角共同探索残疾人职业教育的发展路径，促进其又好又快发展。

（四）残疾人职业教育的师资队伍建设日趋规范

从20世纪90年代开始，残疾人职业教育师资培训逐渐由以短期非正规的在职培训为主转向以长期正规的师范院校培养为主。目前残疾人职业教育已经形成涵盖专科、本科和研究生层次，包括职前培养和在职培训的师资培养体系。2015年8月教育部印发《特殊教育教师专业标准（试行）》。2009年北京联合大学特殊教育学院和南京特殊教育师范学院建立了"全国残疾人职业教育师资培训基地"，每年都有来自残疾人中等职业学校的近200名校长和教师到基地接受培训。各地也积极改革残疾人职业教育师资培训模式，实施立体化、多样化的培训，培养了一批既能从事文化课、理论课教学，又能从事实践技能教学和指导的"双师型"教师。

（五）残疾人职业培训发展良好

残疾人职业培训包括岗前培训、在岗培训、转岗培训和创业培训等，在农村和城镇呈现出不同特点。残疾人事业发展统计公报显示，全国仅2013—2016年就完成实用技术培训306.5万人次。[①] 残联部门举办的中短期实用技术培训是农村残疾人职业培训的主要形式，它注重与生产扶贫相结合，帮助残疾人成为"技能明星"

---

① 根据中国残联官网提供的年度数据计算得出。

"致富能手"。自然、文化环境不同的各个地区开发了因地制宜的培训内容，如安徽的工艺剪纸、云南的民族刺绣、西藏的唐卡创作、江苏的龙虾养殖、新疆的玉器雕刻等。城镇残疾人职业培训注重与就业相结合。职业培训机构开展以实用技能为主要内容，以集中就业、分散就业或个体就业为目标的培训，课程包括面向视障人的心理咨询、推拿按摩、计算机基础，面向听障人的网络客服、来料加工，面向肢体障碍人的话务、电子商务等。2012 年中国肢残人协会和清华大学继续教育学院共同举办了首期残疾人企业家培训班，内容涉及宏观经济与政策解读、企业家战略思维等，探索了残疾人商业精英的培训模式，对残疾人职业培训发展创新具有借鉴意义。

（六）高素质实用型残疾人人才不断涌现

残疾人毕业生的就业率显著提高。据统计，2006—2016 年，仅残疾人中等职业学校毕业生就达 6.6 万人，其中 5.0 万人获得了劳动部门颁发的职业资格证书。[①] 2019 年，全国城乡持证残疾人新增就业 39.1 万人，其中，城镇新增就业 12.2 万人，农村新增就业 26.9 万人；城乡新增残疾人实名培训 40.7 万人。全国城乡持证残疾人就业人数为 855.2 万人（核减已注销和超年龄段残疾人），其中按比例就业 74.9 万人，集中就业 29.1 万人，个体就业 64.2 万人，公益性岗位就业 14.4 万人，辅助性就业 14.3 万人，灵活就业（含社区、居家就业）228.2 万人，从事农业种养业 430.1 万人。全国共培训盲人保健按摩人员 14678 名、盲人医疗按摩人员 7318 名。保健按摩机构有 13181 个，医疗按摩机构有 894 个。全国有 623 人获得盲人医疗按摩人员初级职务任职资格，66 人获得中级职务任职资格。（中国残疾人联合会，2020）另有数以万计的残疾人接受了初等职业教育后参与到社会生活之中。厦门、深圳、上海等地特殊教育学校的听障学生的就业率几乎达到了 100%（李天顺，2008）。

（七）残疾人职业教育研究方兴未艾

残疾人职业教育研究兴起于 20 世纪 90 年代，发展至今已涌现出较多的研究成果。国内众多学者主要围绕残疾人职业教育的价值、残疾人职业教育国际比较、残疾人职业教育当前存在的问题、残疾人职业教育区域性特点、残疾人职业教育发展

---

① 根据中国残联官网提供的年度数据计算得出。

策略、特殊教育学校的职业教育等方面开展研究。残疾人职业教育的研究不断丰富，推动了残疾人职业教育理论的深入发展，对残疾人职业教育实践也具有一定的指导价值。

（八）我国残疾人事业的国际影响力不断提升

我国在独立自主发展残疾人权利事业，夯实残疾人民生和政策制度基础的同时，始终保持开放态度，积极参与残疾人领域的国际事务并发挥出重要作用。我国积极借鉴国际先进经验，如2017年修订的《残疾人教育条例》积极推进在国际上被广为接受的融合教育，这在残疾人职业教育中也体现得非常明显。我国在残疾人权利保障领域中取得的重要进展和成果，为我们在国际双边、多边合作中，在各个相关国际组织中赢得了良好的国际声誉。

改革开放以来，中国人民凭着一股逢山开路、遇水架桥的闯劲，凭着一股滴水穿石的韧劲，成功走出一条中国特色社会主义道路。残疾人组织、残疾人工作者和残疾人群体，也在改革开放的大背景下大胆实践，使残疾人教育和各项残疾人权利保障事业大步向前发展。当前我国正处于向着第二个百年奋斗目标前进的关键时期，教育领域综合改革进入了全面纵深推进的新阶段，残疾人职业教育也必将取得更大的成就。

第二节　特殊教育学校的职业教育

《残疾人教育条例》规定，我国残疾人职业教育体系由普通职业教育机构和残疾人职业教育机构组成。目前，残疾人职业教育以特殊教育学校的职业教育为主。我国特殊教育面向六类残疾人，分别为听力障碍残疾人、视力障碍残疾人、智力障碍残疾人、语言障碍残疾人、精神障碍残疾人、肢体障碍残疾人以及多重障碍残疾人。本节重点阐述智障、听障和视障学生的职业教育。

一、智障学生的职业教育

（一）发展概况

随着我国特殊教育事业进入一个崭新的发展时期，残疾人职业教育也受到了高度重视。我国智障学生的职业教育相对来说起步较晚。20世纪90年代后，全国开始有越来越多的特殊教育学校开办面向智障学生的职业教育部（班），智障学生的职业教育也越来越受到各界的重视与支持。

职业教育对促进残疾儿童个性发展具有重要作用，且是残疾人的谋生之本和实现残而不废、贡献社会的必由之路。残疾人的职业教育还具有促进经济发展的功能（赵小红，2009）。因此，智障学生职业教育，是其自身生存与发展、社会稳定与发展的双重需要，是智障人权利保障的重要方面。洪佳琳等认为，高中段职业教育对充分发展智障青年的能力和个性特长，提高其综合素质和适应社会的能力，改变劳动力的性质和形态具有重要意义。（洪佳琳 等，2004）对于智障学生职业教育的目标，国家没有明确统一的表述。由于智障学生在认知水平与社会适应能力方面存在着巨大的差异，对于他们的职业教育不能仅仅以培养具有"一技之长"的初级技术工人为目标，而应更加注重整体职业素养的培养，以及根据多元智能理论充分挖掘个体的潜能与优势。智障学生职业教育的任务是为其提供个人适应、社会适应及职业适应三方面的生活经验。

全国范围内开办智障学生职业教育部（班）较早的有以下两所学校。1996年北京市宣武区培智中心学校开办了面向16岁以上智障学生的职业教育部。杭州市杨绫子学校也于1996年开办了一年制的智障学生面点制作职业培训班，通过一年的职业培训，轻度和中度的智障学生都能获得四级面点师证书。2000年9月，该校又经杭州市教育局批准，成立了职业高中部，开设了学制为三年的面点制作和园林花卉两个专业，全面开展全日制培智学校职业高中课程体系的建设。（洪佳琳 等，2004）

截至2019年，我国智障学生的职业教育主要是由有条件的特殊教育学校通过举办职业高中部（班）来实施，义务教育阶段主要是开设简单的劳动技能课程。也有部分地区由政府举办社会福利机构，招收在劳动年龄段内的智障人，并开展一定的劳动技能训练，例如上海市的"阳光之家"和杭州市的"仁爱家园"等。

（二）办学模式

相比于视障、听障学生的职业教育，智障学生的职业教育尚处于初级阶段，主要表现为体系还不够完善、布点相对较少，主要是依托有条件的特殊教育学校增设职业高中部（班），开设的专业主要包括烹饪、烘焙、餐厅服务、客房服务、清洁服务、超市服务、园艺、洗车美容、手工艺品制作等。目前尚没有招收智障学生的高等职业院校。

在课程设置方面，除了开设专业课程外，学校一般会考虑到智障学生欠缺生活适应能力与职业素养等问题，开设基础类课程和职业适应课程等，使学生进一步掌握与社会生活相关的实用性知识，并逐步形成基本的职业素养。基础类课程一般包括生活语文、生活数学、社会适应、运动保健、艺术休闲、信息技术等。职业适应课程主要是培养智障学生从事工作所必须具备的职业适应能力，其内容一般包括职业态度养成、职业道德与纪律意识、职业兴趣、工作习惯、安全意识、人际关系处理与合作沟通技巧等。相关课程的建设应着重考虑职场的实际需要以及学生的学习能力，整体提升学生的职业素养。

与一般职业教育相同，智障学生的职业教育也要以实践能力培养为重点，加强产教结合与校企合作育人。因此，除了上述课程外，实施智障学生教育的职业高中还需组织校内、校外的综合实践活动。一般来说，高一、高二学生以参观、见习为主，高三学生可进行一个月乃至一个学期的实习。在实习过程中，教师每周都要安排一定的时间去企业对学生进行实地指导。

以上海市长宁区初级职业技术学校为例，该校开展了关于大龄智障学生初等职业教育支持式课程的研究（夏峰，2005）。该研究进行了支持式课程环境分析，并从大龄智障学生特点与就业岗位要求出发，形成了课程目标体系。支持式课程主要包括通用基础课程、专业技术课程、岗位体验课程和人与社会课程。研究人员编写了整套可供选择的、适合大龄智障学生职业技术教育的教材和相关配套材料，共70册，包括《实用语文》《实用数学》《体能训练游戏》《心理健康自助手册》《工作分析法教学支持手册》等。杭州市杨绫子学校则于2012年9月进行了一次职业教育课程改革，设置了公共基础、专业技能、职业适应、实践活动四大课程模块，并进行了专业技能教材的二次开发，已完成《西式点心》《客房服务》《花卉栽培与养护》三本专业教材的编写工作。（杭州市上城区政府，2018）

在办学模式方面，北京市宣武区培智中心学校实施的是"9+3"职业教育模式，即在九年义务教育阶段对学生进行职前准备教育和职业陶冶教育，在之后的三年职业高中阶段对学生进行专门的职业教育培训。学校在职业高中阶段构建了"宽基础、活模块、多能力、多层次"的培养模式（赵小红，2003）。深圳元平特殊教育学校于2003年正式提出了"教育、康复、培训就业"一体化的要求，生态化地发展"立交桥"式职业教育模式（黄建行 等，2011）[17-18]。厦门市特殊教育学校则总结出了"宽口径培养、小模块变化、大菜单选择"的职业教育培养模式（陈军，2000）。

义务教育阶段智障学生的职业教育主要是职业启蒙教育。招收智障儿童的学校的一般性课程中的劳动技能课程，是职业启蒙教育的重要课程载体。《培智学校义务教育课程标准（2016年版）》中劳动技能课程的目标为：学生通过自我服务劳动、家务劳动、公益劳动和简单生产劳动技能的学习，形成独立或半独立的生活能力，为平等参与社会生活和就业打基础。这与职业启蒙教育的目标是一致的，为智障学生后续的职业高中学习奠定了基础。

（三）成果经验

1. 重视产教结合与提升实践能力

首先，开展智障学生职业教育的学校均能考虑到当地市场的实际需求，并积极联系当地的企业，以就业为导向，开设有关专业。其次，重视生产实践能力的培养。一方面，利用学校现有资源，建设校内实训场所：利用现有校舍改造或新建烹饪实训室、客房实训室、洗车房、洗衣房、工艺品制作实训室等专业实训室；利用校内现有的食堂、小超市、物业部门等，为职业高中班的学生提供见习、实习岗位；等等。另一方面，积极寻找机会与社会各界尤其是爱心企业合作，如酒店、餐饮企业、大型超市等，签订定向实习合作协议，进行校企合作育人，同时也可拓宽毕业生就业途径。比如杭州市杨绫子学校于2014年12月25日成立了第一家糕点店——智慧树，店内所有商品均是学校烘焙专业学生的学习劳动成果。智慧树不仅给烘焙专业的学生提供了实习的机会，还给清洁专业、超市服务专业、手工皂专业等其他专业的学生提供了实习与展现自我的机会。截至2017年，杭州市杨绫子学校共开了智慧树水亭子店、智慧树元宝街店、智慧树旗舰店三家实体店，为学生提供了大量的实践实习机会。（姜晓蓉，2020）

2. 重视个别化教育和提供各种学习支持

智障学生的认知水平和社会适应水平的个体差异较大，学校在具体的教学过程中往往采用分层教学和个别化教学，为学生制订个别化的职业教育计划，以满足学生的不同教育需要。在教学方法上，重视为学生提供适当的辅助支持。如在教学中采用任务分析法，将复杂的学习内容有策略地分解成一系列较小的学习板块，按照一定的程序设计引导学生多次练习，难度螺旋式上升，使学生最终掌握所学内容。此外，还采用了多种辅助手段，如在课堂上利用现代化的教学设备，尽可能提供实物、模型、图片、视频等，促进学生多感官感知，还加强了教师的动作示范、语言引导等支持方法，收到了较好的教学效果。比如上海市长宁区特殊职业技术学校从个别化学习角度，针对专业技能类课程实训教学的特点及需要，运用信息技术支持手段，从热身训练、认知理解训练、动作技能训练及实作反馈训练等方面，开发、整合、归类信息技术资源，并设计个别化实训教学的模式及方案，开展训练与教学，提升了专业技能教学与训练的有效性。（邵志明 等，2018）

3. 积极探索融合式职业教育新模式

2017年新修订的《残疾人教育条例》中明确提出了"积极推进融合教育"。浙江省在全国创新使用了"特殊教育学校+卫星班"的融合教育新模式。湖州市德清县培康学校率先将这一模式运用到智障学生的职业教育中。2017年底该校与德清县职业中等专业学校签约结对，12名职业高中部的智障学生进入普通职业学校的面点和民宿服务专业，与普通学生一起学习。（李馥荑，2018）智障学生走进普通职业学校，这是推进融合教育的一个创新举措。"特殊教育学校+普通中等职业学校"、开设"卫星班"的模式为智障学生的职业教育提供了新的参考。

4. 积极开展教学改革提高学生职业适应能力

针对目前智障学生中重度障碍学生的比重较大的情况，学校应与时俱进地调整课程设置和改进教学训练途径。比如北京市宣武区培智中心学校的职业教育部尝试将原有的12个专业进行删减、联合和整合，以工艺加工、烹饪制作、家政服务三大类为主，在每一类里进行专业重组、资源整合。专业重组的条件是专业涉及相同的关键能力。关键能力是各种专业能力的核心，是各种职业中基础性、通用性、技巧性的能力。在习得关键能力的基础上，学校扩大实习实践岗位范围，分三个层次加大职业能力的训练力度。第一层是"校内实习实践现场"，第二层是"社区实习实践现场"，第三层是"真实的工厂"，从螺旋递进的三个不同层次开展教育活动，提高智障学生的职业适应能力。（北京市宣武区培智中心学校课题组 等，2010）

二、听障学生的职业教育

（一）发展概况

我国听障学生的职业教育以初等职业学校教育为基础，以中等职业学校教育为主体，以高等职业学校教育为龙头。1956年，全国第一所对听障学生实施正规、系统的中等职业教育的学校——上海市聋哑青年技术学校（其前身为上海市特殊儿童辅导院）诞生。1996年，为了完善上海市大中小学衔接的听障学生教育体系，满足听障学生升学的需求，学校创办了工艺美术综合高中班。目前学校开设工艺美术、点心烹饪、计算机应用三个专业，有12个教学班、163名聋生、71名教工（含10名聋人教工）。建校以来，学校为社会培养输送了2000多名聋人专业技术人才和熟练劳动者。不少毕业生设计的产品荣获了国家级、部级、市级奖项，许多毕业生被评为劳动模范、先进工作者等。上海市聋哑青年技术学校是全国开展听障学生职业教育的典范。天津理工大学聋人工学院是我国第一所面向听障人的高等工科特殊教育学院。聋人工学院现有计算机科学与技术、网络工程、服装与服饰设计、产品设计四个专业，并开设机械电子工程、自动化、电子信息工程、工程造价、财务管理、环境设计等六个全纳教育本科专业，有来自全国20多个省、自治区、直辖市的数百名听障大学生在校学习。

改革开放以来，我国听障学生的职业教育取得了不小的成就，举办中高等特殊教育的学校（系、专业）数量和在校生人数已经达到了一定的规模，办学层次和师资力量有了很大提升。这些学校（系、专业）以听障学生的终身发展为本，尽量发展听障学生的天赋潜能，培养听障学生具有一技之长，使之成为社会的有用之才，过上幸福而有尊严的生活。

（二）办学模式

近年来，全国各地听障教育学校在职业教育方面进行了积极的探索，形成了众多的办学模式，归纳起来主要有"义务教育+职业教育"模式、"特殊教育学校+职业教育部（班）"模式、残疾人中高等职业学校"独立办学"模式和"普特融合"模式等。

1. "义务教育+职业教育"模式

我国特殊教育学校根据听障教育实际，重点在义务教育阶段适度渗透职业教育，即采用"义务教育+职业教育"的模式。"义务教育+职业教育"模式中的职业教育可以分三个阶段进行（甘昭良，2010）。

第一阶段："基础教育课程+生活指导课程"。生活指导课程主要涉及日常生活、家庭生活和社区生活等方面的内容，这些主要是技术实践知识，在听障学生的就业中具有辅助作用。

第二阶段:"基础教育课程+劳动技术课程"。劳动技术课程旨在对听障学生进行劳动技能的训练,为他们以后的就业和生活奠定必要的基础。

第三阶段:"基础教育课程+职业技术课程"。职业技术课程要求学生掌握专业技术知识和操作技能,生产常用的设备工具的性能、使用和保养方法,生产工艺和生产过程,以及接受职业认知、职业准备、职业心理和职业定向方面的教育等。听障教育学校义务教育阶段的职业教育课程涉及编织、烹饪、家政、美发、缝纫等数十种,部分学校还结合地方特色开设了花卉种植、玉器雕刻等课程。

2."特殊教育学校+职业教育部(班)"模式

《特殊教育提升计划(2014—2016年)》提出"大力发展以职业教育为主的残疾人高中阶段教育",在这一政策的导向下,全国各地特殊教育学校积极开展高中阶段的听障学生职业教育。它们大多设置职业教育部(班)或开设职业教育课程,开设专业主要有工艺美术、服装设计、机械维修、烹饪、计算机应用等。比如浙江省丽水市聋校高中部开设商品油画专业已经有十余年,其中有几年同时开设了烹饪和美容美发专业。随着听障学生逐年减少,同时开设几个专业让学生选择已经很难实行。2014年开始该校把高中部的三个专业整合成商品油画专业,把美术课程作为特色课程,创建"丽水市聋校高中商品油画"实训基地,开创了职业教育和职业培训特色化、系列化、品牌化的新格局。

3. 残疾人中高等职业学校"独立办学"模式

中等职业教育是近年来残疾人职业教育发展的重点,残疾人中等职业教育在初中教育基础上实施,为残疾人就业和继续深造创造条件,是我国残疾人职业教育体系建设的重点。目前,独立设置的残疾人中等职业学校一般由残联系统举办,招收的听障学生占学生总数的一半左右。残联系统独立举办的中等职业学校有江苏省盐城市特殊教育中等专业学校、安徽省特殊教育中专学校、湖南省特教中等专业学校、广东省培英职业技术学校、新疆特殊教育职业中专学校等。残疾人中等职业学校的专业设置比较符合残疾人身心特点,能适应就业市场需求。由于当前的就业形势要求劳动者具备更高的实践技能,残疾人要在激烈的竞争中就业,更要有过硬的技能。为了满足听障学生进一步提高职业技能的需求,一些残疾人中等职业学校开始升格为高等职业学校,提高了办学层次。目前独立办学的高等职业学校有浙江特殊教育职业学院、山东特殊教育职业学院、云南特殊教育职业学院和辽宁特殊教育师范高等专科学校等，开设的专业主要有工艺美术、计算机及应用、电脑美术设计、烹饪、服装设计、美容美发、动漫制作、中西面点工艺、电子商务等。

4. "普特融合"模式

融合教育是特殊教育发展的必然趋势，从融合教育的观点来看，所有学生有权利在最少限制的环境中接受教育，这也是未来残疾人职业教育的发展方向。因此，目前有很多学校在进行融合教育的有益尝试和探索。"普特融合"模式的主要形式有三种。一是普通高等学校设立特殊教育学院，开设符合听障群体身心特点的相关专业，采取单独考试录取。如郑州工程技术学院特殊教育学院、北京联合大学特殊教育学院、长春大学特殊教育学院、天津理工大学聋人工学院等。二是一些普通中等职业学校单独办残疾人班。如柳州市第一职业技术学校设置了单独招收听障学生的班，开设机械制造类专业。三是特殊教育学校在普通职业高中设立"卫星班"。如杭州聋人学校在杭州市中策职业学校开设"卫星班"，听障学生的学籍还在聋人学校，他们和健全学生在同一个班级共同学习烹饪专业。这些办学形式有效促进了"普特融合"，实现了资源共享，提高了听障学生的学习能力、实践能力和创新能力，有助于听障学生适应社会。

我国残疾人基数很大，在校听障学生很多，各地探索的听障学生职业教育模式还有很多。城乡、区域社会经济发展状况以及实施听障教育的学校的情况各不相同，不同学校应根据不同的情况，探索符合自身实际、具有自身特色的听障学生职业教育模式。

(三) 成果经验

1. 专业设置符合当地经济和产业发展需求

职业教育与社会文明和经济发展紧密联系，与区域产业特征和地方文化特点息息相关。因此，各特殊教育学校根据区域经济特点、听障学生的身心特点，充分考虑本地区的办学条件，坚持以市场需求为导向、教育与就业相结合的原则，紧扣当地经济特色和优势产业，走特色发展之路，建设了一批与地方优势产业、传统产业相结合的专业。以浙江省为例。浙江省的听障学生职业教育在传统职业教育项目中注入新元素，在原有项目基础上拓展新外延，在以往发展途径上寻找新出路，开创了生动活泼的职业教育新局面。湖州市教育康复学校紧紧抓住地方文化特色，开设了"湖州羽毛扇制作"专业。丽水，风景秀丽，是著名的旅游胜地，"古堰画乡"

更是山水如画,吸引了无数画家来此创作写生,形成了"丽水巴比松画派",大大推动了商品油画产业的发展。丽水市特殊教育学校紧紧依靠这一地方产业,开设了商品油画专业。学校改革教学模式,突出专业特点,与"古堰画乡"油画创作生产基地联合办学,形成了立体化培训模式。绍兴是个文化古城,绍兴黄酒名扬全国。中国绍兴黄酒集团作为地方的龙头企业,生产的黄酒以及工艺浮雕酒都具有很大的市场。浮雕酒的浮雕手绘是一项传统工艺,技术含量高,但后继乏人,而这正适合听障学生学习。2010年,绍兴市聋哑学校抓住机遇,开拓了新的职业教育项目。学校与古越龙山工艺浮雕酒分公司建立了"校企联盟",进行深度合作,对听障学生进行培训。学校现已成为该公司的教学实践基地、绍兴市非物质文化遗产教学性传承基地(沈玉林,2016)。东阳市特殊教育学校开设了木雕专业,温州市特殊教育学校开设了鞋服制作专业,等等。

2. 坚持工学结合的职业教育人才培养模式

职业教育的重要环节是实践教学,因此,各残疾人职业学校都坚持校企合作、工学结合,强化教学、实训相融合的教育教学活动。各校都建立了一定规模和数量的校内外实践教学基地,保障听障学生基本的实习实训需求。坚持"以生为本、知行并举"的实践教学理念,积极创建专业课程实践教学体系、校内实践创新体系、校外平台扩展体系"三位一体"的实践教学体系。从课堂内的实践扩展到课堂外的校内基地实训,再扩展到校外基地实习,统筹协调理论教学与实践教学,完善专业实践教学体系,注重听障学生实践能力的培养,提升听障学生的综合专业技能,为听障学生搭建进一步施展才能的平台。

3. 注重专业课程体系的改革和优化

职业教育课程设置以促进听障学生发展为目的,突出多样性、实效性,实现职业教育课程设置的科学化、社会化,使听障学生能够熟悉和掌握先进的技术、工艺与技能,为今后的可持续发展奠定坚实的基础。

以浙江特殊教育职业学院为例。学院重视人文类课程的通识教育和专业技能教育,坚持"教学内容与学生身心发展实际相适应",坚持"教学内容与职业岗位要求相适应",由专业教师、企业骨干和援建专家共同组建专业建设委员会及课程开发团队,对行业进行调研,结合听障学生身心特点确定可能的工作领域,分析岗位能力,重构基于工作过程系统化的课程体系。一是注重教材的二次开发和校本教材建设。一方面,根据听障学生的实际重组教学内容,在教学中采用项目导向、任务驱动、工学交替等教学模式，进行"教、学、做"合一的一体化教学，既尊重听障学生的身心发展特点，又体现了教学过程的实践性、开放性和职业性；另一方面，组织研发旨在提高听障学生职业技能和实践能力的操作性、实用性较强的校本教材。二是推行课证融通的课程改革。积极推进学历证书和职业资格证书"双证书"制度。职业资格标准体现的是岗位能力，课证融通是在分析职业资格标准的基础上，对课程的教学内容、课程标准进行设计，将职业资格标准的考核内容与课程教学的内容一一对接，将课程标准与职业资格标准相融合，以获取职业资格证书为目标进行教学。学校以课证融通为抓手，为学生就业铺设"双证书"轨道。比如中西面点工艺专业开展"西式面点师"中级、高级证书的考级考证，数字媒体艺术设计专业开展"数字艺术设计师"考证，电子商务专业开展"电子商务员"考证，等等。课证融通教学极大地推动了学生专业技能的提升，使听障学生毕业后深受用人单位欢迎。

青岛市中心聋校针对听障学生的职业教育特点，在进行大量社会调研的基础上大胆创新并不断实践完善，形成了自己的特色，取得了很好的教育效果。学校开设基础课程和专业课程，并增设选修课程。如：服装专业，学习服装设计、服装制图、立体裁剪和服装工艺等；烹饪专业，学习中式烹调、西式烹调、中西面点、食品雕刻等；工艺美术专业，学习装饰画、烙画、中国画、版画、木雕、蛋雕、软陶、中国结编织工艺、手工串珠、园艺等。在此基础上，学校结合区域特点和市场需求，及时调整专业课程课时比例，增加专业实训时间，增加学生感兴趣且有利于就业的选修项目，如汽车美容、电子商务、3D打印等。为拓宽学生专业知识面，学校逐步建立"必修文化基础课程+主修职业基础（专业）课程+选修职业技术课程"的课程模式，即学生要学习1个主修专业、4个选修项目。这样可使学生在校掌握多门技术，达到"一专多能"。（刘本部，2018）

宁波市特殊教育中心学校大力开展校本教材的研制工作，开发具有学校特色、地方特色、符合听障学生接受能力和就业需求的教材，目前已编写了《装饰漆画》《脸谱》《纵横码汉字输入》《面塑》4套校本教材。绍兴市聋哑学校职业教育基地实习实训指导教师、行业企业技术人员、培训教师共同开发了7本工学结合的实习实训校本教材——《最美花雕》（课程系绍兴市精品课程）、《绍兴浮雕工艺》、《装饰画的制作工艺》、《插花工艺》、《印花CAD初步》、《烹调技能》等，另外还编写了2本培训指导用书，丰富了职业教育的教材。（章金魁，2020）

4. 量身定制个性化职业教育课程表

特殊教育的一个特点是实施个别化教育，听障学生职业教育亦是如此。当前，中等职业教育阶段听障学生个体差异增大，多重残疾学生比例升高，教学目标、内容和方法均不能完全统一。部分听障教育学校开展了选择性课程改革实验，基于"一专多能"的目标进行了"一生一表"的课程改革，让听障学生根据自己特点及需求，从课程序列中选课，形成个性化课表，使学生有更多的自主选择权。

5. 实施"残健融合"的教学举措

目前，国内有一些中等职业学校和高等特殊教育院校在开展融合教育的有益尝试。以浙江省为例，杭州、宁波、丽水、温州等地的中等职业学校开展了融合教育。宁波市特殊教育中心学校和宁波市甬江职业高级中学烹饪专业共同开展的融合教育，是2017年中芬听障学生融合教育实验项目的一部分。融合教育课由宁波市甬江职业高级中学烹饪专业老师主讲，宁波市特殊教育中心学校老师提供手语支持与专业辅助，宁波市甬江职业高级中学烹饪专业学生和宁波市特殊教育中心学校中餐烹饪与营养膳食专业学生共同参与课堂学习。听障学生与健全学生的合作交流融洽和谐，"普特"学生的技能共同进步。该项目初步实现了高质量融合教育的目标，实现了理念创新、机制创新及方法创新。

天津理工大学、郑州工程技术学院、浙江特殊教育职业学院等高等特殊教育院校同时招收健全学生和特殊学生，在课堂教学、校园活动、技能竞赛等方面都体现了融合教育理念。浙江特殊教育职业学院首先将融合教育理念贯彻到工学结合的培养全过程，注重听障学生与健全学生的专业课程融合、专业主修课程与选修课程的交叉选课、相关专业的实践交叉融合。比如，听障学生工艺美术品设计专业的陶艺实训室同时向健全学生特殊教育专业开放。其次，在校园活动中，健全学生积极担任迎新、运动会、就业招聘会、艺术节等大型活动的志愿者，听障学生与健全学生同住一层楼，手语翻译专业学生和听障学生同进一家企业开展实践；等等。最后，在各类技能竞赛中，听障学生与健全学生同台竞技。比如：健全学生和听障学生合作参加舞蹈比赛；手语翻译学生和听障学生合作参加大学生创新创业大赛；等等。实施"残健融合"的教学举措，弘扬了融合教育文化，体现了学校普特融合的教育成果。相关专业的实践交叉融合，不仅促进了未来将服务于残疾人事业的学生的职业认同感和职业忠诚度，还有助于增强听障学生的社会适应能力和就业能力。

6. 打造"双师型"专业教师队伍

"双师型"专业教师队伍是职业教育质量的重要保证。调研数据显示，特殊教育中等职业学校专任教师中，除具有教师资格证书外，还具有其他专业技术资格证书的教师比例为64%，即六成多教师具有"双证"。教师们获得的专业技术资格多为会计师、网络工程师、服装设计师、陶瓷工艺师、工艺美术师等（赵小红 等，2014）。特殊教育高等职业院校实施双师素质提升工程，主要培养教师的专业实践能力，鼓励教师下企业锻炼，参加访工访学项目。另外，常年聘请企业高级管理人员、高技能人才等担任各专业的兼职教师，充实"双师型"教师队伍，为学生提供良好的实践操作技能教育。

7. 拓展残疾人教育的国际交流与合作路径

我国的残疾人职业教育起步较晚，学科理论和教育经验都有待积累，在发展过程中需要向残疾人职业教育发展较成熟的国家学习，主要学习它们的特殊教育理念、体制、政策、专业课程设置等。近年来，我国开展听障学生职业教育的院校也在积极拓展国际残疾人教育的交流与合作路径，我国残疾人教育的国际影响力不断提升。如：天津理工大学聋人工学院等与美国国家聋人工学院建立了良好的校际关系；在国际聋人高等教育网络（Postsecondary Education Network International：For Students Who Are Deaf or Hard of Hearing，PEN）的资助下，多所学校还建成了聋人专用多媒体教室及远程会议系统，加强了国际交流与合作；云南特殊教育职业学院自建校以来，一直努力拓展国际残疾人教育的交流与合作，与伦纳德·切希尔残疾人基金会（Leonard Cheshire Disability Foundation）、亚洲轮椅友好交流中心（Wheelchairs and Friendship Center of Asia）、瑞典乌德瓦拉职业教育学院（Uddevalla Gymnasieskola）、瑞典杜维霍尔姆特殊教育学校（Duveholms Upper Secondary Special School）等多个国际慈善组织和学校长期保持着良好的项目合作关系，在特殊教育对外合作交流方面闯出了天地，取得了积极成效。

三、视障学生的职业教育

（一）发展概况

我国视障学生的职业教育起步很早，在早期发展过程中职业教育内容比较丰富。20世纪初，明心盲人学校（明心学院）毕业生从事的工作较为广泛，除了从事与传教有关的工作外，还大量从事教育、医务、手工等工作。（朱宗顺，2011）[117-127] 傅兰雅、傅步兰父子创办的上海盲童学校将工艺科作为学校最重要的专业，循序渐进地开展一些手工类课程，"其始也，使取木质小板，装置房屋等雏形，并折纸、裁纸、织席、机织工、穿玻璃珠、泥塑玩具"，"迨其熟习，乃授以编芦席、结绳索等应用之工艺"。（刘文丽 等，2017）学校开设的课程有木工、钉板、折纸、剪纸、编制、黏土工等。北京启明瞽目院的工业科分男女两部，男部设有织布、编藤、木科、鞋科、装订科，女部设有纺织、织绒、缝纫、烹饪各科。（顾定倩 等，2010）[1163] 自 20 世纪 20 年代开始，许多视障教育学校就实行半工半读，学生利用当地资源，从事一些手工劳动。那时各视障教育学校实行多重职业训练，如广州盲校制革、制皮鞋，福建盲校织席，上海盲校制藤器，台北盲哑学校教授电疗、针灸、按摩等。20 世纪 40 年代中国盲校起草的《盲人学校及聋哑学校规程（草案）》中也提到"参酌盲哑青年身体耐力及地方需要之情形分设音乐、美术、纺织、针按、木工、藤工、打字等组"（刘文丽 等，2017）。

1955 年由内务部牵头，中国盲人福利会组织成立了各种盲人技能培训班，包括盲人按摩培训班、文化班、农业班、音乐班等。（铁山 等，2011）自此，按摩作为视障教育学校的职业教育内容便逐渐得到推广。到 20 世纪 70 年代，我国大部分视障教育学校已开设了按摩方面的职业教育课程。但由于基础薄弱，能接受职业教育的人不多，教学质量不高，视障人就业状况不理想。从 1987 年我国残疾人抽样调查的有关资料看，视障人靠个人劳动收入生活的只占 24.81%，靠家庭或亲戚供养的占 71.73%。（中国残疾人联合会，2008）

改革开放 40 多年来，党和政府非常重视残疾人的教育与就业，先后出台了一系列相关法规，视障学生的职业教育也得到快速发展。青岛、上海、北京、天津、南京、杭州、南昌、乌鲁木齐、广州等地的视障教育学校纷纷开展了视障学生中高等职业教育。1987 年，长春大学在全国率先创办了特殊教育学院，开始招收视障学生接受高等职业教育。2014 年，北京联合大学新增面向视障学生的临床医学硕士专业学位授权点，这是我国目前唯一招收视障学生的硕士点，填补了国内针灸推拿领域视障学生硕士层次教育的空白。经过多年的努力，我国视障学生职业教育以中医推拿专业为主（个别学校还开设了钢琴调律等专业），成功培养了大批具备一定专业素养的中医推拿人才。40 多年的探索，不仅为视障学生的职业教育积累了丰富的经验，而且为视障学生自立自强、立足社会提供了有效途径，使视障学生能够适应市场需求，自食其力甚至自主创业，提升了他们的生活幸福感。

（二）办学模式

目前，我国视障学生接受职业教育的途径是丰富多样的，相对完善的职业教育办学体系和多样的办学模式基本满足了不同年龄、不同学习能力、不同学历层次视障人接受职前教育和职后培训的需求，为他们获得提升和发展并走向社会提供了强有力的保障。

1. 自主开展初中等职业教育

视障学生在接受6—9年的文化教育后，直接进入或经考核后进入开展视障教育的职业高中、中专、职业培训部等接受职业教育，这是目前我国视障学生接受职业教育的普遍形式。它的优点是恰当地将义务教育的文化教育内容与职业技术教育联系起来，让视障学生在具备一定文化科学知识的基础之上掌握一项专业技能。这样可以充分利用视障教育学校的师资、设备、环境等有利条件，发挥视障教育学校布局相对集中、属省或市（地）直管等的优势，提高视障教育学校的办学成效。

2. 与普通中高等医药院校联合办班

联合办学既可以充分借助普通中高等学校的师资、设备、场地及办学经验，又能发挥视障教育学校教师在视障教育中的经验和优势，同时照顾到视障学生的身体条件，更有利于视障学生适应环境和学校的管理。如：南京市盲人学校与南京中医药大学合作创办了视障学生推拿函授大专班，开设了视障学生推拿本科班；乌鲁木齐市盲人学校与新疆医科大学联合开办视障学生中医推拿大专班等。这些探索为普特融合办学打下了良好的基础，积累了丰富的经验。

3. 特殊教育中高等学校的职业教育

改革开放40多年来，我国残疾人中高等职业教育得到了快速发展。据不完全统计，2015年我国有独立设置的特殊教育中高等职业教育学校10所，在校学生5794人，均招收视障学生；有招收残疾人的高校二级学院18个，在校学生4996人，其中5个学校招收视障学生。这些学校办学规模较大，师资力量雄厚，教学设备先进齐全，专业建设、教育教学规范，教学质量较高，是目前我国开展视障学生中高等职业教育的主要渠道。

4. 职后培训

视障人进入社会后，在工作岗位上会遇到新的挑战，产生新的学习需求，也有部分视障人因没有机会接受完整的职业教育，需接受由各地的特殊教育资源中心、视障教育学校、各级各类特殊教育中高等职业学校及培训机构和视障人按摩指导中心等提供的有针对性的职业培训。如：浙江特殊教育职业学院、江苏省视障教育资源中心等每年都为视障人开设初、中、高级各类中医推拿培训班，每期约两个月时间。同时，这些机构还会不定期开展定向行走、计算机能力、盲文摸读技能培训及全国盲人医疗按摩人员职称考核短训班等。开展视障人专业技能和综合技能等各个方面的培训，既满足了视障人接受职业继续教育的需要，也有助于视障人良好稳定就业。

（三）成果经验

1. 根据视障学生特点设置专业

中医按摩是目前特殊教育学校开展视障学生职业教育所依托的主要专业，是大有前途的视障学生就业方向。一是中医按摩工作能发挥视障学生的生理特长。视障人双手的触觉功能较强，能准确地把握人体穴位施行手法，而且精力容易集中，比健全人更适合按摩工作。二是中医按摩技术便于视障人学习。按摩是在人体上进行的，对视障人来说演练技术、体会效果十分方便。三是中医按摩工作流动性小，固定在室内进行，避免了视障人行动不便带来的困难。四是中医按摩是一种受人尊敬、受社会欢迎的职业，符合视障人及家长的主观愿望，同时也能满足新时代人们的健康需求。所以，中医按摩仍是目前视障学生喜欢、就业质量高、发展前景好的一个专业。

2. 积极探索融合教育模式

"融入主流"依然是残疾人的最终目标，融合教育是特殊教育发展的趋势，因此，有条件的学校均在不断探索。山东特殊教育职业学院、乌鲁木齐市盲人学校等都在探索中医推拿专业融合教育模式，普通学生与视障学生共同学习、共同生活，效果良好，有利于视障学生更好地适应社会、融入社会。

3. 加强校企合作与实践教学

很多学校加强了工学结合、校企合作，以项目推动教学。根据专业特点，学校在保证一年左右实践教学时间的基础上，充分挖掘职业教育资源，积极探索校企合作、项目推动的职业教育实践教学模式。如：北京联合大学特殊教育学院、浙江特殊教育职业学院、北京市盲人学校等学校都建有专门的职业教育实训大楼，并在当地医院建立了多个实训基地；青岛、南昌、南京等地的盲人学校建有专门的推拿医院，医院对外服务，深受市民欢迎，能满足视障学生实践教学的需要；乌鲁木齐市盲人学校搭建广泛的校企合作平台，与社区医院实施订单式培养，让学生在社区医院深度参与实践性课程教学等。各地逐步建立了"以学生为主体、以现场教学为手段、以服务性实训为载体"的课程教学模式，将部分实训课程放在服务型基地中实施，让学生在真实的环境中学习职业技能，收到了良好的效果。

4. 积极利用现代技术开发教学资源

在党和政府的关心重视下，全国各类特殊教育学校的办学条件、设施设备、教学仪器等得到了极大的改善，大大保障了现代视障学生职业教育的需要。同时，科学技术的发展为开发适合视障学生学习特点的教学资源创造了条件，各特殊教育学校也在鼓励教师运用科技成果来开发制作适合视障学生使用的教学资源。北京市盲人学校积极鼓励教师进行教学资源开发（李元，2012）。一是加强校本教材建设。为补教材不足，学校细化了保健按摩的技法训练流程。学校还调整了教材排版方式，以利于低视学生和全盲学生使用。二是开发多媒体教学辅助平台。学校通过与相关公司合作，开发了北京市盲人学校针灸推拿专业教学辅助平台，视障学生可独立操作。平台还具有电子资料浏览、在线考试等功能。三是制作平面低盲两用解剖触摸发声图谱。教师选用丝网印刷、二维码以及点读技术开发了这套图谱。四是研制视频资料。结合学科内容、盲人医疗按摩人员考试标准等，学校自主研发、录制了大量视频资料，如"筋伤疾病的病因原理"等。现代技术的应用，使视障学生职业教育的教学资源更加丰富，激发了学生的学习积极性，提高了教学质量。

第三节　新时期残疾人职业教育发展展望

加快发展现代职业教育是党中央、国务院做出的重大战略决策。党的十八大以来，残疾人职业教育取得显著成果。党的十九大报告指出："办好学前教育、特殊教育和网络教育，普及高中阶段教育，努力让每个孩子都能享有公平而有质量的教育。完善职业教育和培训体系，深化产教融合、校企合作。"其中，关于办好特殊教育与"完善职业教育和培训体系，深化产教融合、校企合作"等的表述，体现了党中央对关乎教育公平、关乎民生的特殊教育的高度重视，体现了对职业教育的殷切期盼。残疾人职业教育是特殊教育和现代职业教育体系的重要组成部分，新时期我国残疾人职业教育事业任重道远。

一、新形势下残疾人职业教育面临的机遇

(一) 党和政府对职业教育与特殊教育的重视程度空前

2014年6月，习近平总书记就加快职业教育发展做出重要指示。他强调，职业教育是国民教育体系和人力资源开发的重要组成部分，肩负着培养多样化人才、传承技术技能、促进就业创业的重要职责，必须高度重视、加快发展。要努力培养数以亿计的高素质劳动者和技术技能人才，努力让每个人都有人生出彩的机会，为实现"两个一百年"奋斗目标和中华民族伟大复兴的中国梦提供坚实人才保障。(倪光辉，2014) 这一指示为办好职业教育指明了方向，是新时期我国职业教育发展的行动指南。

2014年1月，国务院总理李克强对全国特殊教育工作电视电话会议做出重要批示。批示指出："办好特殊教育，对于保障残疾人平等参与社会的权利、增加残疾人家庭福祉和促进社会公平正义具有十分重要的意义，也是教育现代化的重要内容。各级政府要高度重视，带着深厚的感情，履职尽责，特教特办，认真实施好特殊教育提升计划，让残疾孩子与其他所有人一样，同在蓝天下，共同接受良好的教育。"(国务院办公厅，2014) 各地纷纷颁发地方性的政策法规文件以切实保障党和国家的政策在地方的实施。发展残疾人职业教育是推进教育公平的重要内容，是坚持以人为本理念、弘扬人道主义精神的重要举措，是保障和改善民生、构建社会主义和谐社会的重要任务。

(二) 国家对残疾人职业教育的支持力度空前

2010年，《教育规划纲要》强调要"加强残疾学生职业技能和就业能力培养"，并提出"大力推进残疾人职业教育，重视发展残疾人高等教育"。2012年，人力资源和社会保障部、财政部、中国残联联合印发《关于加强残疾人职业培训促进就业工作的通知》，对在全国范围内开展残疾人职业培训工作进行全面部署。2014年，《特殊教育提升计划（2014—2016年）》指出"扩大残疾人中等职业学校招生规模，紧密结合经济社会发展需求和残疾人特点合理调整专业结构，为残疾学生提供更多选择"，"加强残疾人职业培训，提高就业创业能力"，"深化特殊教育课程教

学改革","增加必要的职业教育内容,强化生活技能和社会适应能力培养"。2014年,国务院发布的《关于加快发展现代职业教育的决定》指出,要"实施创新驱动发展战略,创造更大人才红利,加快转方式、调结构、促升级"。新修订的《残疾人教育条例》于2017年5月1日起施行,该条例第三章专门写了职业教育。2018年,教育部等四部门《关于加快发展残疾人职业教育的若干意见》正式印发,这是改革开放以来教育部出台的第一份针对残疾人职业教育的文件。该意见要求,大力发展残疾人中等职业教育,加快发展残疾人高等职业教育,为残疾人接受职业教育提供更多的机会。该意见要求,改进残疾人职业教育的办学条件,加大对残疾人职业教育的投入,加强残疾人职业院校基础建设,加大对接受职业教育残疾学生的资助保障,修订《残疾人中等职业学校设置标准(试行)》,制订残疾人职业院校办学标准。

上述政策文件充分表明,残疾人职业教育在我国教育体系中具有特殊重要的地位。国家出台一系列政策措施推动残疾人职业教育的高质量发展,残疾人职业教育正在"到2020年,形成适应发展需求、产教深度融合、中职高职衔接、职业教育与普通教育相互沟通,体现终身教育理念,具有中国特色、世界水平的现代职业教育体系"的目标指引下向前迈进。

(三) 残疾人职业教育拥有广阔的发展空间

第二次全国残疾人抽样调查结果表明:6—14岁学龄残疾儿童共有246万人,占残疾人口总数的2.96%,其中63.19%的儿童在普通学校或特殊教育学校接受义务教育(他们既是未来残疾人就业群体的主力,也是后续职业教育的重点对象);15—59岁的残疾人为3493万人,占残疾人口总数的42.10%(他们中有很大部分需要接受职业培训);在残疾人口的残疾等级构成中,处于三、四级的中度和轻度的残疾人为5839万人,占残疾人口总数的70.38%。(国家统计局,2007)可见,现有残疾人口具有劳动能力的比例很高,他们同样是我国人力资源的重要组成部分,残疾人职业教育具有巨大的内在发展潜力。

从外部发展环境看,改革开放40多年来,我国职业教育事业取得了较大发展,职业教育规模显著扩大,水平不断提高,体系不断完善,政府投入明显增加,政策法规更加健全,相关标准更加科学规范。职业教育大环境为残疾人职业教育的发展提供了有力支撑。

二、当前残疾人职业教育存在的问题

改革开放40多年来,尽管我国残疾人职业教育取得了很大发展,但残疾人职业教育的整体水平仍有待提高。首先是残疾人职业教育尚缺乏整体规划和布局,基础薄弱,资源分布不均,办学标准不健全。其次是残疾人职业教育基础建设落后,残疾人职业教育机构规模相对偏小、专业范围相对狭窄,残疾人职业教育质量和师资队伍整体水平不高,残疾学生实习训练场所缺乏。最后是残疾学生救助体系不完善。许多残疾学生家庭经济困难,完成义务教育后没有机会接受职业教育,极大限制了他们平等参与社会生活。具体而言,今后需要解决如下一些突出问题。

(一)学校基础建设相对落后

2007年中国残联和教育部印发了《残疾人中等职业学校设置标准(试行)》,对残疾人中等职业学校的设置提出了统一的标准规范。自该标准颁布以来,我国残疾人职业教育办学条件有了保障依据,学校的校舍建设、办学保障、教学与实训设备添置等稳步改善。但东部地区与中西部欠发达地区的残疾人职业教育发展不均衡,后者的学校基础建设需进一步加强。

以东部省份浙江省为例。"十二五"期间,该省特殊教育快速发展,截至2015年,各级各类特殊教育学校有86所,特殊教育在校生有16236人(浙江省教育厅,2016)。该省规定:义务教育阶段特殊教育学校师生比为1∶3,学前和高中教育阶段师生比为1∶2.5;义务教育阶段、高中及以上的特殊教育学校生均公用经费分别为当地普通同级学校生均公用经费的10倍以上、5倍以上并纳入教育经费保障体系。(佚名,2019)该省还出台了多项特殊学生助学政策,确保符合条件的特殊学生入校就读。与之相比,中西部欠发达省份有些地区的特殊教育学校未能达到上述标准规定的办学要求,办学资金缺乏、办学场地不足、教学实训设施缺乏或简陋、师资水平不高等问题突出,难以满足特殊教育学校办学及发展的需要。以资源教室建设为例,据相关学者统计,我国从1988年提出融合教育至今,大陆地区接受融合教育的学生仅占残疾学生的56.60%,西部部分区县甚至还没有资源教室,教学质量名列前茅的北京市海淀区资源教室数量与普通学校总数之比也仅为51∶100;而我国台湾地区资源教室数量与普通学校总数之比高达93∶100,也就是说,几乎所有的普通学校均设置了资源教室以保障残疾学生融合教育的质量(吴晓英 等,

2020)。

（二）专业师资力量比较薄弱

残疾人职业教育专任教师数量不足，教师整体素质亟待提高。根据教育部公布的统计数据，2016年，全国特殊教育学校专任教师有50334人，其中专科毕业教师有17414人，本科毕业教师有30244人，研究生毕业教师仅有957人，还是以专科与本科毕业教师为主；其中受过特殊教育专业培训的有32650人，仅占64.80%。（教育部，2016b）整个特殊教育行业仍需要大量高学历高层次的专门人才。而基于残疾人职业教育学校的特点，残疾人职业教育学校教师不仅需要专业知识、特殊教育知识，还需要丰富的实践操作经验，符合这类要求的"双师型"教师就更加缺乏。职后培训滞后又限制了专业师资水平的提升。据一份对四川省成都市、绵阳市等地16所特殊教育学校的教师职后培训调查表明，有7.8%的教师没有接受过培训，有29.0%的教师接受过一至两次培训，有24.9%的教师接受过3—5次培训，仅有38.2%的教师培训次数达5次以上。培训内容偏向通过特殊教育专业基础课等传授的理论知识，针对特殊儿童劳动技能培养的职业教育类课程培训较少，仅占6.3%。（章永 等，2017）

（三）残疾人接受高中及以上教育的比例较低

第二次全国残疾人抽样调查主要数据显示，我国残疾人口中接受教育的人口数量很低，接受过中等教育（高中、中专教育）的残疾人数量为406万人。（国家统计局，2007）高中阶段特殊教育的落后已经制约了残疾人获得更高学历、更加系统的职业教育。与此同时，社会上还存在"重普教、轻职教"的观念，职业教育对优质生源的吸引力仍然不够，最终进入特殊教育职业学校就读的残疾人数量和总体质量都不高。对残疾人而言，职业教育能满足他们学习技术、自强自立的需要，有着十分重要且特殊的意义。目前残疾人口接受高中及以上教育比例低的状况，对残疾人群体的教育提升、就业发展及未来生活等各方面都会造成一定负面影响，对特殊教育中高等职业学校及有关职业技能培训机构的健康持续发展也带来了挑战。

（四）中高等职业教育衔接不畅

残疾人职业教育是一个多层次、多类型的教育体系。其中，中高等职业教育是类型相同、层次递进的教育。目前，由于缺乏具体的行政管理机构对残疾人中高等职业教育的整体建设与发展、专业设置要求等进行规划、指导和管理，中高等职业教育的外部管理和内部人才培养方案不衔接，导致专业设置、培养目标、教学计划和课程设置之间相互脱节，使得残疾人中高等职业教育未能一体化、协调化、连续性发展。各省份的残疾人职业院校大都根据自身发展情况、对市场或企业需求的自我判断来设置专业和制定人才培养方案，结果造成各地从事中等职业教育的特殊教育学校没有方向统一的培养目标，没有统一的教学计划和课程标准，各自为政。同时，残疾人中等职业学校与高等职业学校之间也缺乏相应的统一规划和协调，没有相应的专业相衔接，导致许多学生因专业不对口而无法继续深造。（许保生，2012）能够升学的学生，也会因中高等职业教育专业或课程没有衔接好而在知识基础上存在问题，影响了高等职业教育的质量。

（五）残疾人职业培训发展滞后

首先，制度建设薄弱。长期以来，我国各地残疾人职业培训没有统一标准，在需求采集、内容确定、组织形式、师资配备、场所设置及经费核定方面都缺乏规范，残疾人职业培训在实际操作中仍存在管理无序现象。其次，培训内容与残疾人实际需求脱节。培训需求采集不够及时、有效，残疾人获取职业培训的信息不够畅通，培训效果不理想。再次，培训方式方法单一。网络培训与实地培训、理论培训与实践培训、岗前培训与轮岗培训等手段没有充分运用并有机结合。最后，社会对残疾人职业培训的关注度与支持度不高，经费不到位，残疾人职业培训支持体系亟须完善。

三、新时期残疾人职业教育的发展战略

（一）以创新模式发展残疾人中高等职业教育

积极构建残疾人职业教育融合发展模式，落实《中华人民共和国残疾人保障法》《残疾人教育条例》要求，创新多种办学模式，将残疾人职业教育最大限度地融入普通教育。各级各类学校要创造条件尽可能招收适合的残疾人在普通学校就读，推进残疾人中高等职业教育的发展。融合教育也是残疾人职业教育的发展趋势。融合教育的主旨是让残疾人和普通青少年在一起学习，跟同龄学生一起在常规学校接受教育，使他们适应常规学校的校园生活，发挥潜能，全面发展。但残疾人是一个类别、层次复杂的群体，为他们提供适合的职业教育也是一个难题和挑战，需要全社会形成共识、共同参与。残疾人中等职业教育是我国目前残疾人职业教育

发展的重点，加快发展残疾人高等职业教育是社会发展的新要求。在积极推进融合教育的同时集中力量建设一批特殊教育职业学校也是开展残疾人中高等职业教育的一种有效模式，符合我国国情和残疾人特点。一是因为目前许多普通学校的教育理念、专业师资、设施设备等还不能完全满足开展中、重度残疾人融合教育的要求，集中办好特殊教育职业学校是当前一种既经济高效又能满足残疾人需求的可行举措。二是因为集中办学有利于有针对性地加强残疾人职业教育的专业建设、师资队伍建设及无障碍环境建设，更能促进残疾人在适合的环境下接受高质量的教育。（许保生，2018）

（二）以夯实基础改善残疾人职业教育办学条件

各级政府和有关部门应继续加大财政投入和政策扶持力度，进一步提高生均经费标准，建立残疾人职业教育学校专项经费保障机制，抓紧制订残疾人职业教育学校的办学标准。《关于加快发展残疾人职业教育的若干意见》首次以国家部门文件形式提出"修订《残疾人中等职业学校设置标准（试行）》，制订残疾人职业院校办学标准"。过去我国没有残疾人职业教育学校的办学标准，学校的建设、评估、考核等都是参照普通学校的标准，这样既不科学合理，又不利于学校发展、办学特色的体现和教学质量的提升。制订适合残疾人职业教育的办学标准能更好规范残疾人职业教育学校的建设，改善办学条件。该意见指出，"各地要加大对残疾人职业教育的投入，在落实职业院校生均拨款制度的同时，适当提高接受职业教育残疾学生的生均拨款水平"。由于学生数量少，对教学设备的要求较高，残疾人职业教育的办学成本比普通教育高。有关部门应在调查研究的基础上，制订合理的具有可操作性的残疾人职业教育学校办学标准和补助政策并加以落实。香港地区的特殊教育在经费投入和使用上就是非常充足、高效的，具体来说，具有精准投入、按需分期拨付、专款专用、监督体系完善等特点。（吕春苗 等，2017）我们应切实保障特殊教育的经费投入，以改善学校校舍、设施设备条件，培养、引进一批高素质的优秀教师，扎实搞好自身基础建设，实现学校健康、可持续发展。

（三）以能力提升抓残疾人职业教育学校内涵建设

残疾人职业教育学校要认真落实立德树人根本任务，加强学校的内涵建设。我国残疾人职业教育学校普遍办学历史较短，基础较弱，与普通职业教育学校相比在教学条件和内涵建设方面都存在着一定的差距。在当前国家高度重视残疾人职业教育的大好形势下,残疾人职业教育学校必须有开放借鉴、虚心学习的态度,抓住机遇,秉持质量立校、人才强校、特色兴校的理念,加强自身的内涵建设,提高教育水平、办学规模与办学层次,以适应加快发展残疾人职业教育的需要。内涵建设是全方位的(许保生,2018)。

一是根据国家有关职业教育和特殊教育的最新政策文件要求及学校实际,科学制定学校的教学制度文件,规范各种教学行为,以规范建设促进教学质量提升。

二是要通过培养、引进、聘请等措施,建设一支既拥有高尚师德和深厚文化底蕴,又拥有丰富实践经验和技能的"双师型"专兼职教师队伍。

三是要根据市场需求、区域经济特点和发展趋势与残疾人特点,科学合理设置专业,开发课程。课程建设是职业教育质量提升的关键,学校要以课证融通为抓手,邀请行业、企业专家参与,结合残疾人身心特点等积极开发建设适合残疾人职业教育的课程和教学资源,编写校本教材。

四是要以工学结合为切入点,加强校企合作,利用社会资源,重视实践教学。实践教学是职业教育的重要环节,对于残疾人职业教育尤为重要。各学校要创造条件积极建设一批高质量的适合残疾人的校内外实训室和实训基地,以满足实践教学的需求,加强残疾人专业技能培养,全面提高人才培养质量。

(四)以改革创新探索残疾人中高职一体化培养模式

中高职一体化是我国残疾人职业教育发展的必要措施。2011年教育部《关于推进中等和高等职业教育协调发展的指导意见》指出,要"探索中等和高等职业教育贯通的人才培养模式","规范初中后五年制高等职业教育","研究制定在实践岗位有突出贡献的技能型人才直接进入高等职业学校学习的办法"。该文件指明了我国职业教育未来发展的方向。2012年《浙江省推进中高职一体化人才培养模式改革工作方案》出台,该文件明确提出,"五年一贯制"和"3+2"人才培养模式是推进中高职一体化人才培养的重要措施。

残疾人高等职业教育应以精准定位人才培养目标为起点,实现残疾人高等职业教育人才培养目标与本省份区域经济发展需求精准对接,各专业人才培养目标与不同类型、不同残疾程度的残疾人的就业岗位精准对接。在此基础上重构课程体系、协同育人模式、推动中高职一体化教育,培养高质量的满足经济社会发展需求的残疾人专门人才。在衔接的具体模式上,应积极探索"2+3""3+2""五年一贯制"

等模式，确保中高职课程及教学内容的有效衔接。残疾人高等职业院校与中等职业院校可共同制定"2+3"人才培养方案，联合招收应届初中毕业生，并以高等职业院校为主，统筹中高职阶段的教学与管理。（许保生 等，2015）我国澳门地区按学生年龄、学习能力与残疾类型实施"三阶段"的特教班教学安置方式，这其实也是一种让残疾学生最大限度发挥潜能、满足其学习需求的人才培养模式。澳门地区在第二阶段（13—18 岁）培养"公民意识、交际能力、掌握必要的工作技能等"目标基础上，提出了第三阶段（18 岁以上）的培养目标，即"提升学生的工作技能，以促进他们与主流社会的融合"（肖玲 等，2016），从而为特殊学生打通全学段的成长通道。

（五）以理念创新打造完善的残疾人职业培训体系

新时代背景下，残疾人职业教育需要树立多元化、融合型发展理念，坚持学校教育与职业培训并举、全日制教育与非全日制教育并重的方针，促进特殊学生与普通学生相融合、职业教育与教育康复相融合以及残疾人的技能培训与终身发展相结合，拓宽残疾人职业培训途径，帮助其获得职业满足感与幸福感。

首先，完善政策支持体系。落实残疾人按规定免费享有基本职业技能培训政策，优先将残疾人职业技能培训纳入当地公共就业服务范围，并根据不同行业特点、不同岗位要求以及培训绩效，对培训机构或用人单位举办的接受残疾人参加的职业技能培训予以补助。其次，突出培训需求导向。围绕经济社会发展重点、产业发展特色和就业市场供需情况，因地制宜开展满足残疾人需求、适合残疾人参加、就业效果明显的培训项目。再次，明确分级培训责任。根据"省级高端引领、市级示范带动、县级普及应用"的原则设置三级培训体系。省级层面主要开展技术先进、市县级难以开展、与国家职业技能大赛相结合的培训项目，起到示范引领作用；市级层面主要开展在当地具有特色示范作用而县级层面较难开展的培训项目；县级层面主要开展符合当地经济特点、普及实用的培训项目，逐步形成"一市一特色，一县一品牌"。最后，创新培训方式方法。改变传统的灌输式培训方法，依托相关企业、实训基地和扶贫基地等，推行岗前、岗中、转岗培训，积极探索顶岗式、实训式、观摩式、订单式、孵化式和师徒式培训。鼓励政府购买社会培训服务，依托各类学校、培训机构、社会组织、企业等开展残疾人职业技能培训。

联合国 2030 年可持续发展议程提出的教育目标是：确保包容和公平的优质教

育，让全民终身享有学习机会。展望未来，我国残疾人职业教育将站在推进社会文明进步和公平正义的角度，以培养残疾学生适应和融入未来社会的能力为目标，聚焦残疾学生生涯发展，使更多类型的残疾学生平等享有高质量的职业教育。面向未来，我国将统筹规划残疾人职业教育体系，"特教特办"，全面落实政府责任，完善投入保障机制，不断加强教师队伍建设，不断完善支持保障体系。我们相信，我国残疾人职业教育必将走出一条既具有中国特色又符合世界潮流的发展之路。

第五章
特殊高等教育

特殊高等教育通常也称残疾人高等教育。当前国家有关部门出台的政策文件大多使用的是"残疾人高等教育",为保持前后表述一致,本章使用"残疾人高等教育"这一概念。

残疾人高等教育是我国高等教育和残疾人教育事业的重要组成部分,是在我国改革开放过程中发展起来的。认真分析和总结我国残疾人高等教育40多年的发展过程与基本经验,既是开创新时代中国特色残疾人高等教育发展新局面的需要,也是中国残疾人更多接受高等教育、追求幸福美好生活的需要,更是推进社会公平正义、实现中华民族伟大复兴的要求。本章在梳理和分析我国残疾人高等教育发展历史的基础上,着力总结和揭示我国残疾人高等教育发展的基本经验与特殊规律,并根据新时代中国特色社会主义对残疾人高等教育发展的新要求,探讨新时代我国残疾人高等教育发展的愿景、目标、重点任务和发展策略。

第一节 我国残疾人高等教育发展概况

一、残疾人高等教育概述

(一)残疾人高等教育的特点

高等教育一般是指在完全中等教育之后的专业教育。残疾人高等教育,主要有三个方面的内涵:一是残疾人高等教育是建立在完全中等教育基础之上的;二是残疾人高等教育是一种专业教育;三是残疾人高等教育是学术性与职业性有机结合的教育。(薛天祥,2001)[55-60]残疾人高等教育除了具有普通高等教育的特征(如属于专业教育、教育对象主要是20岁左右的知识青年和具有一定的研究性等)之外,还由于教育对象身心的特殊性而具有自身的一些特点。

一是人文性。与普通高等教育相比,残疾人高等教育更加强调要尊重人的尊严和权利,开发人的生命潜能,提升人的思想境界和心灵高度。残疾人高等教育应体现人道主义精神，展现生命突破身心障碍、追求解放和自由的过程。

二是合适性。残疾人高等教育更加强调要注意根据残疾大学生身心特点和发展的特殊需要，在培养目标和培养规格、课程与方法等方面适当进行调整，按需施教，因材施教，促进学生个性充分自由发展。合适的就是最好的，这是残疾人教育乃至高等教育最重要的理念、基本原则和最高境界。

三是支持性。高等教育是培养高级专门人才的专业教育。与基础教育相比，高等教育无论是在知识上，还是在能力上，都对学习者提出了"高"与"专"的要求（潘懋元，1996）[61-62]。这对于在认知、语言、行动和社会交往等方面还存在着障碍和不便的残疾人来说，是一种严峻的挑战。因此，残疾人高等教育更加强调为残疾大学生的学习提供必要的专业支持服务（如大学学习指导、心理辅导、课程调整和个别化教育方案等）和合理便利（如无障碍环境和辅助技术支持等），以帮助他们适应大学生活，顺利完成学业。

四是融合性。残疾人高等教育更加强调将残疾大学生置于与普通高等教育一体化场域中，努力通过合适、安全、最少限制、支持性融合环境创设，扩大合作与参与，减少排斥与歧视，增强残疾大学生的认同与归属感，促进他们平等充分地融入社会。

这些一般性和特殊性（基于残疾本质及高等教育特殊规律）的要求，是开展残疾人高等教育时应予以注意与遵循的。

（二）残疾人高等教育的形式

我国残疾人高等教育在类型上，包括听障、视障、肢残高等教育等几种类型；在层次上，可分为专科教育、本科教育和研究生教育；在形式上，可分为全日制教育、半日制或业余制教育，普通高等教育和高等职业技术教育，半工半读、走读以及在校教育和网络教育等多种形式。目前在我国，残疾人高等教育主要采取三种方式。一是在普通高校开设特殊教育学院（专业）或独立设置高等特殊教育学院，主要通过单招、单考的方式，对不同类型残疾学生集中进行统一的教育教学。二是融合教育。普通高校主要通过高考录取，将残疾学生和正常学生安置在一体化的教育环境中，让他们共同进行专业学习和共同生活。三是开放大学等教育。通过网络教育、自学考试、函授继续教育等方式鼓励更多残疾人接受高等教育。

（三）发展残疾人高等教育的重要意义

重视和发展残疾人高等教育，是一个国家、地区、民族和社会文明进步的标志之一,是促进残疾人解放和自由发展的基本途径,是实现教育公平和社会公正以及促进经济与社会发展的重要举措。下面主要阐述三个方面的意义。

首先,发展残疾人高等教育,是实现教育公平的重要举措。平等接受高等教育,是我国法律赋予残疾人的一项基本权利,也是国际社会及国际公约予以确定的共同原则和基本规范。但是在相当长的一个时期里,我国能够接受高等教育的残疾人仍是少数,在很大程度上,接受高等教育只是残疾人改变生存状态、追求幸福生活的一种强烈愿望或梦想。总体上看,残疾人高等教育的发展水平仍然明显低于普通高等教育。因此,加快发展残疾人高等教育,不仅是为了满足残疾人日益增长的接受高等教育的需要,而且是保障残疾人教育权利、实现教育公平与社会正义的重要举措。

其次,发展残疾人高等教育,是改善残疾人民生的必然要求。高等教育是个体获得幸福生活的"门票"之一,也是改善残疾人民生的基本途径。2018年,我国有8500多万名残疾人,让更多的残疾人接受高等教育,无论是对于改变个人命运,还是对于促进国家经济建设,都具有重要意义。对于个人而言,高等教育可以为接受高等教育的残疾人赋权增能,帮助他们掌握从事一项体面工作的本领,从而为他们获得幸福生活提供基本保障。对于国家而言,通过高等教育而进行人力资源开发,使数以十万、百万计的残疾人成为国家各行各业的人才和自食其力的劳动者,必将有力地促进国家经济与社会的发展。

最后,发展残疾人高等教育,是残疾人实现解放和自由发展的基本途径。从根本上分析,高等教育不仅能促进人才素质的全面提高和完成专业人才的塑形,而且能以个性化和具有选择性的人才培养方式,张扬每一个接受高等教育的残疾人的个性特长、生命潜能、实践能力、创造能力,使人在精神上最终突破残疾障碍的束缚,实现个性解放和自由发展。从这层意义上讲,发展残疾人高等教育,具有解放残疾人、实现其自由发展的重要价值。

二、残疾人高等教育的发展过程

我国残疾人高等教育产生于20世纪80年代中期,其发展过程可大致分为三个阶段。

(一) 产生及发展时期(20世纪80年代中期—1999年)

1978年党的十一届三中全会召开,启动了中国改革开放的伟大历史进程。在改革开放大潮的推动下，1984年，中国残疾人福利基金会成立。为了解决残疾人反映强烈的上大学被拒收的问题，中国残疾人福利基金会多次与教育部协商，促成教育部在当年以加急电报、在1985年以文件形式要求各地教育部门、招生部门在招生工作中对生活能够自理、不影响所报专业的学习及毕业后所从事的工作的肢体残疾（不继续恶化）考生，在德、智条件相同的情况下，不因其残疾而不予录取。这便拉开了我国残疾人高等教育发展的序幕。

1985年，中共中央下发了《关于教育体制改革的决定》。这一具有划时代意义的改革教育体制的文件，不仅明确提出要努力发展盲、聋、哑和智障等儿童的九年义务教育，而且提出高等教育要简政放权，扩大高校办学自主权，调动地方和部门办学的积极性。该文件从体制改革顶层设计的高度，为我国教育发展指明了方向，并以改革实施所产生的强大动力，有力地促进我国各类教育快速发展。同年，教育部与卫生部修改了高考体检标准，放宽了对残疾考生的限制。在教育部和地方政府的积极支持下，1985年滨洲医学院设立医学二系，专门招收参加普通高考并达到录取分数线的肢体残疾学生。

1987年，长春大学设立特殊教育学院，通过单独考试专门招收视力、听力残疾大学生。同年，北京大学首次大量招收肢体残疾学生，21名来自全国各地的残疾考生得以进入高等学府深造。1988年，中国残联成立。这是我国残疾人事业发展史上的一个重要事件，自此，我国残疾人高等教育有了一个协调推进、分工负责的社会组织（后来的发展证明，中国残联在我国残疾人高等教育发展过程中发挥了极其重要的作用）。

1989年，国务院办公厅转发国家教委等部门《关于发展特殊教育的若干意见》，指出："高等院校、中等专业技术学校和技工学校要继续认真贯彻落实招收残疾学生的有关规定。有条件的省、自治区、直辖市，要选择一、两所大专院校，试招盲、聋等残疾学生在适合的专业中学习。"根据这个文件的要求，1991年，天津理工大学（当时为天津大学机电分校特殊教育部，1996年整建制并入天津理工大学）开始以特殊教育部的名义以单招单考方式招收聋人大学生，1997年挂牌成立聋人工学院，这是我国第一所面向聋人的高等工科特殊教育学院。

1991年《中华人民共和国残疾人保障法》施行，1994年《残疾人教育条例》下发。这两部法律、法规的颁布，是我国残疾人高等教育发展史上具有里程碑意义的大事，不仅标志着我国残疾人高等教育从此进入依法治教的轨道，而且从教育制度上为我国残疾人高等教育发展提供了基本框架和根本保证，有力地促进我国逐渐形成了肢体残疾学生和部分视力、听力残疾学生通过参加普通高考进入大学学习，大部分视力、听力残疾学生等通过单考单招进入高等特殊教育学院学习的格局。

（二）加快发展时期（2000—2007年）

在独立设置的残疾人高等教育院校和开展了融合教育的普通高校的推动下，我国残疾人高等教育呈现出加快发展的新局面。进入21世纪以来，随着我国经济与社会的快速发展，高等教育连续扩招，呈现大发展态势，我国高等教育进入大众化阶段。高等教育大发展也给残疾人高等教育发展提供了机遇和条件。

2000年，北京联合大学成立特殊教育学院［其实该校在1998年就已开设平面广告设计（聋）和中医针灸推拿（盲）专业］。2002年5月，在江苏省人民政府的大力支持下，南京特殊教育师范学校升格为南京特殊教育职业技术学院，同年开始招收聋人（23名）接受服装工程等高等职业技术教育。几乎是在同一时期，中州大学特殊教育学院、长沙职业技术学院先后招收了残疾大学生。2005年，在中国残联的支持下，重庆师范大学特殊教育学院面向西南地区招收聋人大学生。在不长的几年时间里，这几所学校的残疾人高等教育规模以较快速度发展，后均达到每年招收残疾大学生100人左右的规模。与此同时，在中国残联及各省份残联积极干预和各地教育部门的大力支持下，普通高校通过高考招收残疾大学生的比例也逐年提高。

（三）蓬勃发展时期（2008年至今）

2008年，是我国残疾人高等教育事业发展过程中极为重要的一年。这一年，中共中央、国务院下发了《关于促进残疾人事业发展的意见》（以下简称《意见》），经修订的《中华人民共和国残疾人保障法》颁布实施。《意见》和《中华人民共和国残疾人保障法》根据以人为本的科学发展观和建立社会主义和谐社会的价值取向及本质要求，从顶层设计的角度对发展残疾人高等教育做出了进一步规定，如《意见》提出鼓励和支持普通高等学校开办特殊教育专业，再如《中华人民共和国残疾人保障法》明确规定高等学校必须招收符合国家规定的录取要求的残疾考生入学，不得因其残疾而拒绝招收，等等。

2010年颁布的《教育规划纲要》将特殊教育单列一章，明确提出要重视发展残疾人高等教育。教育部根据中央的大政方针和《教育规划纲要》部署，于2014年和2017年分别下发了一期与二期《特殊教育提升计划》，对发展残疾人高等教育的目标、任务、质量和保障措施等做出了具体规定。各地也相继出台了《特殊教育提升计划》实施办法。

2017年1月，国务院颁布新修订的《残疾人教育条例》。《残疾人教育条例》第三条规定："积极推进融合教育，根据残疾人的残疾类别和接受能力，采取普通教育方式或者特殊教育方式，优先采取普通教育方式。"这表明我国残疾人教育（包括残疾人高等教育）将在理念和发展方式上进行根本转型，即转向以融合教育为主，这必将对我国残疾人高等教育产生重大而深远的影响。

在党和政府的高度重视与大力支持下，我国残疾人高等教育进入了蓬勃发展的新阶段。

一是残疾人高等教育院校增加，招生规模明显扩大。这一时期浙江特殊教育职业学院、辽宁特殊教育师范高等专科学校和山东特殊教育职业学院等一批原独立设置的残疾人高等职业技术学院升格，乐山师范学院、西安美术学院、南京中医药大学、天津体育学院等一批本科院校则办起了残疾人高等教育专业。尤为值得一提的是，2015年4月，南京特殊教育职业技术学院成功升格为南京特殊教育师范学院，成为国内目前唯一的独立设置的高等特殊教育本科院校。随着残疾人高等教育院校的增加，残疾人接受高等教育的规模较之前几年有显著扩大。二是残疾人高等教育的投入加大。仅中央特殊教育教师培养工程一项就投入36亿元，主要用于高等特殊教育和残疾人中等专科学校校舍扩大、实验室建设和教师培养。这个项目连同地方政府的配套投入，大大改善了相关院校办学的硬件条件，很多院校及专业建立起与其人才培养目标相适应的专业实验室和实训车间。三是普通高校招收残疾大学生开展融合教育的比例大幅增加。可以预期，随着新时代以人民为中心的中国特色社会主义的发展，国家必将对残疾人及其高等教育给予更多的关心和支持，提供更加优厚的条件和便利，从而促进我国残疾人高等教育进入普及发展的新阶段。

三、残疾人高等教育发展的现状和成绩

经过40年的发展，我国残疾人高等教育取得了显著成绩，主要表现在如下几个方面。

(一) 办学规模逐步扩大

30多年前,我国仅有一两所院校单招几十名残疾学生接受高等教育,而目前全国有300多所高校有在读的残疾学生,在校残疾学生有3万余人。其中,享受单考单招政策、专门招收视力和听力残疾学生的高等特殊教育学院(专业、班)有21个,每年有1000余名残疾学生被高等特殊教育院校录取,在校残疾学生有5000多人左右,办学层次以本、专科为主。全国每年有8000多名残疾学生被普通高校录取。国家开放大学残疾人教育学院有残疾学生8000多名。残疾人还可选择函授、远程教育等方式接受成人高等教育。30多年来,已有12.1万名残疾学生被普通高等院校录取,2万余名残疾学生进入高等特殊教育学院学习。具体而言,残疾人高等教育办学规模逐步扩大主要表现在以下几个方面。

第一,残疾人高等教育录取人数不断增加。从2001年至2016年,我国残疾人高等教育院校招生人数从585人增长到1941人,增长了232%(见图5-1)(边丽等,2018)。调查数据显示,22所残疾人高等教育院校的在校生规模为5000人左右,其中本科学生占40%,高职学生占60%。

图5-1 2001—2016年残疾人高等教育院校招生人数

第二,招收残疾人的高等教育院校增多。随着《中华人民共和国残疾人保障法》《残疾人教育条例》等一系列法律法规的颁布,我国残疾人高等教育有了较快的发展。20 世纪 80 年代中期起，滨州医学院、长春大学、南京中医药大学、天津理工大学、金陵科技学院、北京联合大学等院校相继开办残疾人高等教育。2000 年起我国残疾人高等教育进入了蓬勃发展的时期。资料统计显示，截至 2017 年，我国已有 22 所地方院校举办残疾人高等教育（见表 5-1）（边丽 等，2018）。

表 5-1　我国举办残疾人高等教育的院校的基本情况

序号	院校名称	招收残疾生类型	教育层次
1	滨州医学院特殊教育学院	肢残、盲	本科
2	长春大学特殊教育学院	盲、聋	本科
3	天津理工大学聋人工学院	聋	本科
4	北京联合大学特殊教育学院	盲、聋	研究生、本科
5	金陵科技学院	聋	本科
6	上海应用技术大学艺术与设计学院	聋	本科
7	重庆师范大学教育科学学院	聋	本科
8	郑州师范学院特殊教育学院	聋	本科
9	西安美术学院特殊教育艺术学院	聋	本科
10	南京中医药大学	盲	专科
11	郑州工程技术学院特殊教育学院	聋	本科、专科
12	长沙职业技术学院特殊教育学院	聋	专科
13	南京特殊教育师范学院	盲、聋、轻度精神残障	本科、专科
14	广州中医药大学	盲	专科
15	广州大学市政技术学院	聋	专科
16	福州职业技术学院	聋	专科
17	河南推拿职业学院	盲	专科
18	绥化学院教育学院	聋	本科
19	辽宁特殊教育师范高等专科学校	盲、聋、肢残	专科
20	浙江特殊教育职业学院	盲、聋、肢残	专科
21	山东特殊教育职业学院	盲、聋、肢残	专科
22	云南特殊教育职业学院	盲、聋、肢残	专科

第三，残疾人高等教育层次有所提升。随着我国残疾人高等教育事业的不断发展，残疾人高等教育层次也在不断提升。表5-2显示了2016年全国高校招收残疾学生数以及不同教育层次人数的占比（任伟宁 等，2018）。就目前来看，残疾人接受的高等教育基本是本科、专科层次的，部分普通高校也开展研究生学历层次的残疾人高等教育。2015年北京联合大学特殊教育学院在全国首次招收视力残疾人专业硕士研究生。

表5-2 2016年全国高校招收残疾学生数及不同教育层次人数占比

教育层次	招收残疾学生数（人）		占比（%）
研究生	博士	160	1.4
	硕士	0	
普通本专科	本科	5458	98.6
	专科	5916	
合计		11534	100

（二）专业设置和专业结构日趋多样合理

我国残疾人高等教育院校注重根据当地产业结构、技术结构、职业结构特点和学校主客观条件设置专业。如：中州大学根据中原地区古迹文物较多这一地方特色，专门为聋人开设艺术设计专业（古建筑绘画和文物修复专业方向）；南京特殊教育师范学院根据江苏省大型服装企业较多的特点，开办聋人服装工程专业，采取订单式培养、集团就业等方式，学生百分之百就业；滨州医学院为肢残人举办临床医学专业；等等。同时，注重根据不同残疾类型学生的身心特点开设专业，如长春大学和一批医科院校根据盲生视觉受损，但触觉、听觉灵敏等特点，为盲生开设针灸推拿和音乐表演等专业，天津理工大学、北京联合大学以及一批残疾人高等职业院校根据聋人听觉缺乏，但视觉代偿较好等特点，为聋人开办服装、计算机、艺术设计、机械和园艺等专业。经过几十年的发展，我国残疾人高等教育从最初的几个专业发展到今天的几十个专业，涉及文、理、工、农、医、艺等数个学科门类（见表5-3）。较为丰富的专业设置和日趋合理的专业结构，不仅为残疾大学生提供了更多的选择，也为他们未来就业提供了更多的途径和可能。

表 5-3 全国高等特殊教育学院（系、专业）情况

序号	院校名称	招生时间	办学层次	教职工人数（人）	在校残疾学生人数（人）	专业设置
1	北京联合大学特殊教育学院	2000 年	研究生、本科、专科	122	553	信息无障碍辅助技术（研究生）、针灸推拿学、音乐学、计算机科学与技术、园林技术、视觉传达艺术设计
2	天津理工大学聋人工学院	1997 年	本、专科	39	438	计算机科学与技术、服装与服饰设计、产品设计、自动化、电子信息工程、工程造价、财务管理、机械电子工程
3	长春大学特殊教育学院	1987 年	本科	78	807	针灸推拿学、音乐表演（器乐和声乐）、康复治疗学、视觉艺术传达、绘画（国画和油画）、动画
4	南京特殊教育师范学院	2002 年	专科	—	618	艺术设计、装潢艺术设计、园艺技术
5	中州大学特殊教育学院	2005 年	专科	86	595	计算机应用技术、电子商务、机电一体化、装潢艺术设计、艺术设计（古建筑绘画）、动漫设计与制作、食品加工、摄影摄像技术
6	长沙职业技术学院特殊教育学院	2002 年	专科	38	295	计算机应用技术、广告设计与制作、汽车运用技术
7	重庆师范大学特殊教育学院	2005 年	本科	25	125	特殊教育技术
8	西安美术学院特殊教育艺术学院	2004 年	本科	40	90	艺术设计（城市环境）
9	滨州医学院特殊教育学院	1985 年	本科	27	111	临床医学（肢体残疾）、中医学（针灸推拿）
10	南京中医药大学针灸推拿学院	1993 年	专科	72	254	推拿学

资料来源：根据中国残联教就部提供的 2019 年相关高校专业设置情况和调研结果整理而成。

（三）人才培养特色初步形成

我国高等特殊教育院校根据残疾大学生类型和身心特点，在人才培养上进行了积极探索，初步形成独具特色的高等特殊教育人才培养模式，如长春大学的残疾人高等教育本科人才培养体系、北京联合大学的聋人高等教育的应用型人才培养模式、天津理工大学聋人工学院的聋人高等工科教育模式等等。综观具有代表性的人

才培养方案和培养模式,它们有四个共同特点。

一是培养目标定位准确,即都注重应用型人才的培养及对其主体性的开发。残疾人高等教育固然应注意将一些优秀残疾人培养成研究型人才(从发展的需要讲,残疾人高等教育也要完善硕士和博士研究生培养体系),但是从总体上看,根据国家经济、社会发展的需要,重点发展应用型大学的导向,以及残疾大学生的文化基础、思维发展水平等身心特点,培养应用型人才应是残疾人本科及专科教育在培养目标上更加合理与现实的选择。因为这样一种人才培养定位既有利于残疾大学生充分就业,又有利于国家经济建设。在人才培养上,残疾人高等教育尤其应重视对残疾大学生的主体性的开发及弘扬。

二是在课程内容的选择和安排上,更加注重适切性、实践性、系统性和全面性。首先是注意根据行业和职业以及一线生产对应用型人才培养目标的要求选择和安排课程内容,突出人才技术性知识的获得、实践能力和创新能力以及专业技能等方面的培养。其次是在不降低培养目标及规格质量的前提下,允许根据残疾大学生身心特点对课程计划和课程标准做出适当调整。如:为聋生和盲生开设的专业,在不降低专业培养目标总体要求和学分总数的前提下,可以专门为学生设计适合他们文化基础和身心特点的选修课程;为肢体残疾大学生适当增加一些康复课程;公共体育等基础课和一些专业课程可根据不同类型学生身心特点和发展需要做适当调整;等等。最后是坚持高等教育在人才培养上的一般性和共性要求,按照立德树人的要求,注重培养残疾大学生自强不息、敢于拼搏的精神和生命尊严的维护意识及平等意识,突出生命潜能开发和对思维能力、创新创业能力与一定的科研能力等的培养。总之,在课程建设上,注意将高等教育一般性规律和残疾人高等教育特殊规律、应用型人才培养与大学生素质教育有机结合起来,突出对残疾大学生自尊自觉和主体性能力的培养,整体建构残疾人高等教育课程体系。

三是在人才培养和教学方式上,注重能力培养,突出职业技能训练,加强实践环节,实行校企结合、工学结合、产教融合的人才培养模式。特别是在教学方式上,善于根据残疾大学生的个性差异和特殊需要,采取灵活多样的教学方式,因材施教,促进其个性充分自由的发展。

四是注重人才培养的专业支持和服务体系建设,注意信息技术、辅助技术在教学中的综合使用,如为聋生配手语翻译和语音转换字幕软件系统等,以帮助残疾大学生更好地进行大学学习,顺利完成学业。

（四）师资队伍建设得到加强

如同职业技术教育需要"双师型"教师一样，残疾人高等教育也需要教师具有普通高等教育和特殊教育两方面的复合素质，如从事聋人高等教育的教师应懂一点手语，从事盲人高等教育的教师应会点盲文。但是一开始很多高校几乎没有专门从事残疾人高等教育的、有经验的教师。因此，加强残疾人高等教育教师队伍建设，就成为一项紧迫而重要的任务。综观相关高校近几十年在师资队伍建设上的做法，其共同方面如下。

一是注重教师师德师风建设，引导教师尊重残疾大学生的生命尊严和平等权利，努力提高教师从事残疾人高等教育的责任感和使命感。

二是采取"送出去""请进来"等方式，加强教师的培养和培训，不断提高教师从事残疾人高等教育的专业水平。如"PEN"项目（曲学利，2011）[105-109]是由美国国家聋人工学院和天津理工大学聋人工学院、日本筑波技术短期大学、俄罗斯莫斯科国立鲍曼技术大学共同发起，日本财团资助的。它通过远程网络系统组织相关高校专业教师进行聋人高等教育方法培训，派专家到中国开展教师培训，资助中国高校领导、教师和技术人员赴美培训等。

三是积极按照残疾人高等教育的特点推进人事、职称等制度改革，建立一支专兼职教师队伍。如特殊教育学院人事编制从宽核定，可以更多地聘用聋人、盲人做教师等。中州大学聘请了五位聋人教师担任手语翻译专业和其他专业骨干课程的教师，由健听教师和聋人教师以团队融合的方式进行教学，收到了很好的教学效果。

四是加强教师队伍管理，严格入职标准和年度考核，采取有力措施提高教师待遇，形成教师队伍发展机制，促进教师提高专业化水平。如长春大学等高校实施特殊教育教师特殊教育津贴制等。

经过几十年的发展，一支适应事业发展需要的专兼职结合的残疾人高等教育教师队伍已初步建立起来，这为我国残疾人高等教育发展提供了有力的师资保障。

（五）招生就业逐步规范完善

为使更多残疾人进入高校学习，我国在残疾人招生制度上实行双轨制。一是通过单招单考方式专门招收残疾学生。长春大学特殊教育学院、天津理工大学聋人工学院和南京特殊教育师范学院等一批本专科院校，实行单招单考制度。近年来，我国相关高校在单招单考命题、考试和录取等方面采取了越来越严格规范的措施，如加强对考试科目大纲的共同研究，实行严格保密的命题、监考和阅卷等，加强对特殊教育学校高中阶段教育相关考试科目教学的研究和指导，等等。这些措施正在稳步促进招生质量的提高。二是通过高考制度，招收残疾学生进入大学接受高等教育。随着普通高中阶段随班就读质量的逐步提高和高考政策保障的不断完善，残疾人通过参加高考进入高校就学的人数越来越多。

就业是高等教育非常关键的环节，也是残疾人接受高等教育的目的之一。在帮助残疾大学生就业方面，各地政府和高校采取了较为有力的措施。各高校努力使所设专业更加适合当地产业结构和就业市场的需要，加强人才培养过程中的产教融合、工学结合（如中州大学建立"工作室制+设计公司制"教学模式）和创业教育，普遍开展就业指导、生涯规划教育、转衔教育等。政府及残联等部门也给予了大力支持，出台了相关就业辅助政策。各级残联组织还为残疾大学生安排就业专场招聘会，联系企业和政府相关部门，帮助残疾大学生就业；建立支持性就业和辅助性就业的机制，创造条件，鼓励残疾大学生自主创业和就业。如地方残联为残疾大学生从事茶艺、烹饪和汽车美容等职业提供场地、设备和技术指导，与企业建立产教结合的就业孵化基地，等等。这些措施使残疾大学生"就业难"问题得到了有效缓解。

（六）国际合作与交流更加广泛

世界各国都非常注重教育尤其是高等教育的国际化，并制定了相应的政策和措施推进国际教育交流与合作。残疾人高等教育的国际化是指在残疾人高等教育中，把教学、研究、服务和管理置于世界教育和文化之中进行建设的理念及举措。它主要体现在三个层面：一是交流层面，指在教学、研究、服务和管理方面进行国际上的对等交流，互相学习、共同提高；二是认同层面，指能为其他国家的残疾人高等院校所承认和接受，如各国间学科专业设置互通，课程计划、教学标准与学历、学分以及大学的服务和管理标准等互认；三是合作层面，指在教学、研究、服务和管理等方面进行合作，如共同研究开发、共同办学、共同享有教学资源等。

我国残疾人高等教育是改革开放催生的，也是在国际合作与交流过程中发展起来的。其中一个具有代表性的项目就是"PEN"项目。这个项目的主要内容包括建立双向远程教育系统，开展教师交流及培训、远程视频教学和专题讲座，举办专题研讨会，对中国高等聋人教育、聋人艺术教育、学科专业建设、课程建设、聋人就业和手语等开展研究和交流。该项目的实施，不仅有力地促进了国际聋人高等教育的合作与交流，而且有力地促进了我国聋人高等教育观念和方法的改变、学科与专业的建设、课程与教学的改革、手语的研究以及教师队伍专业化水平和人才培养质量的提高。

四、残疾人高等教育发展的基本经验

综观我国残疾人高等教育的发展，可以得出以下几条基本经验。

（一）政府部门高度重视

关心残疾人，提高其受教育水平，是社会主义制度优越性的体现。党和政府始终高度重视残疾人及其教育问题，不仅在国家根本大法——《中华人民共和国宪法》中明确规定残疾人享有平等接受教育的权利，国家保障残疾人平等接受教育的权利，而且为残疾人平等接受教育做出了一系列制度上的安排。进入21世纪以来，党和政府对发展残疾人教育（包括残疾人高等教育）予以更多的关心和特殊的支持。党的十七大明确提出"关心特殊教育"，十八大提出"支持特殊教育"，十九大提出"办好特殊教育"，并出台了一系列特殊教育的提升计划和倾斜政策，加强了立法，加大了经费投入，有力地促进我国残疾人教育进入蓬勃发展的历史时期。改革开放40多年来我国残疾人高等教育发展的历史经验告诉我们：只有在代表人民根本利益的中国共产党的领导下，只有在社会主义制度条件下，残疾人及其教育才会被真正摆到重要的位置，得到格外的关心和特别的支持，残疾人平等受教育权利才能得到切实保障，残疾人才能通过高等教育走上成才的道路，和全国人民一道过上幸福生活。

（二）残联组织积极参与

各级残联组织是我国独具特色的残疾人高等教育办学体制中的重要主体，在我国残疾人高等教育的办学过程中始终发挥着至关重要的作用。

首先是自觉履行主体职责。残联是残疾人自己的社会组织，对于残疾人因疾而障的生存状态感受最为深切，所以，各级残联组织对于发展残疾人高等教育都很重视。邓朴方和张海迪，身为残疾人，深知高等教育对于改变残疾人命运的重要性，几十年如一日地为残疾人接受高等教育向全社会呼吁，为办更多的高等特殊教育院校及专业而竭尽全力。残联组织积极呼吁、推动法律法规建设，为残疾人接受高等教育提供了根本保障。无论是有关发展残疾人高等教育的文件的颁布，还是高等特

殊教育院校的建立，残联组织都发挥过重要作用。

其次是充分发挥社会组织办学的积极性，努力通过自办（如浙江省残联、山东省残联和辽宁省残联在教育部门支持下举办特殊教育职业技术学院）和合作办学（如中国残联与江苏省人民政府共建南京特殊教育师范学院，江苏省残联与南京特殊教育师范学院合作举办阳光学院等）等方式，推动残疾人高等教育发展。

最后是积极推动高考便利政策等的出台和争取经费项目的支持，为残疾人接受高等教育提供有利条件。正是在各级残联组织的大力推动、支持和督促下，中国残疾人高等教育才形成了今天这样一个良好的发展局面。

（三）高校发挥主体作用

高校是举办残疾人高等教育的主体。高校对残疾人及其高等教育的认识水平、态度倾向和办学能力，往往决定着其能否积极办好残疾人高等教育。南京特殊教育师范学院在升格后，主动根据我国残疾人事业发展的需要和广大残疾人接受高等教育的迫切愿望，积极开拓残疾人高等职业教育、康复和残疾人社会事业管理等专业，并在短短几年时间里，将在校生规模发展到600人以上。南京特殊教育师范学院通过办学体制及功能的重大转型，不仅有效地满足了残疾人接受高等教育的需求，促进了残疾人事业的发展，而且为自己后来的发展奠定了坚实的基础。南京特殊教育师范学院的成功经验表明：发展残疾人高等教育，高校是主力军。高校只有在主动服务残疾人事业的过程中，不断提高服务行业与社会的能力，才能在有"为"中有"位"，体现自身的价值和获得不可替代的独特地位。

（四）始终坚持以人为本

所谓以人为本，就是始终把培养人、发展人作为残疾人高等教育的根本任务。在发展残疾人高等教育的过程中，高等院校应注意根据高等教育人才培养共性规律和不同类型残疾大学生的身心特点及特殊需要，以应用型人才培养为重点，改革课程内容、教学方式，创新人才培养模式，不断提高人才培养质量。我国残疾人高等教育人才培养的经验告诉我们，只有坚持以人为本的教育理念，正确处理好普通高等教育与残疾人高等教育的关系，正确处理好残疾人高等教育中通识教育与专业教育、全面发展与个性发展的关系，不断探索合适的教育内容、方式，按需施教，因材施教，才能最大限度地开发残疾学生的潜能，帮助他们谱写出人生的华章。

第二节 我国残疾人高等融合教育发展概述

一、残疾人高等融合教育概览

融合教育是我国残疾人接受高等教育的主要方式之一。

从数量上看,目前每年通过高考进入普通高校就读的残疾大学生不断增加。有研究者根据中国残联历年发布的《中国残疾人事业发展统计公报》,对 2008—2017 年考入高校的残疾人进行了统计（任伟宁 等,2018）。数据显示（见表 5-4）:2017 年全国高校录取残疾学生 12663 人,比 2008 年增加了 5358 人,增长率为 73.3%。从普通高校和残疾人高等教育院校（系）的录取人数看,普通高校招收的残疾学生数基本呈逐年上升趋势,10 年间共增长 4545 人；残疾人高等教育院校（系）录取的残疾学生数基本处于平稳增长状态,10 年间共增长 813 人。2017 年普通高校录取残疾学生 10818 人,残疾人高等教育院校（系）录取残疾学生 1845 人,普通高校录取的残疾学生占总数的 85.4%。也就是说,大部分特殊青年是以融合的方式在普通高校接受高等教育的,这与国际上残疾人高等教育的发展趋势是大体一致的。

表 5-4 2008—2017 年我国高校录取残疾学生情况

（含本专科学生和研究生）

年份	普通高校录取人数（人）	残疾人高等教育院校（系）录取人数（人）	总数（人）	比上一年增长（%）
2008 年	6273	1032	7305	—
2009 年	6586	1196	7782	6.5
2010 年	7673	2057	9730	25.0
2011 年	7150	877	8027	-17.5
2012 年	7229	1134	8363	4.2
2013 年	7538	1388	8926	6.7
2014 年	7864	1678	9542	6.9

续表

年份	普通高校录取人数（人）	残疾人高等教育院校（系）录取人数（人）	总数（人）	比上一年增长（%）
2015 年	8508	1678	10186	6.7
2016 年	9592	1941	11533	13.2
2017 年	10818	1845	12663	9.8

下面进一步对招生高校类别和学生残疾类型进行细致考察。以 2016 年全国高校招收本专科残疾学生总数及各类残疾学生数据为例。首先，从招生学校类别来看，2016 年普通高校共计招收各类残疾本专科学生 9436 人，残疾人高等教育院校（系）共招收残疾学生 1938 人（任伟宁 等，2018）（见表 5-5）。由此可见，普通高校是开展残疾人高等教育的主力军。其次，从残疾类别来讲，高校招收的残疾学生以听力残疾学生、视力残疾学生和肢体残疾学生为主。2016 年普通高校和残疾人高等教育院校（系）共招收本专科残疾学生 11374 人，其中上述三类残疾学生招生总数为 10351 人，占录取总数的 91.0%。其中听力残疾学生 2770 人，占录取总数的 24.4%；视力残疾学生 1547 人，占录取总数的 13.6%；肢体残疾学生 6034 人，占录取总数的 53.1%。进一步分析发现，普通高校招收的残疾学生中，肢体残疾学生所占比例最高（62.48%），听力残疾学生和视力残疾学生所占比例较低，且一般为轻度残疾学生。残疾人高等教育院校（系）招收的残疾学生中，听力残疾学生和视力残疾学生所占比例很高（合计93%），且一般为中度和重度残疾学生。

表 5-5　2016 年我国高校招收本专科各类残疾学生情况

高校类型	听力残疾生（人）			视力残疾生（人）			肢体残疾生（人）			其他残疾类型学生（人）		本专科残疾学生总计（人）		
	本科	专科	合计	本科	专科	合计	本科	专科	合计	本科	专科	本科	专科	总计
普通高校	726	599	1325	647	545	1192	2873	3023	5896	406	617	4652	4784	9436
残疾人高等教育院校（系）	654	791	1445	146	209	355	6	132	138	0	0	806	1132	1938
合计	1380	1390	2770	793	754	1547	2879	3155	6034	406	617	5458	5916	11374

从就读的专业看，高等教育中残疾学生与普通学生的专业无太大区别，主要涉及工、艺、农、医、教育、心理等学科门类。从融合的形式看，我国残疾人高等融合教育主要有以下几种方式：有随班就读的，有在特教班就读的，有在普通大学或院校设置的特殊教育学院就读的，等等。残疾大学生在大的一体化环境下进行学习与生活，实行部分融合，如住宿、食堂就餐、图书借阅和部分基础性课程及一些选修课程的学习。也有学校尝试从单招的残疾大学生中选拔一些品学兼优的学生进入师范教育等专业随班就读（如南京特殊教育师范学院），试行人才双向培养。从发展的趋势看，我国将采取"互联网+高等教育"等多种方式，积极扩大和推进高等融合教育的发展。总之，残疾人高等教育强调将残疾大学生安置在普通高等教育环境中，注重学习支持、学习指导和融合环境创设，以帮助他们顺利完成大学学业，平等充分地融入社会。

二、残疾人高等融合教育支持体系建设

建立高等融合教育支持体系，是确保高等融合教育运行、提高融合教育质量的关键环节（马宇，2012）[88-89]，也是一个成功的国际高等教育经验（童欣 等，2009）。我国一些高校主要采取以下措施进行支持体系建设。

一是建立高校融合教育资源中心。作为学校管理融合教育和提供专业支持的机构，它的主要职责是统筹协调各部门、院系，使它们各司其职、协调配合地开展融合教育，形成校内融合教育工作运行机制。

二是提供对于残疾大学生学习的专业支持与服务，努力创设最少限制的融合教育环境。长春大学开展盲生融合教育试点探索，采取残健融合（如学音乐的残疾学生在普通音乐学院的相关专业学习）、随班就读（残疾学生与普通学生同班就学）和自主辅修（经过考试，残疾学生通过选课方式学习一个辅修专业）方式进行融合教育试验。学校建立高等教育视障资源中心，配备盲文阅读、打字、印刷设备及点字翻译软件等和四名专业人员，为残疾学生的学习提供方便和指导；在课程与教学上，采取主辅结合、分层教学、合作教学、课前预习、课中集中研讨和加强个别辅导等多种方式，帮助盲生进行学习等。（王艳梅 等，2011）南京特殊教育师范学院在本科人才培养方案修订过程中，组织全校相关院系根据残疾学生的身心特点和特殊需要，对课程计划进行调整，增设一批适合残疾学生学习的特色课程与课程模块，加强学习方法指导、心理咨询与辅导、无障碍建设规划与组织实施等，为听障

学生和视障学生提供手语与盲文服务以及考试便利,开展生涯规划指导与转衔教育等。

三是制定学校内部开展融合教育教学等方面的规章制度,为残疾学生课程选修、个别化教育、学分认定和考核评价等提供依据。同时,建立校内实施融合教育激励机制,对积极承担融合教学任务的教师和专业人员,在年终考核和职称评定等方面给予奖励和倾斜。

四是组织对二级院系融合教育人才培养质量的督导与评估,指导、督促二级院系开展融合教育,等等。

总的来看,我国高等融合教育支持体系建设才刚刚起步,一些学校还未将此项工作纳入学校议事日程和具体实践。

三、发展残疾人高等融合教育的初步经验

(一) 行政管理支持

一些高校成功实施高等融合教育的经验表明,只有在高校内部建立推进融合教育的行政架构及工作运行机制,加强对相关部门和院系推进融合教育工作的统筹协调,形成融合教育的工作合力,才有利于融合教育的顺利开展。如果学校管理如一盘散沙,缺少行政管理的宏观统筹,部门之间缺少配合,残疾学生缺少必要的支持和服务,则会影响融合教育质量。因此,普通高校推进融合教育的重要做法和成功经验之一,就是要在学校内部建立一个融合教育行政管理机构,制定规章制度和配套政策,加强学校各部门之间的统筹协调,形成既各司其职又齐抓共管的工作运行机制。

(二) 专业服务保障

残疾会造成感知觉、语言与思维、沟通与交流等方面的障碍,残疾学生的大学专业学习离不开特定的专业支持和服务。例如:有听力残疾学生的高校,应为听力残疾学生提供手语服务或可将口头语言转化为书面文字的软件系统等;有盲生的高校,应具备无障碍设施等,各科考试能提供盲文制卷和阅卷的合理便利。没有专业支持,就没有融合。国内外推进高等融合教育的经验告诉我们,高校只有根据残疾学生身心特点和特殊需要,加强对课程、教学的调整和对残疾学生的学习指导、心理咨询、心理辅导,注重辅助技术、信息技术在教学中的应用和无障碍设施等的建

设，普遍建立高等融合教育的专业支持和专业服务体系，才能为残疾学生的学习与生活提供有效的帮助，促进融合教育有质量地开展。

（三）文化氛围烘托

实践研究证明，一所学校的师生及家长对待残疾学生的态度与学校的文化生态氛围，对于融合教育的开展也是至关重要的。如果一所高校没有普遍形成一种友爱、互助、合作的文化氛围，依然存在基于残疾的教育歧视，融合教育是难以顺利展开的。加强高校及全社会的人道主义和融合教育文化的宣传，努力培养高校师生人道主义观念和人文关怀情感，真正在高校及全社会形成尊重、关心和支持残疾人的良好文化氛围，是推进融合教育的重要基础，也是实施融合教育的成功经验。

第三节 我国残疾人高等教育发展展望

一、机遇与问题

党的十九大明确提出，中国特色社会主义已经进入新时代。这个论断，明确了我国残疾人高等教育发展的历史方位、时代坐标和社会环境。新时代对发展残疾人高等教育提出了新要求和新挑战，也提供了新机遇和新条件。

从实现教育公平来讲，新时代提出了加快残疾人高等教育发展的新要求。党的十九大提出，新时代我国教育改革与发展的重要目标之一，就是推进教育公平，努力使新增劳动力更多接受高等教育。习近平总书记在祝贺中国残疾人福利基金会成立30周年的贺词中指出"残疾人是一个特殊困难的群体，需要格外关心、格外关注。让广大残疾人安居乐业、衣食无忧，过上幸福美好的生活，是我们党全心全意为人民服务宗旨的重要体现，是我国社会主义制度的必然要求"。要让残疾人过上幸福生活，接受高等教育是重要途径，但是从总体上看，残疾人接受高等教育的比例仍大大低于正常人。因此，加快发展残疾人高等教育，努力缩小残疾人高等教育与普通高等教育发展的差距，让更多的残疾人接受高等教育，是新时代推进教育公平的需要，也是以人民为中心的新时代中国特色社会主义的本质要求。

从实现国家"两步走"战略发展目标来讲，新时代提出了加快推进残疾人高等教育现代化、建设残疾人高等教育强国的新要求。党的十九大根据新时代我国经济与社会发展趋势，提出了"两步走"的战略目标：从2020年至2035年，我国要从全面建成小康社会向基本实现现代化迈进；从2035年至21世纪中叶，在基本实现现代化的基础上，再用十五年，把我国建成富强民主文明和谐美丽的社会主义现代化强国。新时代我国经济、社会现代化的战略目标对我国提出了加快教育现代化、建设高等教育强国的新要求。与这一目标及要求相适应，新时代我国残疾人高等教育改革与发展的重大战略目标之一，就是积极推进残疾人高等教育观念、内容、手段与制度现代化，加快建设残疾人高等教育强国。

从教育质量维度来讲，新时代提出了加强内涵建设、提高残疾人高等教育质量的新要求。加快一流大学和一流学科建设，实现高等教育内涵式发展是党的十九大关于新时代我国高等教育改革与发展的又一重要指导思想。根据这一指示，新时代我国残疾人高等教育发展的重点任务是：根据残疾人事业发展需要和广大残疾人迫切希望接受高等教育的强烈愿望，积极拓展适合残疾人学习的专业，着力打造一流高等特殊教育学院和一流相关学科；以培养社会主义建设者和接班人为目标，落实立德树人根本任务，着力推进残疾人高等教育课程与教学改革，创新人才培养模式；加快信息化和教学手段现代化进程，加强残疾人高等教育支持保障体系建设，实现残疾人高等教育内涵式发展，不断提高残疾人高等教育质量。

从体制机制创新的角度讲，新时代提出了推进高等融合教育、建立现代大学内部治理机制的新要求。残疾人高等教育现代化，包括制度现代化和治理机制现代化。这就要求顺应残疾人高等教育融合发展的大趋势，加快推进残疾人高等融合教育，加强现代大学制度建设和体制机制创新，实施依法治校，积极推进高校内部治理机制现代化，逐步建立高校依法自主办学、自主管理、民主管理、自我发展、自我约束的现代治理机制。

如上所述，改革开放40多年来，我国残疾人高等教育已经取得显著成绩，但是，从总体上看，我国残疾人高等教育发展状况与加快推进教育现代化、努力实现"公平而有质量的教育"的新要求相比，仍有较大差距。具体问题表现在以下方面。

第一，入学机会不均等。目前，我国残疾人接受的高等教育基本是本专科教育，接受更高层次高等教育的人数显著少于普通学生。有研究者根据2016年中国教育事业统计数据，将全国高校招生总数与招收残疾学生数进行对比，结果显示

(见表 5-6)：2016 年全国高校招生总数（包括本专科和研究生层次）为 8153174 人，而全国高校招收残疾学生数为 11534 人，仅占招生总数的 0.14%。2016 年高校招收的残疾学生中，本专科学生共计 11374 人，占残疾学生数的 98.6%；招收研究生 160 人，仅占残疾学生数的 1.4%，比全国研究生培养单位所招硕士生和博士生占高校招生总数的比例（8.2%）低得多。（任伟宁 等，2018）

表 5-6　2016 年全国高校招生总数、招收残疾学生数及不同教育层次人数占比

教育层次		全国高校招生总数（人）	占比（%）	招收残疾学生数（人）	占比（%）
研究生	博士	77252	8.2	160	1.4
	硕士	589812		0	
	小计	667064		160	
普通本专科	本科	4054007	91.8	5458	98.6
	专科	3432103		5916	
	小计	7486110		11374[①]	
合计		8153174	100.0	11534	100.0

第二，区域布局不均衡。长期以来，我国都存在区域发展不均衡的问题，这种不均衡也体现在残疾人高等教育上。经济、科技、文化等因素所导致的教育发展差异，也阻碍了残疾人享受均衡的教育。有研究者借鉴其他学者关于高等教育与外部经济社会发展协调性的实证分析方法，通过建立影响残疾人高等教育区域布局的经济、科技、文化、人口和高等教育五大因素的联立方程模型，测算出我国残疾人高等教育布局的协调性数值，运用统计控制过程技术计算出警戒线，对 2012 和 2016 年我国残疾人高等教育区域布局的不协调程度进行判断（李欢 等，2018）。该研究指出，当前我国残疾人高等教育区域布局的协调性程度存在非常领先、比较领先、基本协调和发展滞后四种情况，部分省份存在不协调问题，但总体呈现出日渐优化的演进趋向（见表 5-7）。

---

① 为原文数据，与表 5-4 略有出入。

表 5-7　2012 年与 2016 年 31 个省份残疾人高等教育发展的协调性分析

不协调值区间	协调情况	年份	
		2012 年	2016 年
>0.76	非常领先	辽宁、吉林（2个）	吉林、河南、云南（3个）
0.1—0.76	比较领先	江苏、内蒙古、贵州、云南（4个）	北京、天津、江苏、辽宁、浙江、山东、贵州、湖南、甘肃、新疆（10个）
-0.1—0.1	基本协调	河北、河南、陕西、山西、甘肃、青海、宁夏、新疆（8个）	广东、黑龙江、安徽、江西、海南、宁夏、内蒙古（7个）
-0.76— -0.1	发展滞后	北京、天津、上海、重庆、广东、浙江、福建、山东、黑龙江、安徽、江西、湖北、湖南、四川、广西、海南、西藏（17个）	上海、重庆、河北、福建、湖北、四川、广西、西藏、陕西、山西、青海（11个）
<-0.76	极度滞后	无	无

除上述问题外，当前我国残疾人高等教育还存在以下问题：残疾人接受高等教育的比例仍然偏低，教育不公平问题依然存在；开展融合教育的高校尚未普遍建立融合教育支持体系，融合教育在很多高校还处在原生态的发展阶段，不少残疾大学生的学习与生活比较困难；适合残疾人接受高等教育的学科专业还是偏少，残疾人高等教育学科专业建设水平偏低，课程与教学改革仍需深化，残疾人高等教育质量有待提高；从事残疾人高等教育的教师的学历、职称水平总体偏低，特殊教育专业能力有待提升；校内治理机制有待完善，残疾大学生参与大学自主管理的程度有待提高，大学融合文化建设还需进一步加强；等等。这些问题都是社会主义初级阶段我国残疾人高等教育发展不够均衡、不够充分的具体体现。因此，加快残疾人高等教育发展，推进教育公平，大力推进融合教育发展，全面提高教育质量，加快实现残疾人高等教育现代化，就成为新时代我国残疾人高等教育改革与发展的重大而紧迫的任务。

二、主要目标和任务

新时代我国残疾人高等教育要与普通高等教育同步进入现代化。一是达到普及化水平，残疾人高等教育毛入学率达到 50% 以上。二是实现内涵式发展，努力提高残疾人高等教育质量。要树立以残疾学生为本的观点，根据残疾人身心特点和类别差异，更多地开设适合残疾人的专业，促进智障人进入高校学习。要创新残疾人高等教育人才培养模式。要以培养应用型人才为目标，以打造国家级省级精品课程为抓手，深化残疾人高等教育课程与教学改革，加强残疾大学生实践能力与创新能力培养，改善残疾大学生学习方式，帮助残疾大学生形成开展科学研究的初步能力。要加强学科专业建设和残疾人高等教育研究，力争有两到三个专业成为国家级一流本科专业建设点，并在重点实验室和人文社科基地建设上有所突破；力争有一批专业成为省级一流本科专业建设点，有两到三个实验室和人文社科基地成为省级项目，努力使残疾人高等教育研究达到世界先进水平。要加强残疾人高等教育教师队伍建设，努力优化教师队伍结构，提升教师整体专业化水平。三是采取更加有力的改革措施和支持政策，积极推进普通高校开展融合教育，让更多的残疾人进入普通高校随班就学；积极拓展残疾人高等教育国际合作与交流，加强现代大学制度建设，努力形成高校内部的现代治理机制。总之，要努力使残疾人高等教育发展水平达到发达国家的水平，逐步将我国建设成为残疾人高等教育强国。

（一）促进教育方式多样化

首先是积极鼓励普通高校更多地采取以融合教育为主的方式举办残疾人高等教育，加强高校内部行政管理支持体系、专业支持和专业服务体系、融合文化支持机制建设，积极实施支持高等融合教育发展的政策，逐步形成高校融合教育发展支持保障机制。对于拒收上线残疾考生的高校的当事人，要坚决予以问责。其次是鼓励举办更多的残疾人高等教育院校和专业，新建一到两所独立设置的残疾人大学或康复大学，扩大残疾人高等教育规模。最后是积极采取网上远程教育、继续教育和自考等多种方式，为残疾人随时随地接受高等教育搭建"立交桥"。

（二）加强学科与专业建设

没有一流的学科和专业，就不会有一流的人才。因此，要高度重视残疾人高等教育学科和专业建设，努力提高学科和专业建设水平。首先，在残疾人事业发展战略规划等顶层设计上，要将与残疾人事业相关的、基础性的及条件较好的学科和专业纳入国家"双一流"建设规划中，加快残疾人硕士研究生教育的发展步伐，培养更多的一流人才；应加强残疾人事业发展国家智库、国家残疾人康复研究中心、国家无障碍设施研究和设计中心、国家手语研究中心、国家盲文研究中心、国家辅具研究中心建设，积极开展残疾人病理机制研究（遗传学和脑神经科学等方面）及康复、教育、心理等研究，从而为我国残疾人事业发展提供有力的智力与理论支撑。

其次，在国家自然科学基金项目和社会科学基金项目等的评审上，要向与残疾人事业发展相关的学科和专业倾斜，打造一批高水平的重点学科与专业，建设具有世界影响力的一流学科。最后，在经费投入上，教育部及各省份要重点加大对残疾人高等教育相关学科与专业建设的支持力度，残联组织也要根据事业发展需要，从就业保证金中拨出一部分资金用于课题研究，支持相关学科与专业的发展。

（三）推进课程与教学改革

首先，课程与教学改革要立足于应用型人才培养，把握好人才培养共性与个性的关系，既要遵循高等教育人才培养的普遍规律，立足于人的综合素质的全面提高和时代发展所需要的创新能力、实践能力和社会责任感的全面培养，又要顺应残疾人高等教育的特殊规律，培养残疾大学生的自强精神、独立生活能力、职业能力、自主创业能力，激励他们勇于开拓、善于创新、努力突破残疾的束缚，进而实现身心的自由发展。其次，创新残疾人高等教育人才培养模式。要着眼于新时代中国特色社会主义发展需要，抓住培养社会主义建设者和接班人这个根本，加强残疾大学生德育，落实立德树人的根本任务。高校德育不仅要加强新时代中国特色社会主义理论和社会主义核心价值观的系统教育，使残疾大学生成为中国特色社会主义事业建设的时代新人，还要加强残疾大学生自强精神、人文关怀情感的培养，激励他们自强不息、顽强拼搏、活出生命的精彩和价值。要加强人才培养的实践环节，注重信息技术、辅助技术在高校教学中的应用和无障碍设施建设，加强对不同类型残疾大学生认知特点和学习方式特点的研究。要采取灵活多样的教学和管理模式，支持残疾人顺利完成学业。最后，改革大学评价方式，建立完善的适合残疾大学生的大学学业和发展的评估体系，引导和促进残疾大学生全面发展。

（四）加强教师队伍建设

建设一支有爱心、素质高、结构合理、具有创新精神且懂得残疾人高等教育特殊性的教师队伍，是新时代我国残疾人高等教育发展的重要战略目标和战略举措。

要加强师德师风建设。特殊教育对教师职业道德和专业能力的要求很高，且具有特殊性，譬如要求教师了解教育对象的独特性和职业的复杂性，要求教师具有更强的理想信念、职业责任感和人道主义精神等。因此，在残疾人高等教育领域，在师德师风建设上，要更加注意引导教师从生命主体性、差异性和独特性出发，形成正确的专业理念，增强教师关爱学生、忠诚事业、教书育人的责任感与使命感，以及人文关怀的情感。

要根据残疾人高等教育的特殊性和学科专业建设的需要，加强学科带头人、骨干教师和青年教师的培养及培训，加快提高残疾人高等教育教师的学历、职称、特殊教育能力和专业水平。

要积极推进高校用人制度的改革，采取积极的人才引进政策，通过多种用人机制和激励机制，吸引更多的优秀人才，优化残疾人高等教育教师结构；加强高校教师队伍管理，积极推进职称、考核等制度改革，形成教师发展优化机制；进一步改善教师教学、科研和生活条件（如对从事残疾人高等教育的教师实施特殊教育津贴制），提高教师待遇和社会地位，加强对"好教师"的宣传，形成全社会尊师重教的良好风尚。

（五）建立支持保障机制

发展残疾人高等教育事业，应当建立健全以政府为主导的支持保障机制。

要将残疾人高等教育发展纳入当地经济、社会发展的统一规划中，建立以公平为导向的、以政府为主要责任主体的行政管理体制及运行机制、经费保障机制和监督约束机制。要进一步简政放权，扩大学校办学自主权，加强党对高校的领导和现代大学制度建设，提高高校师生参与大学管理的程度，逐步形成党委领导下的高校自主办学、民主管理、自我发展、自我约束的现代大学内部治理机制。

要在高校普遍建立残疾大学生学习专业支持服务体系，加强高校院系两级融合管理体系建设、课程调整、学习指导、个别化教育、课外辅导、心理咨询、信息技术与辅助技术应用以及无障碍设施建设等方面的工作，为残疾大学生的学习提供必要的专业服务和合理便利。

要在高校以及全社会广泛开展社会主义核心价值观、人道主义的教育，加强高校与残疾人相关的社团建设，开展以博爱、融合为价值取向的多种形式的素质教育和社会实践活动，积极引导全体大学生参与为残疾人服务的各种公益活动，努力在全社会形成关心、支持残疾人事业发展的良好社会氛围。

第六章
特殊教育教师队伍建设

特殊教育教师，主要指在各类特殊教育学校直接从事特殊儿童教育教学工作的专任教师（特殊教育学校教师）和承担普通学校附设的各类特教班教育教学工作的教师，以及承担随班就读教育教学和辅导工作的教师。（王雁 等，2012）[7]特殊教育教师作为特殊教育的活动组织者和直接参与者，其工作的重要性自不待言。随着我国特殊教育事业的发展，特殊教育教师队伍的数量和质量逐步提高，特殊教育教师教育体制逐步建立并完善，特殊教育教师的职前培养和职后培训越来越受到重视。本章主要审视我国特殊教育教师队伍发展历程中出现的重要变化，展现改革开放40多年间我国特殊教育教师队伍发展取得的主要成就。

第一节　特殊教育教师队伍建设概况

教师是教育发展最基本的条件，数量充足是教师队伍建设的基本目标，教师质量提升是教育质量提高的关键环节，合理配置是教师管理的重要内容。数量充足、质量卓越、配置合理是教师政策和管理工作追求的目标。改革开放后，各级政府把特殊教育教师队伍建设的重心放在了保证特殊教育教师的充分供给上。特别是进入21世纪以后，我国教育事业保障水平和保障能力不断提高，特殊教育教师队伍的水平、结构和功能都发生了根本性的变化。本节将围绕特殊教育教师队伍建设中的数量变迁、质量变迁及管理变迁状况，审视新中国成立以来，尤其是改革开放以来我国特殊教育教师队伍的发展概况。

一、特殊教育教师队伍的数量变迁

作为教育领域中的"小众"领域，特殊教育教师队伍建设经历了从无到有、从"短缺"到"数量矛盾缓解"的过程，在数量建设上取得显著成就。然而，相较于普通教育领域教师队伍"短缺—均衡—富裕（或超编）"的发展历程（曾晓东，2012）[14]，显然，特殊教育教师队伍的数量发展仍是当前特殊教育教师队伍建设中的重要任务，建设一支"数量充足"的特殊教育教师队伍仍是基本目标。

(一) 特殊教育教师队伍的规模变迁

自19世纪末英美传教士在我国开办特殊教育学校始,特殊教育教师队伍的建设即成为我国特殊教育发展史上的重要篇章。新中国成立后,我国特殊教育的发展开始了全新的征程,学生人数、教职工人数和专任教师数都有了很大发展。新中国成立初期,人民政府先后接管了原有的公私立盲聋哑学校,建立领导管理制度,统一学制和教学要求,研究、改进教学工作,使盲聋哑学校逐步成为社会主义的新学校。与此同时,政府根据群众要求和国家财力,积极稳步地发展盲聋哑学校。1949—1957年,盲聋哑学校由42所发展到66所,学生由2000余人发展到7538人,教职工达到1103人。1960年,盲聋哑学校增至479所,学生共26701人。由于校舍、师资、经费等方面都缺乏可靠保障,政府进行了调整,停办了不具备条件的学校。1965年,盲聋哑学校有266所,学生达22850人,专任教师有3722人;相较于1948年专任教师仅有360人,十几年间教师数量增长了9倍。(《中国教育年鉴》编辑部,1984)[385] "文化大革命"期间,盲聋哑儿童教育遭到破坏,但教师数量仍然在增加。1975年,盲聋哑学校有246所,学生有26782人,专任教师有3445人。1976年,经过整顿和恢复,盲聋哑学校数量有所增多,教师达到5954人,比1965年增加2232名。

改革开放以后,我国特殊教育师资培养工作发生了划时代的变化,特殊教育教师数量快速增长。据《中国教育年鉴》,1978年全国共有特殊教育教职工6933人(《中国教育年鉴》编辑部,1984)[395],到2000年增加至约4.37万人,净增约3.68万人。进入21世纪以后,伴随着中国经济的飞速发展,特殊教育进入深化改革阶段,特殊教育教师队伍建设也取得了根本性的突破。随着我国特殊教育事业的发展以及随班就读的推行,特殊教育的规模不断扩大,特殊教育教师数量稳步增长。截至2019年,全国共有特殊教育学校2192所,在校生79.46万人,教职工7.21万人。相较于2000年,特殊教育学校教职工净增2.84万人,增长率约为65.00%。

改革开放初期,特殊教育领域迎来了另一个重要变化,即各地开始试办智障儿童教育。1979年,上海市成立了我国第一个智障儿童教育机构,即上海市长宁辅读学校,并在长宁、静安、虹口等区创办了12个智障儿童辅读班,招收普通小学低年级轻度精神发育不全的儿童。经过几年发展,1986年智障儿童教育已初具规模,成为我国特殊教育事业中必不可少的部分。据统计,1986年全国共有特殊教育学校423所,在校生47175人,教师13013人;其中培智学校36所,培智班556个,智障儿童教育专任教师 1027 人，占特殊教育专任教师总数的 12.58%。在其后的十几年间，智障儿童教育教师人数迅速增长。截至 2000 年，智障儿童教育教职工数量达 12037 人（见图 6-1），是 1987 年的 6.4 倍；智障儿童教育教职工所占比例也从 1987 年的 12.93% 增长至 2000 年的 27.56%。

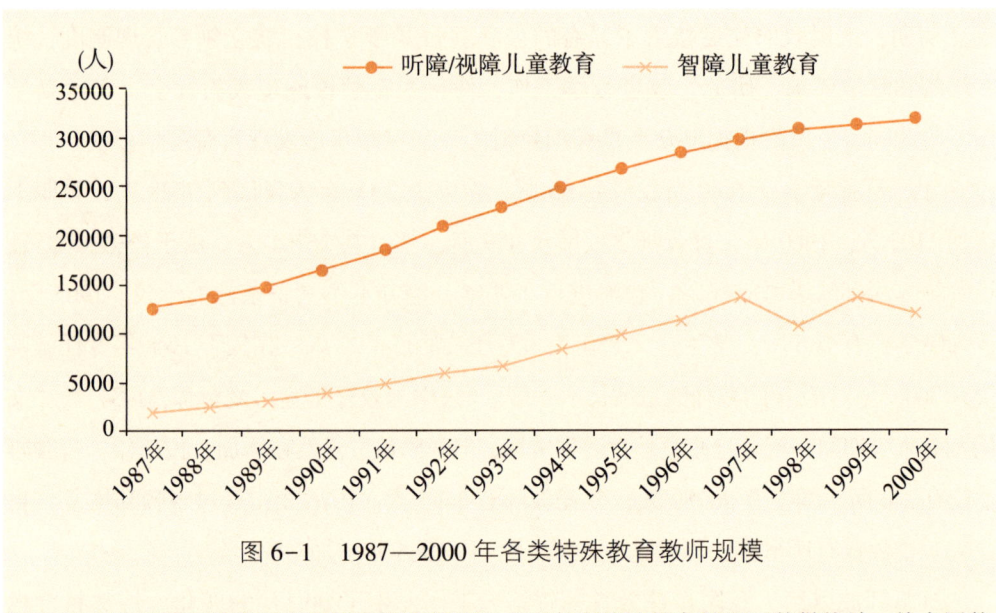

图 6-1　1987—2000 年各类特殊教育教师规模

注：因 1987 年前的《中国教育统计年鉴》未对各类特殊教育教职工数做统计，故本图数据从 1987 年开始。
数据来源：1987—2000 年《中国教育统计年鉴》。

（二）特殊教育教师队伍的结构变化

1. 性别结构：性别结构失衡，女性占比趋高

在全世界范围内，教师职业都越来越呈现出女性职业的特征。（曾晓东，2012）[129] 许多学者认为，教师队伍不合理的性别结构，可能对男性学生性别意识的发展及学业表现带来不利影响。我国特殊教育教师队伍的性别构成也有同样的特点。由于所查阅的各类统计文献从 1987 年才开始有女性教师数量这一统计指标，因此本节对我国特殊教育教师性别结构变化趋势的描述以 1987 年为起点。

1987—2019 年，我国特殊教育教师队伍中女性教师占绝对数量，所占比例维持在较高水平（见图 6-2）。总体而言，30 余年间，我国特殊教育教师队伍中女性教师所占比例均在 60% 以上，女性教师所占比例虽然在 1992 年、2000 年下降明显，但在 1992 年、2001 年又分别快速上升至 70%以上。在 2001 年以后的十余年间，我国特殊教育教师队伍中女性教师的比例稳定地缓慢上升（为 72%—75%），男女专任教师的比例基本保持在 1∶2.6—1∶2.9。特殊教育女性专任教师占比远高于普通中小学专任教师中女性教师占比（2000—2009 年女性教师占比为 52.93%—56.88%）（曾晓东，2012）[130]，性别结构严重失衡。

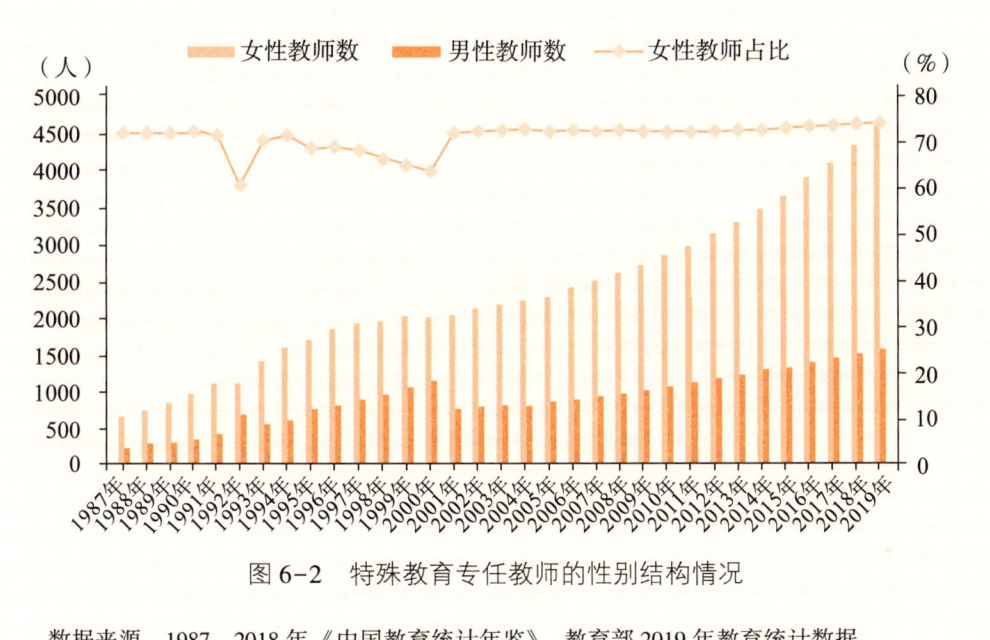

图 6-2　特殊教育专任教师的性别结构情况

数据来源：1987—2018 年《中国教育统计年鉴》、教育部 2019 年教育统计数据。

但是，分别审视听障/视障儿童教育及智障儿童教育中专任教师的性别结构可以发现，其趋势不尽相同。总体而言，1987—2000 年，智障儿童教育专任教师女性中的比例相对较高，并呈现明显下降趋势，从 1987 年的 90.40%降至 2000 年的 70.10%。听障/视障儿童教育中，女性教师的比例相对较低，并呈现缓慢下降趋势，从 1987 年的 67.94%下降至 2000 年的 61.07%，13 年间下降约 7 个百分点（见表 6-1）。

教师队伍性别结构失衡成为特殊教育教师队伍发展中的重点问题。从教育学视角看，教师队伍的女性占比趋高不利于儿童社会性的发展。从社会学、经济学角度分析，特殊教育教师队伍的女性占比趋高与社会文化及经济因素密切相关。尽管教师队伍的女性占比趋高可能产生的教育和社会效果并未明确，但是在当前我国特殊教育发展的大背景中，如何吸引更多男性从事特殊教育事业仍是一个重要的问题。

表 6-1 1987—2000 年智障儿童教育与听障/
视障儿童教育中专任教师的性别结构

年份	智障儿童教育			听障/视障儿童教育		
	专任教师数（人）	女性教师数（人）	女性教师占比（%）	专任教师数（人）	女性教师数（人）	女性教师占比（%）
1987 年	1604	1450	90.40	7876	5351	67.94
1988 年	2112	1800	85.23	8665	5962	68.81
1989 年	2682	2233	83.26	9487	6483	68.34
1990 年	3221	2615	81.19	10564	7355	69.62
1991 年	4143	3307	79.82	11868	8157	68.73
1992 年	4942	2046	41.40	13595	9222	67.83
1993 年	5522	4192	75.91	14828	10156	68.49
1994 年	6502	5391	82.91	16211	10871	67.06
1995 年	7362	5780	78.51	17830	11519	64.60
1996 年	7956	6099	76.66	19060	12535	65.77
1997 年	8362	6445	77.07	20158	13016	64.57
1998 年	8478	6156	72.61	21415	13695	63.95
1999 年	9280	6794	73.21	22097	13617	61.62
2000 年	9300	6519	70.10	22683	13852	61.07

注：由于自 2001 年始，《中国教育统计年鉴》中未再分类统计专任教师中的女性教师数量，因而本表数据截至 2000 年。

数据来源：1987—2000 年《中国教育统计年鉴》。

2. 类型结构：专任教师比重缓慢增加，特殊教育教师结构不均衡

按照特殊教育教职工各自职能及人事关系进行划分，特殊教育教师分为专任教师、行政人员、教辅人员及工勤人员四种类型①。专任教师指的是具有教师资格，专门从事教学工作的在编在岗人员；行政、教辅及工勤人员指从事行政工作、教学辅助性工作和后勤服务的在编在岗人员。专任教师是特殊教育学校中直接从事教育教学工作的专业人员，是特殊教育教师队伍的生力军。

改革开放以后，特殊教育专任教师数量快速增长。据《中国教育统计年鉴》，全国特殊教育专任教师从 1978 年的 0.42 万人，增加到 2000 年的 3.20 万人，22 年间大约增长了 7 倍。1978 年，特殊教育专任教师占教职工的比例为 60.9%，1987 年达到 65.5%。在 20 世纪 90 年代，特殊教育专任教师所占比例维持在 65%—70%，并在 1998 年超过 70%。

从特殊教育学校生师比（不包含普通学校附设特教班和随班就读）来看，

---

① 依据 2001 年以后《中国教育统计年鉴》统计指标划分。

1980—2000年特殊教育学校生师比呈现下降趋势,从1981年的6.52∶1下降至2000年的4.2∶1。值得注意的是,特殊教育学生与特殊教育专任教师①(包含普通学校附设特教班和随班就读)的人数之比在这20年间则呈现上升趋势,尤其是1992年后特殊教育学生与特殊教育专任教师的人数之比从1992年的6.98∶1增长至2000年的11.81∶1(见图6-3),这与我国随班就读规模的扩大密不可分,也反映出我国随班就读推行中特殊教育教师配备的不足。

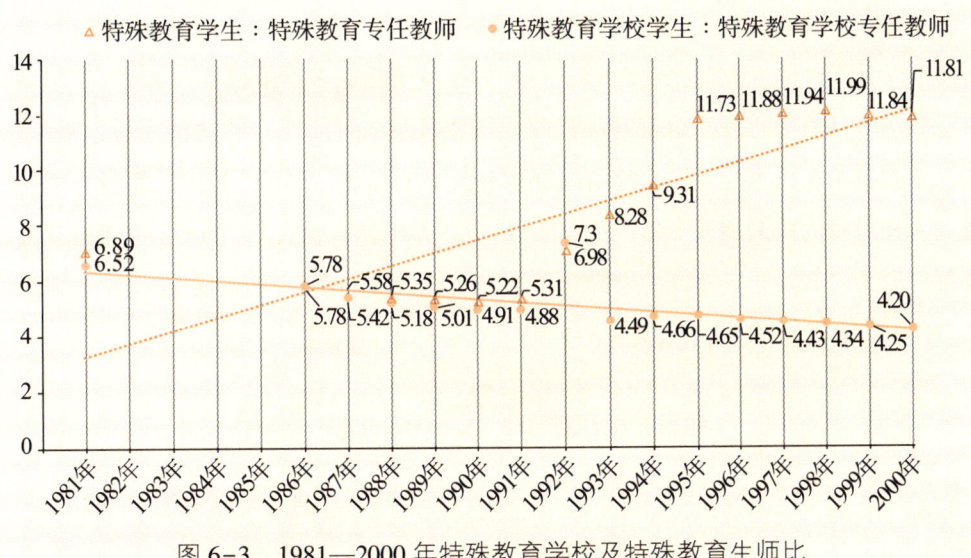

图6-3　1981—2000年特殊教育学校及特殊教育生师比

注:"特殊教育学校学生:特殊教育学校专任教师"指特殊教育学校的学生和专任教师,不含普通学校附设特教班和随班就读的学生和专任教师;"特殊教育学生:特殊教育专任教师"包含特殊教育学校、普通学校附设特教班和随班就读的学生和专任教师;1982—1985年数据缺失。

数据来源:依据1949—1981年《中国教育年鉴》、1985—1986年《中国教育年鉴》及1987—2000年《中国教育统计年鉴》中特殊教育专任教师、特殊教育学校专任教师及在校生数计算得出。

经过改革开放初期的发展,1986年智障儿童教育已初具规模,成为我国特殊教育事业必不可少的部分。在其后的十几年间,智障儿童教育专任教师人数迅速增

---

① 依据1987—2000年《中国教育统计年鉴》分类标准,特殊教育专任教师包括盲聋哑学校、聋哑学校、盲校、智障儿童校(班)、智障儿童辅读校(班)、普通学校附设特教班及随班就读的专任教师,即特殊教育专任教师不仅包括特殊教育学校的专任教师,还包括随班就读、普通学校附设特教班的专任教师。

长。据《中国教育统计年鉴》，1986年智障儿童教育专任教师有1027人，占特殊教育专任教师总数的12.58%，这一比例在2000年达到29.08%。2000年智障儿童教育专任教师达9300人，约为1986年的9倍①。在专任教师占比上，1987—2000年（1997年、1999年除外），智障儿童教育均高于听障/视障儿童教育，但是，智障儿童教育与听障/视障儿童教育专任教师占比的差距逐渐缩小。从生师比来看，1980—2000年，培智学校在校生与专任教师的人数之比更高，并且从1989年开始，培智学校在校生与专任教师的人数之比与聋/盲校的差距越来越大，到2000年，培智学校在校生与专任教师的人数之比达5.92∶1，而聋/盲校的这一比值仅为3.75∶1。从在校生总数与专任教师总数（含普通学校附设特教班及随班就读）的比值来看，听障/视障儿童教育中在校生与专任教师的比例基本保持在4.45—5.45；智障儿童教育中在校生与专任教师的比例高于听障/视障儿童教育，差距越来越大。自1992年随班就读试验推广开始，智障儿童教育的生师比节节攀升，到2000年，智障儿童教育生师比达29.51∶1，而听障/视障儿童教育的生师比为4.55∶1（见图6-4）。

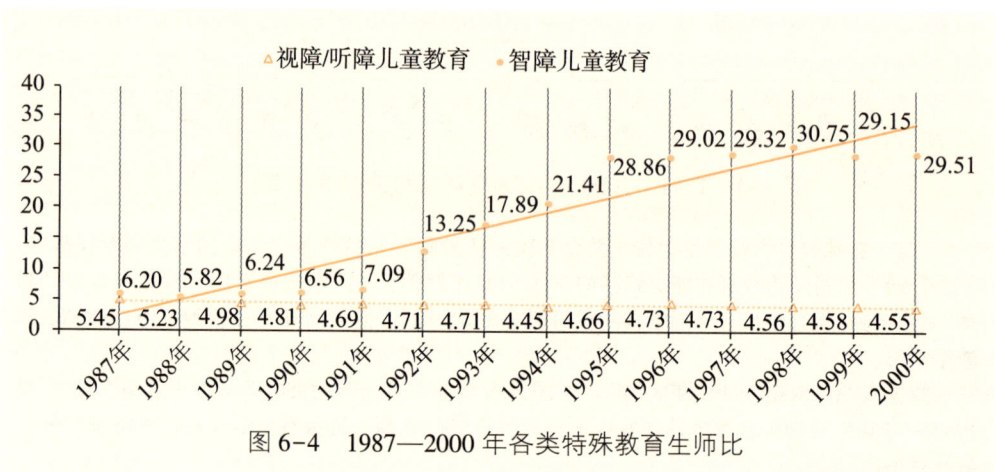

图6-4　1987—2000年各类特殊教育生师比

注：由于研究者未能找到1987年前的分类统计数据，本统计以1987年为起点；由于自2001年始，《中国教育统计年鉴》未再分类统计各类专任教师比例，因而各类专任教师的数据截至2000年。生师比=在校生总数（含普通学校附设特教班及随班就读学生）/专任教师数（含普通学校附设特教班及随班就读专任教师）。

数据来源：依据1987—2000年《中国教育统计年鉴》中各类专任教师数和在校生数计算得出。

---

① 由于自2001年始，《中国教育统计年鉴》中未再分类统计各类专任教师比例，因而各类专任教师的数据截至2000年。

进入 21 世纪以后，伴随着中国经济的飞速增长，特殊教育也进入深化改革阶段，特殊教育教师队伍的类型结构也发生了根本性的变化。2001 年，全国特殊教育学校专任教师共 28494 人，占特殊教育学校教职工总数的 73.24%（总数为 38906 人）。2019 年，专任教师达 62358 人，占教职工总数的 86.48%（总数为 72108 人），相较于 2001 年净增 33864 人。近十几年，全国特殊教育专任教师数量不仅增长迅速，其占教职工总数的比重也有所增长。从生师比来看，2001—2020 年，特殊教育学校生师比基本维持在 3.86—4.87（见图 6-5）。

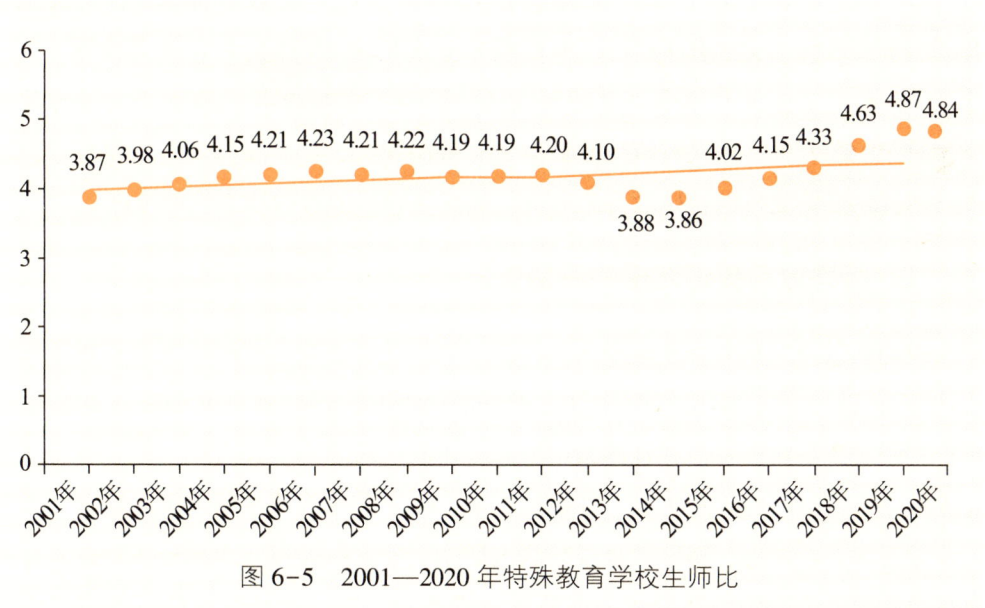

图 6-5 2001—2020 年特殊教育学校生师比

数据来源：依据 2001—2019 年《中国教育统计年鉴》及教育部公布的 2020 年教育统计数据中特殊教育学校在校生数及专任教师数计算得出。

总之，从改革开放初期至 20 世纪 90 年代，我国特殊教育教师队伍结构较不均衡。一方面，特殊教育体系中智障儿童教育的教师配置落后于听障/视障儿童教育。这种落后不仅体现在生师比上，还体现为随班就读师资中智障儿童教育师资的匮乏。另一方面，特殊教育体系中特殊教育学校师资与随班就读师资发展不均衡。尤其是在智障儿童教育领域，培智学校的生师比远高于聋校和盲校的生师比。进入 21 世纪以后，虽然特殊教育教师队伍的结构发生了巨大变化，但是，随着我国特殊教育规模的不断扩大以及随班就读的不断推进，特殊教育教师队伍建设仍任重道远。

根据中国残疾人联合会发布的《2012年中国残疾人事业发展统计公报》，截至2012年底，全国有未入学适龄残疾儿童少年9.1万人①（中国残疾人联合会，2013）。如果按照2012年特殊教育学校生师比（4.10∶1）计算，至少还需要2.2万名特殊教育教师。另外，面对特殊教育学校学生残疾程度加重、残疾类别增多的现状，未来仍需要不断增加新的教师，否则难以保障特殊教育质量，难以满足残疾儿童少年的康复与教育需求。

当前，我国特殊教育教师的处延已经扩大，既包括原来意义上的特殊教育学校的教师，也包括普通学校中从事特殊教育工作的教师。当前仅少部分地区的普通学校配有资源教师，大部分学校尚无专门服务于随班就读学生的特殊教育教师。在近半数特殊教育学生在普通中小学随班就读的形势下（2019年随班就读的特殊教育学生有39.05万人，占在校特殊教育学生总数的49.15%）（教育部，2020），为这些学生提供必要支持的特殊教育教师的短缺必将阻碍随班就读工作的推进。

二、特殊教育教师队伍的质量变迁

教师质量提升是教育质量提高的关键环节，质量卓越是教师政策和管理工作追求的基本目标之一。学历、职称以及专业培训情况是反映教师队伍质量的基本指标。特殊教育是我国整个教育体系中的薄弱环节，起步晚、起点低，是我国特殊教育发展中不可忽略的客观事实。随着近年来特殊教育政策及教师政策的完善，以及特殊教育事业的发展，特殊教育教师队伍整体质量不断提高。本部分从特殊教育教师队伍的学历、职称以及专业培训等方面概述我国特殊教育教师队伍的质量变迁历程。

（一）特殊教育专任教师学历不断提升，专科以上学历的教师占比逐年增加

规定教师最低学历标准，是保证教育质量的重要措施。有关特殊教育教师的学历要求，最早可追溯到1957年4月教育部发布的《办好盲童学校、聋哑学校的几点指示》中对特殊教育学校教师准入制度的规定：分配中等师范毕业生到盲童学校和聋哑学校见习半年或一年，然后正式担任教学工作；抽调具有一定教学经验的普通小学的教师到盲童学校和聋哑学校见习半年后任教；盲童学校可以吸收具有中等

---

① 因2012年后，残疾人事业发展统计公报中不再报告未入学适龄残疾儿童少年人数，因此以2012年的数据为参考。

文化程度的少数盲人做教师。可见，当时对于特殊教育教师的学历要求与普通小学教师基本一致。

改革开放后，在普及义务教育初期，由于面临巨大的教师缺口，对教师最低学历的要求很低。随着教育事业的发展，对教师的管理越来越正规。1994年起施行的《中华人民共和国教师法》对小学教师及中学教师的学历要求做出了明确规定，即"取得小学教师资格，应当具备中等师范学校毕业及其以上学历；取得初级中学教师、初级职业学校文化、专业课教师资格，应当具备高等师范专科学校或者其他大学专科毕业及其以上学历"。1995年国务院颁布《教师资格条例》，规定了教师资格分类与适用、教师资格条件等。其中，教师学历仍然是教师资格的重要条件。尽管国家并未对特殊教育教师的学历要求做出专门规定，但参照《中华人民共和国教师法》的要求，我国特殊教育教师的学历合格率在逐步提升。1999年中共中央、国务院颁布的《关于深化教育改革，全面推进素质教育的决定》指出，"2010年前后，具备条件的地区力争使小学和初中阶段教育的专任教师的学历分别提升到专科和本科层次，经济发达地区高中阶段教育的专任教师和校长中获硕士学位者应达到一定比例"。2011年教育部发布的《关于大力加强中小学教师培训工作的意见》指出，"到2012年，小学教师学历逐步达到专科以上水平，初中教师基本具备大学本科以上学历，高中教师中具有研究生学历者的比例有明显提高"。这些政策的颁布与实施，有力地促进了我国特殊教育教师学历水平的提升。

专科及以上学历教师的比例逐年增加。2001年特殊教育学校专任教师中专科及以上学历的教师占51.04%，其中本科学历教师占7.83%（见图6-6）。其后十余年间，专科及以上学历的教师以每年大约5%的增幅逐年增长。截至2019年，全国特殊教育学校专任教师中专科及以上学历的教师达到61436人，占专任教师总数的98.53%。其中，本科学历教师占69.95%（见图6-6），这一比例高于普通小学（61.15%），略低于普通初中（83.84%），略高于义务教育段普通学校均值（69.64%）（见图6-7）。

特殊教育教师的学历水平整体提升，本科学历教师逐渐成为教师队伍的中坚力量。从各项数据中不难看出，进入21世纪以后，特殊教育学校教师队伍中具有本科学历的教师的占比从2001年的7.83%增至2019年的69.95%，年平均增长率为3.45%。相较于小学专任教师，其学历提升速度明显更快。特殊教育教师快速提升的学历水平，反映出进入21世纪以来我国特殊教育教师队伍的快速发展以及整体质量的稳步提升。

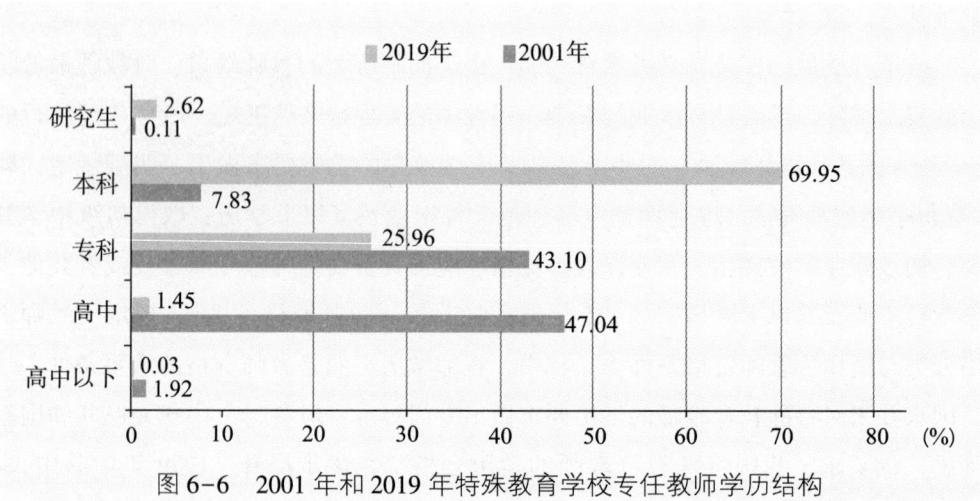

图 6-6　2001 年和 2019 年特殊教育学校专任教师学历结构

数据来源：依据 2001 年《中国教育统计年鉴》和教育部公布的 2019 年教育统计数据中特殊教育学校专任教师学历分布数据计算得出。

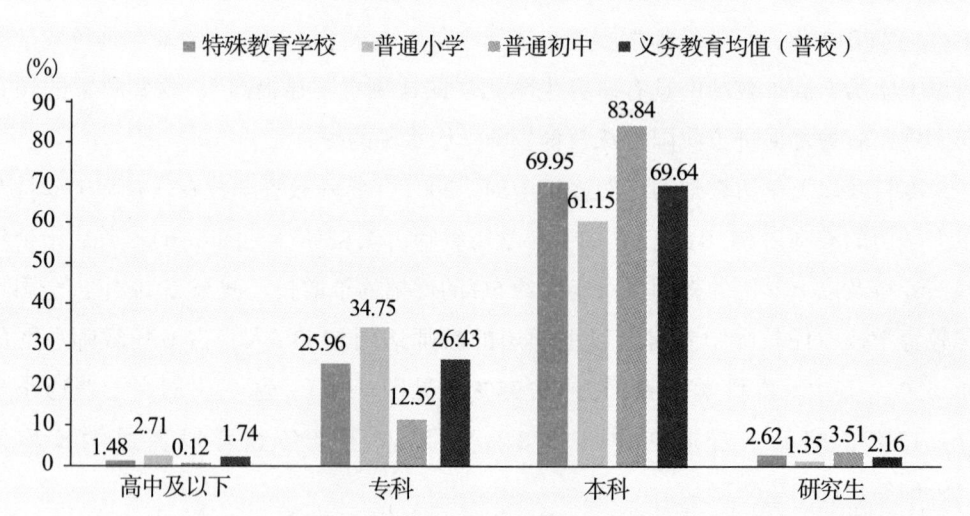

图 6-7　2019 年特殊教育学校、普通小学、普通初中专任教师学历结构

数据来源：教育部公布的 2019 年教育统计数据中特殊教育学校、普通小学、普通初中专任教师学历分布数据计算得出。

（二）特殊教育学校教师的职称结构不断改善，中级以上职称教师比重增加

特殊教育教师队伍质量提升还体现在教师职称结构的不断改善上。改革开放以来，尤其是进入 21 世纪以来，特殊教育学校中具有中学高级和小学高级职称的教师人数稳步增长。2001 年，特殊教育学校专任教师中具有中级及以上职称的教师占比为 37.13%。其后十余年间，逐年增长，截至 2019 年，特殊教育学校专任教师中高级教师（含正高级教师和副高级教师）和中级教师分别达到 9436 人和 27358 人，占专任教师总数的 59.00%（见图 6-8）。

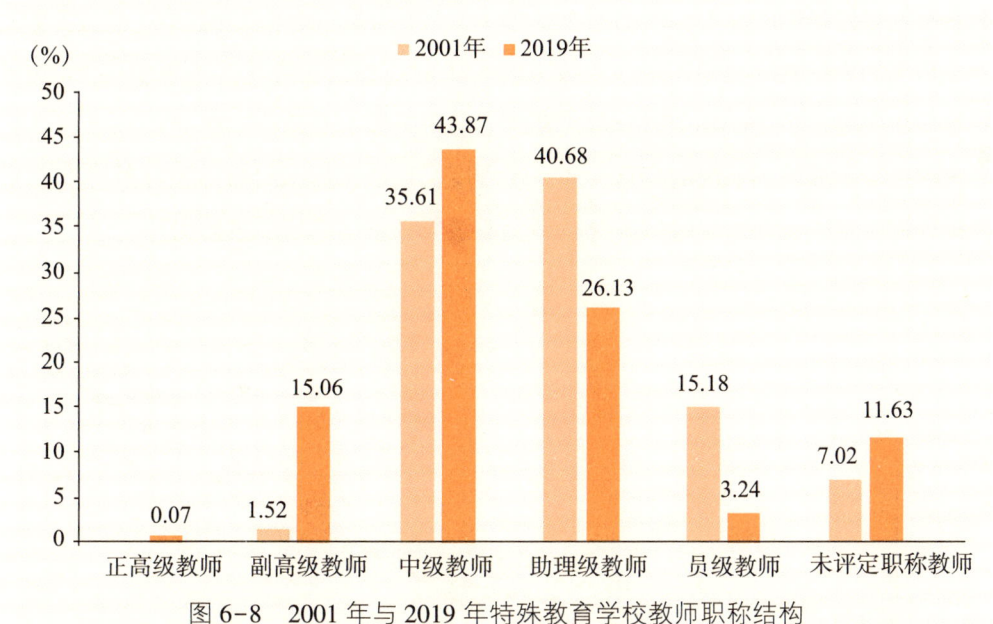

图 6-8　2001 年与 2019 年特殊教育学校教师职称结构

资料来源：依据 2001 年《中国教育统计年鉴》和教育部公布的 2019 年教育统计数据中特殊教育学校专任教师职称分布数据计算得出。

相较于同期普通中小学教师的职称水平，特殊教育学校中具有中级及以上职称的专任教师占比更高（普通小学 2001 年为 29.74%，2019 年为 51.44%），而且这种趋势在 2001 年就体现出来。具有中级及以上职称的教师成为我国特殊教育学校教育的主力军，也进一步反映出进入 21 世纪以来我国特殊教育教师队伍的发展与质量的提升。

(三) 受过特殊教育专业培训的教师比例逐年增长

专业培训是提高教师素质的重要途径之一。改革开放以来，尤其是进入21世纪以来，受过专业培训的特殊教育教师的数量及比例逐年增长。根据《中国教育统计年鉴》，2001年受过专业培训的特殊教育学校专任教师有14309人，占当年特殊教育学校专任教师总数的50.22%。2019年47967名特殊教育学校专任教师受过专业培训，占当年特殊教育学校专任教师总数的76.92%（见图6-9、图6-10）。从受过专业培训的教师规模来看，十几年间，特殊教育学校专任教师中受过专业培训的教师数量净增33658人，增幅为235.22%①，平均每年增长13个百分点。从受过专业培训的专任教师在专任教师总数中所占比例的变化趋势看，从2001年到2019年这一比例增加了26.70个百分点，整体上呈现缓慢上升趋势。21世纪以来特殊教育教师接受专业培训状况的变化，从一定程度上反映出国家对特殊教育教师专业素养提升的重视，也反映出特殊教育教师专业素养及整体队伍质量的提升。

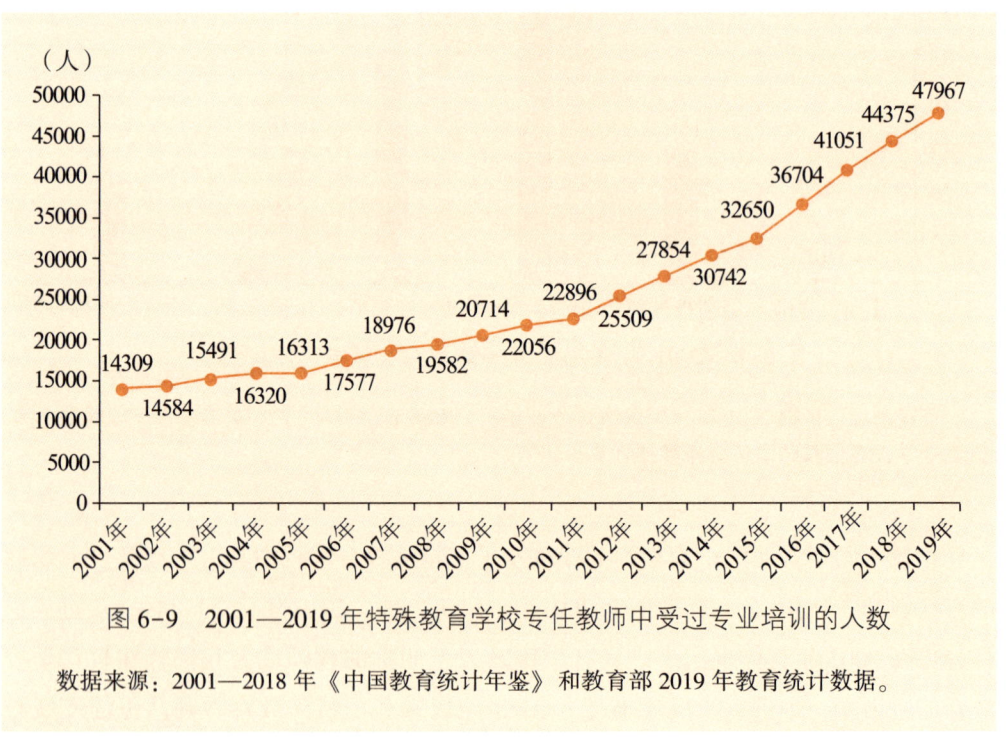

图6-9 2001—2019年特殊教育学校专任教师中受过专业培训的人数

数据来源：2001—2018年《中国教育统计年鉴》和教育部2019年教育统计数据。

---

① 增幅=（2019年受过专业培训的专任教师人数-2001年受过专业培训的专任教师人数）/2001年受过专业培训的专任教师人数。

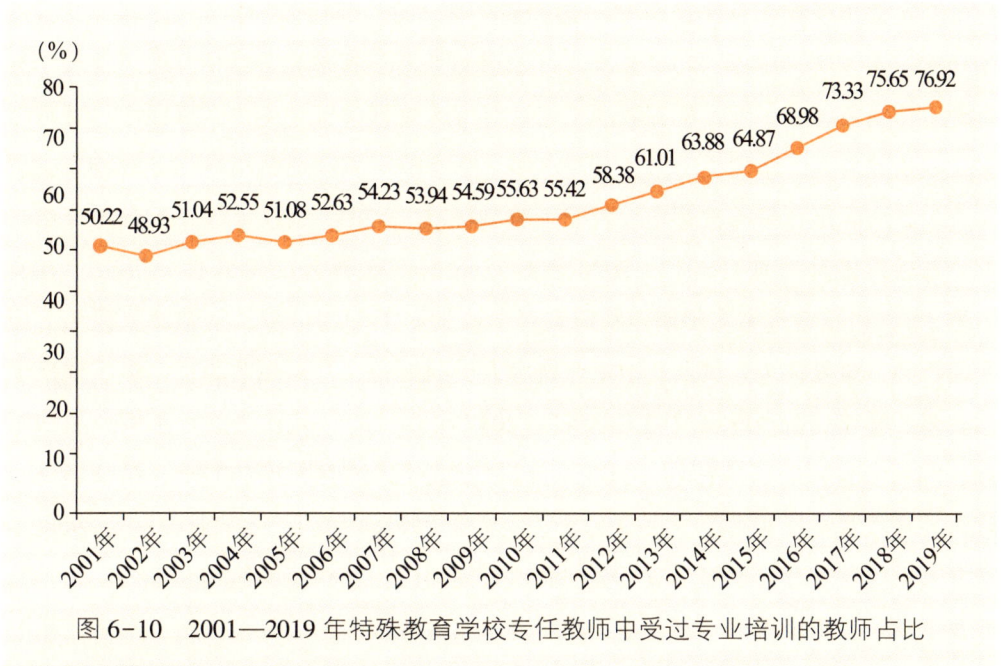

图6-10 2001—2019年特殊教育学校专任教师中受过专业培训的教师占比

数据来源：依据2001—2018年《中国教育统计年鉴》和教育部公布的2019年教育统计数据中特殊教育学校专任教师受过专业培训人数计算得出。

三、特殊教育教师队伍的管理变迁

新中国成立以来，尤其是改革开放以来，除了与普通教育相关的法律法规，国家还出台了一系列与特殊教育相关的法律法规与文件，对特殊教育教师培养、培训及管理等进行了规定。目前，中央和地方政府逐步完善了特殊教育教师管理制度，教师配置日趋合理，教师管理体制机制不断完善。

（一）建立和完善教师编制、补充等方面的制度，逐步合理配置教师资源

改革开放以来，中央和地方政府逐步完善教师管理制度，特殊教育师资的管理制度也进一步发展。在教师编制方面，1994年颁布的《残疾人教育条例》指出，残疾人特殊教育学校教师编制标准，由国务院教育行政部门会同国务院其他有关行政部门制定。1998年教育部颁布的《特殊教育学校暂行规程》、2009年教育部等发布的《关于进一步加快特殊教育事业发展的意见》及2012年教育部等发布的《关于加强特殊教育教师队伍建设的意见》等，从政策层面对特殊教育教师编制管理和

标准制定提出了要求。2014年初，教育部等发布的《特殊教育提升计划（2014—2016年）》再次明确要求，"各省（区、市）要落实特殊教育学校开展正常教学和管理工作所需编制，配足配齐教职工。针对特殊教育学校学生少、班额小、寄宿生多、残疾差异大、康复类专业人员需求多、承担随班就读巡回指导任务等特点，可结合地方实际出台特殊教育学校教职工编制标准"。2017年教育部等发布的《第二期特殊教育提升计划（2017—2020年）》依据特殊教育的特殊性，指出"各省（区、市）可结合地方实际制定特殊教育学校教职工编制标准，加强康复医生、康复治疗师、康复训练人员及其他专业技术人员的配备，并对招收重度、多重残疾学生较多的学校，适当增加教职工配备"。2017年修订的《残疾人教育条例》再次强调，"省、自治区、直辖市人民政府可以根据残疾人教育发展的需求，结合当地实际为特殊教育学校和指定招收残疾学生的普通学校制定教职工编制标准。县级以上地方人民政府教育行政部门应当会同其他有关部门，在核定的编制总额内，为特殊教育学校配备承担教学、康复等工作的特殊教育教师和相关专业人员；在指定招收残疾学生的普通学校设置特殊教育教师等专职岗位"。进入21世纪以来，特殊教育学校生师比稳定在3.80—4.80，总体上满足了特殊教育学校的需求；班均教师数从2000年的1.62人增加至2019年的2.17人。

在我国教师管理改革不断深化的进程中，"特岗计划"等支持农村教师队伍建设和发展的相关政策也在影响特殊教育教师队伍的发展。为了推动特殊教育的均衡发展，缩小地区间师资力量的差距，以2009年颁布的《关于进一步加快特殊教育事业发展的意见》为代表，多项政策倾斜支持中西部地区特殊教育学校建设和特殊教育教师队伍建设。近十年来，西部地区特殊教育教师数量逐年增长。2003年我国东部、中部和西部地区的特殊教育教师人数分别为21026人、13287人和6540人，到了2019年，分别为33932人、19973人和18203人。西部地区与东部、中部地区的特殊教育教师数量差距逐渐缩小。各地纷纷以各种形式推进教师交流制度，积极推进城镇与农村教师组建网络共同体，积极推进大中城市教师到农村支教，组织研讨会、交流会等促进各地区教师间的交流学习等。

（二）教师管理体制机制不断完善

制定教师教育课程标准和专业标准，构建完善的质量保障体系。2011年教育部颁布《教师教育课程标准（试行）》，以育人为本、实践取向和终身学习为基本理念,为教师培养树立了"专业标杆"。2012年发布的《关于加强特殊教育教师队伍建设的意见》、2014年发布的《特殊教育提升计划(2014—2016年)》均对特殊教育教师专业标准的制定提出要求。2015年8月,《特殊教育教师专业标准(试行)》正式发布,该标准为建立高素质、专业化的特殊教育教师队伍提供了"风向标"和"指南针"。其后,随着《残疾人教育条例》(2017年修订)、《第二期特殊教育提升计划(2017—2020年)》、《教师教育振兴行动计划(2018—2022年)》等相继出台,特殊教育学校建设标准、课程标准、专业认证标准等系列指导性文件密集颁布,为特殊教育教师队伍的建设和质量提升提供了保障。

教师评聘向特殊教育教师倾斜,保障特殊教育教师队伍发展。进入21世纪以来,对于特殊教育教师的评聘,国家政策文件多次要求采取倾斜政策。例如,2012年教育部等发布的《关于加强特殊教育教师队伍建设的意见》以及2014年教育部等发布的《特殊教育提升计划(2014—2016年)》都提出"教师职务(职称)评聘向特殊教育教师倾斜"。2017年教育部等发布的《第二期特殊教育提升计划(2017—2020年)》明确要求,"根据特殊教育的特点,在职称评聘体系中建立分类评价标准。将儿童福利机构特教班教师职务(职称)评聘工作纳入当地教师职务(职称)评聘规划,拓宽晋升渠道"。2017年修订的《残疾人教育条例》也明确要求"县级以上人民政府教育行政部门、人力资源社会保障部门在职务评聘、培训进修、表彰奖励等方面,应当为特殊教育教师制定优惠政策、提供专门机会"。这些文件的出台为特殊教育教师的发展提供了有利的政策环境。根据《中国教育统计年鉴》,2003—2018年我国特殊教育教师的流入数量呈现逐年稳定增长的趋势,流出数量显著小于流入数量,这就保障了特殊教育教师队伍质量与规模的稳定性;在流入的类型上,主要以调入新教师和录用毕业生为主,调入新教师及录用毕业生的数量逐年增多。其中,2018年通过调入新教师和录用毕业生增加的教师数量(4859人)为2003年(1733人)的2.8倍。

建立教师考核评价制度,激励教师提升专业素质。同普通教育相同,特殊教育领域也在不断建立和完善重师德、重能力、重业绩、重贡献的教师考核评价标准,探索实行学校、学生、教师和社会等多方参与的评价方法,引导教师潜心教书育人,健全符合教师职业特点、体现岗位绩效的工资分配激励约束机制。例如,2012年教育部等发布的《关于加强特殊教育教师队伍建设的意见》指出,"对长期坚守在特殊教育岗位、作出突出贡献的教师按照国家有关规定给予奖励"。2017年教育部等发布的《第二期特殊教育提升计划（2017—2020年）》要求"表彰奖励教师向特殊教育教师倾斜"。当前特殊教育发展的良好政策环境为特殊教育教师考核评价制度建设奠定了基础，特殊教育教师考核评价制度仍需根据特殊教育的特点及实际要求不断发展与完善。

健全教师保障制度，全面提高教师待遇。我国从1956年起实行对盲、聋哑中小学的教员、校长、教导主任按评定的等级工资另外加发15%的津贴。1985年国家重申：对盲、聋哑学校的教师、校长、教导主任发给本人基础工资加职务工资之和的15%的补贴费。对培智学校的教师也按规定执行。1989年3月国家又规定：对盲、聋哑、智力落后等特殊教育学校的其他在编正式职工也可发给相当于本人基础工资加职务工资或岗位工资之和的15%的补贴费。1991年5月15日正式施行的《中华人民共和国残疾人保障法》第25条规定："特殊教育教师和手语翻译，享受特殊教育津贴。"一些地方政府将本地区特殊教育工作者享受的津贴标准提高到25%或30%，并且规定将其纳入长期从事特教工作教师的退休金。（朴永馨 等，2015）[123]近年来，随着优先发展教育政策的实施，我国中小学教师的待遇有所提高，教师工资稳步增长。特殊教育教师待遇也逐步提高，相关政策倾斜力度逐步加强，"享受特殊教育津贴""在优秀教师和优秀教育工作者表彰中提高特殊教育教师和校长的比例"是两个被频繁强调的重点。

《中华人民共和国义务教育法》《中华人民共和国残疾人保障法》《关于开展残疾儿童少年随班就读工作的试行办法》等法律政策均对特殊教育教师及随班就读教师享受特殊教育津贴做出了明确规定。2012年教育部等发布的《关于加强特殊教育教师队伍建设的意见》、2014年教育部等发布的《特殊教育提升计划（2014—2016年）》、2017年修订的《残疾人教育条例》、2017年教育部等发布的《第二期特殊教育提升计划（2017—2020年）》又强调落实特殊教育教师待遇，进一步推动特殊教育教师工资待遇的提升。根据《中国教育经费统计年鉴》，2003—2016年我国特殊教育教师平均工资水平不断提高，2003年特殊教育教师平均工资为2.6万元，2009年突破4万元，2011年突破5万元，提升至5.3万元。2013年特殊教育教师平均工资达到6.2万元。相比2014年，2015年特殊教育教师平均工资增幅较大，从6.5万元直接提升至约8.2万元。

此外，中央和地方政府针对住房、医疗、养老等问题制定政策措施，健全特殊教育教师社会保障制度，提高教师的生活水平。例如，2012年教育部等发布的

《关于加强特殊教育教师队伍建设的意见》明确要求,"根据事业单位改革的总体部署,确保特殊教育教师按规定享有医疗养老等社会保障待遇。按规定为特殊教育教师缴纳住房公积金。鼓励地方政府将符合条件的特殊教育教师住房纳入当地住房保障范围统筹予以解决。关注特殊教育教师心理健康,定期开展心理健康咨询"。2017年教育部等发布的《第二期特殊教育提升计划(2017—2020年)》明确指出,"关心特教教师的身心健康,改善特教教师的工作和生活环境"。这些政策的出台,使特殊教育教师社会保障制度进一步健全,成为特殊教育教师待遇提升的主要推动力量。

第二节 特殊教育教师培养

特殊教育教师培养是指以培养特殊教育学校教师为目标,对各级各类特殊教育专业学生所进行的系统专业的培养训练过程。职前培养是教师专业化发展的重要阶段,是"准教师"的养成阶段,是教师专业素养形成的初始阶段。特殊教育教师在职前培养阶段形成的专业素养在某种程度上影响着其职后专业发展的起点和发展空间。

一、特殊教育教师培养的历史变迁

改革开放前,我国特殊教育师资少量来源于旧有学校,大量是普通学校教师和普通师范学校毕业生。由于没有专门的特殊教育教师培养机构,大量新教师是进入特殊教育学校后才跟着老教师学习专业知识和技能的。短期集中式的培训和分散的"师傅带徒弟"式的培训成为当时特殊教育教师培养的主要形式。改革开放后,我国从中央到地方采用了很多方式来培养特殊教育教师(朴永馨,1988),如开设短训班和特师班、建立特殊教育师范学校、成立特殊教育专业、派出留学生和进修教师。至1998年,全国建立了35个中等特殊教育师范学校(部、培训中心),7个高等特殊教育专业。这些中高等特殊教育师范院校(专业)不仅承担着师范生的培养任务,还承担着接受在职特殊教育教师进修的任务。至此,我国形成了包含中高等两个层次、遍及全国大多数地区的特殊师范教育体系,特殊教育教师由以短期、非正规的在职培训为主真正转向以长期、正规师范院校职前培养为主。

1998年以后,我国特殊师范教育又进行了多项重大改革。一是培养体系调整。1999年《关于深化教育改革,全面推进素质教育的决定》中提出"调整师范学校的层次和布局"。为此,我国特殊师范教育也由中等、大专、本科三级调整为大专、本科两个层次,逐步取消中等特殊师范教育、强化专科特殊师范教育、积极扩大本科及以上特殊师范教育已成为我国特殊教育师资培养层次调整的原则。二是师范生免费教育政策的实施。2007年六所教育部直属师范大学率先招收免费师范生①,北京师范大学在中西部地区招收了四届特殊教育专业的免费师范生。这对提升中西部地区基层特殊教育机构的师资专业化程度产生深远的影响。此外,北京师范大学、华东师范大学等建立特殊教育硕士点、博士点,尝试培养硕士和博士水平的专业人才。至此,我国形成了大专、本科、研究生等多层次的特殊教育师资培养格局。三是培养模式走向开放。一方面,国家加大对特殊教育专业建设的支持力度,培养规模逐步扩大,越来越多的非师范类院校参与特殊教育教师的培养;另一方面,国家政策鼓励更加开放的培养方式,提出"复合型"教师的培养目标及教师建设改革措施。

总之,改革开放以来,我国特殊教育教师培养经历了从仅有中师到建立高师、学院(系),从培养中师生、大学本科生到培养硕士生、博士生,从地方自己举办到国家有计划举办,走过了发达国家近百年的发展道路,建立了中国自己的特殊教育教师培养体系和科研体系,走上了有中国特色的正规化和多元化的发展道路。特殊教育师资水平逐年提高,保障了残疾人接受教育的权利。

二、特殊教育教师的培养模式

(一) 培养模式逐渐开放,培养规模逐步扩大

20世纪80年代末90年代初,我国逐渐建立了特殊教育教师三级师范培养体系,成立了中师、大专和本科层次的特殊教育专业。1989年国家教委等部门印发的《关于发展特殊教育的若干意见》指出,"积极创造条件筹办特教师资培训机构"。这一政策的实施进一步推动了我国特殊教育教师三级师范培养体系的建立,大量中师、大专及本科层次的特殊教育专业成立。20世纪90年代中后期以来,随着我国

---

① 随着2018年《教育部直属师范大学师范生公费教育实施办法》的公布,免费师范生现已改为"公费师范生"。

师范院校布局的总体调整，特殊教育教师的培养体系逐渐从三级向二级改革，特殊教育教师培养层次不断提升，许多中等师范学校或在体系内升格，或在体系外转型。目前，承担我国特殊教育教师培养的机构主要是高等特殊教育师范院校或高等师范院校中的特殊教育院系或专业。有60余所高校开设了本科层次的特殊教育专业，约30所高校开设了专科层次的特殊教育专业。其中，绝大部分是师范院校，大部分特殊教育专业成立于2000年以后[①]。特殊教育专业在这些院校的设置形式有所不同：有的设在教育学院的特殊教育系内，有的设在教育学院内，有的则直接设在学校（院）里。在办学层次上，形成了从专科、本科到研究生的完整培养层次。

目前我国教师培养模式主要包括定向型、混合型和非定向型三种。一般而言，独立设置的师范院校培养教师的形式被称为定向型的师范教育体制，综合型大学培养教师的形式被称为非定向型的师范教育体制。我国的教师培养模式正在由封闭走向开放。我国特殊教育教师的培养也逐渐从封闭的定向型培养逐步走向开放、灵活、综合、多样的非定向型培养，我国特殊教育教师教育政策有力地推动了这方面的改革。2017年修订的《残疾人教育条例》指出，"普通师范院校和综合性院校的师范专业应当设置特殊教育课程"。2017年教育部等发布的《第二期特殊教育提升计划（2017—2020年）》再次强调，"支持师范类院校和其他高校扩大特殊教育专业招生规模，提高培养质量。加大特殊教育专业硕士、博士研究生培养力度。各地采取公费培养、学费减免、助学贷款代偿等措施，为中西部贫困地区定向培养特殊教育教师。鼓励有条件的高等学校加强学前、普通高中及职业教育的特教师资培养。普通师范院校和综合性院校的师范专业普遍开设特教课程。在教师资格考试中要含有一定比例的特殊教育相关内容"。可见，承担特殊教育教师培养的院校类型逐步增多，培养方式更加多样，培养规模也进一步扩大。构建开放灵活的教师教育体系成为当前特殊教育方向教师教育发展的重要目标。

目前，我国尚未形成特殊教育教师资格制度，特殊教育教师的培养培训仍主要依靠特殊教育师范院校或师范院校中的特殊教育专业，特殊教育教师的培养仍带有浓厚的"封闭定向型"色彩。特殊教育教师资格制度的构建是促进我国特殊教育教师培养从封闭的定向型模式走向开放的非定向型模式的关键。

---

① 数据来源：教育部高等教育教学评估中心2018年内部统计资料。

(二) 培养目标突出专业性

各个层次的特殊教育教师培养，都是为了满足我国快速发展的特殊教育事业需要。我国中等特殊教育师范院校的培养目标非常明确。1989 年国家教委发布的《中等特殊教育师范学校教学计划（试行）》明确规定，中等特殊教育师范学校的培养目标为："培养学生热爱社会主义祖国，热爱中国共产党，初步树立马克思主义基本观点，具有良好的社会公德和艰苦奋斗、求实创新精神，热爱并愿意从事特殊教育事业，理解和尊重残疾儿童，掌握从事初等特殊教育所必备的中等文化科学知识与专业技能，具有健康体魄，使他们成为合格的初等特殊学校教师。"

在高等特殊教育方面，各专科院校和师范院校的特殊教育专业的培养目标存在一定差异。本科院校（大多为省部级师范院校）多以培养创新型、复合型的特殊教育专业人才为总体目标，与其研究型大学的定位相一致；专科院校则以培养应用型人才为主，要求掌握特殊教育实践技能，胜任基础教育教学和康复工作，与高等专科学校培养目标相一致，即"培养适应社会主义市场经济需要的，适应基层和生产一线需要的，德智体全面发展的高等应用型人才"。

从政策导向来看，培养目标突出专业性和复合型特点。2012 年，《关于加强特殊教育教师队伍建设的意见》在关于加大特殊教育教师培养力度的条目中明确指出，"培养具有复合型知识技能的特殊教育教师、康复类专业技术人才。……培养师范生具有指导残疾学生随班就读的教育教学能力"。2014 年，教育部发布的《关于实施卓越教师培养计划的意见》将"培养一批富有爱心、素质优良、具有复合型知识技能的卓越特殊教育教师"作为特殊教育教师培养的主要目标。从实践层面来看，特殊教育本专科院校的培养目标均突出了特殊教育的专业性，强调未来的特殊教育教师要掌握特殊教育基础理论、基础知识和基本技能，强调建设具有复合型知识技能的特殊教育教师队伍。

(三) 课程设置趋于多样，结构趋于合理

特殊教育专业课程设置集中体现了特殊教育专业的培养目标和人才的规格，反映了教育者的价值取向以及社会发展对人的素质的要求。根据我国特殊教育教师培养目标的要求，我国师范教育中特殊教育专业的课程设置以能力为导向，强调教师专业能力的培养。特殊教育教师职前培养课程内容不断丰富和完善，特殊教育教师教育课程改革更加突出实践能力的提升及复合型人才的培养，从而不断提升特殊教

育教师职前培养的质量。

优化教师教育课程结构，强化教育实践环节。近年来，随着教师教育课程改革相关政策的颁布，如 2011 年发布《关于大力推进教师教育课程改革的意见》《教师教育课程标准（试行）》以及 2014 年发布的《关于实施卓越教师培养计划的意见》，"突出实践导向的教师教育课程内容改革""开展规范化的实践教学"成为教师教育课程改革的重要方向。

创新培养模式，促进学科交叉。特殊教育教师培养课程更加注重综合化实践技能的发展。2012 年教育部等发布的《关于加强特殊教育教师队伍建设的意见》明确提出，"加大特殊教育教师培养力度。……改革培养模式，积极支持高等师范院校与医学院校合作，促进学科交叉，培养具有复合型知识技能的特殊教育教师、康复类专业技术人才。支持师范院校和其他高等学校在师范类专业中普遍开设特殊教育课程，培养师范生具有指导残疾学生随班就读的教育教学能力"。2017 年修订的《残疾人教育条例》也明确规定，"普通师范院校和综合性院校的师范专业应当设置特殊教育课程，使学生掌握必要的特殊教育的基本知识和技能，以适应对随班就读的残疾学生的教育教学需要"。可见，在融合教育理念及改革潮流推动下，特殊教育课程和普通教育课程正在融合，出现了所谓普通教师教育特殊化、特殊教育师教育普通化的发展趋势。而且，随着教师教育课程改革的推进，特殊教育教师的培养将更加重视多学科的融合、多机构的合作以及特殊教育实践基地的建设，课程内容逐渐走向综合化，更加重视提高教师的综合素质，注重多元的知识结构与特殊教育专业知识的整合。此外，随着公费师范生政策的实施，高等师范院校特殊教育专业的课程设置也经过了一系列调整，越来越重视特殊教育实践技能，这也是未来特殊教育教师培养的必然趋势。

（四）培养质量逐步提升，质量监管不断加强

提升特殊教育教师职前培养质量是加强特殊教育教师队伍建设的重要方面。目前，相关政策文件分别从教育教学方法的改进、课程管理和质量评估制度等方面予以规定，以促进特殊教育教师职前培养质量的提升。

改进教学方法，提高培养质量。推进教育教学方法的改革，是提高特殊教育教师培养质量的重要措施之一。2011 年教育部颁布的《关于大力推进教师教育课程改革的意见》强调要改进教学方法和手段，把教学改革作为教师教育课程改革的核

心环节，使基础教育课程改革精神落实到师范生培养过程中，全面提高新教师实施新课程的能力；同时对教学方式的改革提出了具体要求。2014年8月教育部出台的《关于实施卓越教师培养计划的意见》再次强调"推动教育教学改革创新"，要求"突出实践导向的教师教育课程内容改革"，"推动以师范生为中心的教学方法变革。推进以'自主、合作、探究'为主要特征的研究型教学改革，着力提升师范生的学习能力、实践能力和创新能力"，"开展规范化的实践教学。将实践教学贯穿培养全过程，分段设定目标，确保实践成效"。根据国家相关政策，高等特殊教育师范院校及其他特殊教育教师培养机构正在进行师范生教育教学方法的改革，更加注重师范生的实践能力、反思能力、创新能力和终身学习能力的培养，强调教育教学方法的灵活性和多样性，注重信息技术的运用。

重视质量评估，强化职前教育质量监管。为保障特殊教育教师职前培养质量，教育部与相关部门联合出台了多项政策，涉及培养机构专业认证与评估、课程管理与质量评估、师范教育类专业评估等多个方面，以不断加强对特殊教育教师职前培养质量的监管。2011年《关于大力推进教师教育课程改革的意见》指出，"建立课程管理和质量评估制度。开展师范教育类专业评估，确保教师培养质量"。2012年9月，教育部等多部委联合发布的《关于深化教师教育改革的意见》再次强调要开展教师教育质量评估。2019年10月，教育部教师工作司发布《特殊教育专业认证标准》。一系列关于教师教育改革的政策文本为特殊教育教师职前培养质量的监管提出了具体的实施措施，如课堂管理和质量评估制度的建立、师范类专业的认证与评估、教师教育自我评估制度的建立、培训机构资质认证制度的建立等，从制度上保障特殊教育师范生培养质量。

此外，2017年修订的《残疾人教育条例》指出，"国务院教育行政部门和省、自治区、直辖市人民政府应当根据残疾人教育发展的需要有计划地举办特殊教育师范院校，支持普通师范院校和综合性院校设置相关院系或者专业，培养特殊教育教师"。在特殊教育教师准入方面，重申特殊教育教师应"依照《中华人民共和国教师法》的规定取得教师资格"，并且需要从"特殊教育专业毕业或者经省、自治区、直辖市人民政府教育行政部门组织的特殊教育专业培训并考核合格"。这一要求不但强化了特殊教育与特殊教育教师的专业性，同时表明，特殊教育教师要兼具"教师资格证书"和"合格的特殊教育专业知识、技能"（完成特殊教育专业学习或培训）。通过对特殊教育教师准入制度的调整，我国间接地对特殊教育教师职前培养质量提出了要求，进一步强化了对特殊教育教师职前培养质量的监管要求。

第三节 特殊教育教师职后培训

加强特殊教育教师职后培训是建设特殊教育教师队伍的重要内容之一。随着特殊教育事业的发展，社会对特殊教育教师的要求越来越高，从事特殊教育的教师必须具有深厚的理论基础和特殊教育技能。特殊教育教师的职后培训是提高教师素质的重要途径之一，因此，完善的职后培训体系必不可少，它可以保证特殊教育教师能够随时"充电"以获得新的知识理念，可以激发其活力，使其更好地为特殊教育事业服务。

一、特殊教育教师职后培训的历史变迁

改革开放以来，我国特殊教育教师的培训体系逐渐建立。在政策层面，我国特殊教育教师的培训已有相关法律法规的保障，例如1993年通过的《中华人民共和国教师法》、1994年颁布的《残疾人教育条例》和1998年颁布的《特殊教育学校暂行规程》均要求各级教育部门和学校将特殊教育教师培训列入工作计划。20世纪90年代，随着随班就读工作的推进，国家相关部门也出台了一系列政策推进随班就读教师的职后培训。例如，1992年国家教委和中国残联在《残疾儿童少年义务教育"八五"实施方案》中强调随班就读教师和管理人员的培训工作。1994年颁布实施的《关于开展残疾儿童少年随班就读工作的试行办法》强调，要把随班就读教师的培训工作列入计划，设立培训基地，采取多种形式，对教师进行岗前和职后培训。但是，我国相关法律法规规定较为宏观，缺少操作层面的要求，而现阶段我国特殊教育教师职后培训工作多由各省份自行规划组织，这导致在具体实施过程中，不同地区间的差异较大。

世纪之交，在国家大力推行素质教育的背景下，1999年1月，国务院批转教育部《面向21世纪教育振兴行动计划》（以下简称《行动计划》），提出"实施'跨世纪园丁工程'，大力提高教师素质"。开展以培养全体教师为目标、以骨干教师为重点的继续教育是"跨世纪园丁工程"（以下简称"园丁工程"）的重要内容。为了推进"园丁工程"，2000年教育部先后发布《关于做好中小学骨干教师国家级培

训工作的通知》和《关于印发〈中小学教师继续教育工程方案（1999—2002年）〉及其实施意见的通知》，对骨干教师培训和全员培训的实施方法做出具体规定，特殊教育学校教师被列入参加国家级培训的中小学骨干教师之中。在"园丁工程"的影响下，特殊教育教师职后培训、职后继续教育逐渐走上法制化轨道，培训制度不断完善，培训内容更加具体、明确。

进入21世纪以后，国家把加强教师队伍建设作为提高教育质量的关键环节，作为最重要的基础工程来抓，不断调整优化教师教育布局结构，逐渐加大教师培养培训的力度，并从质量监管和培训考核等方面不断完善教师培训管理制度。（单志艳 等，2013）[16]2001年，《关于"十五"期间进一步推进特殊教育改革和发展的意见》明确指出，"'十五'期间，要对特殊教育学校非特殊教育专业毕业的专任教师进行一次比较系统的特殊教育专业培训"，"高度重视特殊教育骨干教师的培养培训工作"，要求"全国特殊教育学校的校长应当接受一次以上的培训"。这也是21世纪之初在特殊教育培训体系与制度尚不完善、资源尚不充足的情况下，针对特殊教育教师职后培训、提升教师质量的有效措施。近年来，随着特殊教育事业的发展，尤其是"国培计划"的实施，"开展特殊教育教师全员培训"已成为特殊教育教师培训政策的主要内容。例如，2012年《关于加强特殊教育教师队伍建设的意见》首次明确要求"开展特殊教育教师全员培训。对特殊教育教师实行5年一周期不少于360学时的全员培训"。2014年《特殊教育提升计划（2014—2016年）》、2017年《第二期特殊教育提升计划（2017—2020年）》在主要措施部分均明确提出"开展全员培训"。这些政策成为近年来我国特殊教育学校教师职后培训体系完善的重要依据。尤其值得注意的是，2017年《第二期特殊教育提升计划（2017—2020年）》强调"非特殊教育专业毕业的教师还应经过省级教育行政部门组织的特殊教育专业培训并考核合格"。可见，"骨干教师培训""全员培训""加大培训力度"等成为这一时期特殊教育学校教师职后培训的关键词。总之，进入21世纪以来，我国已初步形成多层次、多渠道、多模式的特殊教育教师职后培训体系，多个地区将特殊教育教师职后培训纳入教师继续教育体系，通过各形式、多层次、长短期相结合的师资培训班、函授等对特殊教育教师进行职后培训。特别是针对中西部地区农村特殊教育教师的"国培计划"项目，更是解决了中西部教育薄弱地区的教师专业发展之难。各地逐步构建起多层联动、各负其责的教师培训体系，通过多种培训方式，实现对各级各类特殊教育学校教师的全覆盖。

二、特殊教育教师职后培训模式

目前，我国特殊教育教师职后培训工作在制度、管理、组织和实施方面已经形成了一套行之有效的体系。我国已初步形成多层次、多渠道、多模式的特殊教育教师职后培训体系，培训制度逐渐走向规范。

（一）培训体系趋于完善，随班就读教师被纳入职后培训范畴

我国的特殊教育教师职后培训工作由各地区教育主管部门负责管理，主要由高等师范院校的特殊教育院（系）和特殊教育机构实施。

培训覆盖"全员"。特殊教育教师的职后培训覆盖范围逐渐扩大。1999年国务院批转的《行动计划》提出全员培训的要求。2010年教育部、财政部发布的《关于实施"中小学教师国家级培训计划"的通知》强调通过中小学教师示范性培训项目和中西部农村骨干教师培训项目，将国家级培训覆盖到教育资源紧缺、教育发展水平落后的中西部农村地区。其后发布的《关于加强特殊教育教师队伍建设的意见》《特殊教育提升计划（2014—2016年）》《第二期特殊教育提升计划（2017—2020年）》，要求对特殊教育教师实施5年一周期不少于360学时的全员培训。目前，特殊教育教师培训的覆盖范围愈加广泛，各类特殊教育学校教师素质整体提升。

培训层级逐渐丰富。2010年，教育部启动了特殊教育教师"国培计划"，填补了特殊教育教师培训在国家层面的空白，形成了从国家、省级到县级、学校各层级的特殊教育教师培训体系。从2011年起，各类特殊教育教师"国培计划"项目顺利展开。2012年9月，教育部等多部委联合发布的《关于加强特殊教育教师队伍建设的意见》再次强调依托"国培计划"加大对全国特殊教育教师的培训力度。随着《第二期特殊教育提升计划（2017—2020年）》的发布，特殊教育教师的培训层级更加丰富和清晰，各层级培训任务和要求得到了明确："'国培计划'加强特殊教育学校校长和骨干教师的培训。省一级承担特殊教育学校教师培训，县一级承担普通学校随班就读教师、资源教师和送教上门教师培训，增强培训的针对性和实效性。"

随班就读教师培训被纳入体系。国家相关部门出台了一系列政策文件，推进随班就读教师的职后培训。1988年《中国残疾人事业五年工作纲要（1988年—1992

年）》将加强特殊教育教师培训作为教育部分的重要措施，首次强调按照混校、混班的需要，对普通学校的教师进行特殊教育知识培训。这也是我国最早要求对随班就读教师开展职后培训的规范性文件。1992年，在随班就读工作开展之初，国家教委和中国残联在印发的《残疾儿童少年义务教育"八五"实施方案》中进一步强调随班就读教师和管理人员的培训工作，明确规定"自1992年起，各地要加强特殊教育教师（包括随班就读的教师）岗前培训和职后培训工作"。1994年象征着随班就读政策确立的《关于开展残疾儿童少年随班就读工作的试行办法》颁布，对随班就读的教学要求、教师培训、教育管理等做出更细致的规定，强调地方各级教育行政部门在随班就读教师职后培训中的职责，为随班就读教师职后培训体系的建立奠定了基础。21世纪初，《关于"十五"期间进一步推进特殊教育改革和发展意见》颁布，这成为新世纪第一个对随班就读教师职后培训做出明确规定的文件，不仅要求"加大承担普通学校特殊教育和随班就读教学工作教师培训的力度"，提出"使任课教师都能够接受一次比较正规的短期培训，掌握基本的特殊教育教学方法"，而且要求"教育部要编写承担随班就读教学工作教师培训教材"，为职后培训提供强有力的专业支持。其后十余年间，《全国随班就读工作经验交流会议纪要》《关于开展建立随班就读工作支持保障体系实验县（区）工作的通知》《关于进一步加快特殊教育事业发展的意见》等多个文件对随班就读教师职后培训做出了明确规定。值得注意的是，《全国随班就读工作经验交流会议纪要》以及教育部基础教育司为落实此纪要而颁布的《关于开展建立随班就读工作支持保障体系实验县（区）工作的通知》明确要求"建立随班就读工作支持保障体系"，首次提出"以县特殊教育学校为依托，有计划地开展随班就读教师的业务培训，并做到经常化，制度化"。这也为其后各项政策将随班就读教师职后培训的职责定位于"县一级"政府、教育行政部门确定了基调。2017年修订的《残疾人教育条例》第四十五条规定，"县级以上地方人民政府教育行政部门应当……在普通教师培训中增加一定比例的特殊教育内容和相关知识，提高普通教师的特殊教育能力"。《第二期特殊教育提升计划（2017—2020年）》明确强调，"县一级承担普通学校随班就读教师、资源教师和送教上门教师培训，增强培训的针对性和实效性"。总而言之，随着融合教育相关政策的推进，随班就读教师的专业发展被纳入政府视野。以随班就读教师、资源教师、送教上门教师为主的特殊教育教师培训工作的开展，进一步丰富了我国特殊教育教师培训体系，促进了我国特殊教育教师队伍的发展。

(二) 培训目标以专业化水平提升为重点，培训重点转向专业技能

特殊教育教师职后培训的主要目的是为特殊教育教师提供更深入的特殊教育专业知识，介绍国际特殊教育新发展，帮助他们在特殊教育实践中提高并保持专业水准，提升其提供专业服务的能力，有效地解决教育实践中出现的专业技术问题，从而达到整体提高教育质量的目标。

多项政策提及特殊教育教师培训要以提升专业化水平为重点。例如，2012年国务院颁布的《关于加强教师队伍建设的意见》指出，"特殊教育教师队伍建设要以提升专业化水平为重点，提高特殊教育教师培养培训质量"。2014年教育部联合多部门发布的《特殊教育提升计划（2014—2016年）》指出，"加大特殊教育教师培训力度，提高特殊教育教师的专业化水平"。《"国培计划"课程标准（试行）》要求，"国培计划"在培训目标上，注重培训实践取向，突出专业能力提升，服务教师终身发展；在课程内容上，设置实践类课程，短期集中培训项目实践类课程原则上应达到30%以上，示范性短期集中培训项目须进行主题式培训。

总体而言，我国特殊教育教师职后培训的内容主要有特殊教育理念和专业理论、特殊教育专业知识和技能、特殊教育教学方法及策略、特定专业技能、特殊教育技术（汪飞雪，2011；王辉 等，2009；吴筱雅，2009）。但是，从政策导向来看，目前及未来我国特殊教育教师培训应以特殊教育教师专业化发展为导向，偏重特殊教育教师专业技能、教育技术培训，重视特殊教育实践技能，针对多样化的特殊教育教师类型，开展更为专业化、多元化的职后培训。

(三) 培训模式趋于多样，培训力度逐渐增强

改革开放以来，我国已形成形式丰富的特殊教育教师职后培训模式，包括学术研讨交流、短期培训班、函授课程、专业讲座等正式培训模式和新老教师"传帮带"、教研活动等非正式培训模式（王雁 等，2012）[30]。随着教师教育改革的推进，信息技术与教师教育不断融合，远程培训等培训模式逐渐被应用，在推进偏远地区教师培训工作中发挥重要作用，成为当前特殊教育教师培训的重要模式。2012年《关于加强特殊教育教师队伍建设的意见》指出，特殊教育教师培训要"依托'国培计划'，采取集中培训和远程培训相结合的方式，加大对全国特殊教育学校的教师的培训力度；……推进信息技术与特殊教育教师培训深度融合，为特殊教育教师专门建立网络研修社区，开展特殊教育教师教育技术能力专项培训，促进特殊教育

教师专业发展常态化"。2014年《特殊教育提升计划（2014—2016年）》再次强调，"采取集中培训和远程培训相结合的方式，逐级开展特殊教育教师全员培训和校长、骨干教师培训"。在培训方法上，也打破以讲授法为主的传统授课模式，强调采用案例式、探究式、参与式、情景式、讨论式等多种方法，提高教师培训质量。因此，当前特殊教育教师培训呈现出全员化、形式多样等主要特点，培训力度逐渐增强，逐步实现特殊教育教师职后培训的常态化，以促进特殊教育教师专业化发展，形成一支数量充足、结构合理、素质优良、富有爱心的特殊教育教师队伍。

（四）培训制度走向规范

改革开放以来，我国相关法律政策对特殊教育教师培训工作做出了规定，而且越来越细致、具体。例如，国务院发布的《关于加强教师队伍建设的意见》要求建立教师学习培训制度；教育部等发布的《关于深化教师教育改革的意见》第三条指出完善教师培养培训制度，规定"实行5年一周期不少于360学时的教师全员培训制度，推动教师专业发展常态化。教师培训实行学分管理，教师培训学分作为教师资格定期注册、教师考核和职务（职称）聘任的必备条件。推动教师培训管理信息化。实行教师培训项目招投标机制"。2012年教育部等发布的《关于加强特殊教育教师队伍建设的意见》再次强调特殊教育教师的"全员培训"制度和"专业发展常态化"要求，通过依托"国培计划"、"信息技术与特殊教育教师培训深度融合"、"特殊教育教师网络研修社区"建设等措施，开展特殊教育学校教师和随班就读教师的全员培训，促进特殊教育教师专业发展常态化。2014年《特殊教育提升计划（2014—2016年）》再次强调，"加大国家级教师培训计划中特殊教育教师培训的比重。采取集中培训和远程培训相结合的方式，逐级开展特殊教育教师全员培训和校长、骨干教师培训。加强普通学校随班就读、资源指导、送教上门等特殊教育教师培训"。2017年修订的《残疾人教育条例》明确要求，"县级以上地方人民政府教育行政部门应当将特殊教育教师的培训纳入教师培训计划，以多种形式组织在职特殊教育教师进修提高专业水平"，"县级以上人民政府教育行政部门、人力资源社会保障部门在职务评聘、培训进修、表彰奖励等方面，应当为特殊教育教师制定优惠政策、提供专门机会"。2017年《第二期特殊教育提升计划（2017—2020年）》提出，"省一级承担特殊教育学校教师培训，县一级承担普通学校随班就读教师、资源教师和送教上门教师培训，增强培训的针对性和实效性"。与此同时，各项政策也对培训机构和教师队伍的建设提出了要求，如：《关于加强特殊教育教师队伍建设的意见》指出，"教师培训机构要建立专兼结合的特殊教育教师培训队伍"；2014年教育部出台的《关于实施卓越教师培养计划的意见》特别指出，要"整合优化教师教育师资队伍"。

总之，当前我国特殊教育教师的培训制度逐步规范化。从宏观指导、培训制度的建立到培训机构和教师队伍建设等具体层面，我国特殊教育教师职后培训政策内容不断丰富、具体化，为特殊教育教师培训体系的规范建设与完善提供了方向。从政策导向来看，规范培训管理、推动教师专业发展常态化，试行学分管理、将培训学分与教师资格及考核挂钩，推动教师培训信息化，建立教师培训项目招投标机制，是促进特殊教育教师培训制度走向规范与完善的重要措施。

第四节　特殊教育教师队伍建设的展望

一、以规模扩大为基础，促进特殊教育教师队伍结构均衡发展

改革开放后，随着特殊教育规模的不断扩大以及随班就读的推行，特殊教育教师数量快速增长。尽管如此，诚如前文所述，特殊教育体系内部教师资源配置不合理、不均衡是改革开放以来我国特殊教育教师队伍建设的重要问题。这种不均衡主要体现在专任教师比重明显不高，支持普通学校开展随班就读的特殊教育教师数量不足，听障/视障儿童教育、智障儿童教育教师的配置不均衡。

专任教师是学校教育教学的主力军，其所占比例高低对教育教学质量有一定的影响。虽然在相关政策的支持和保障下，我国特殊教育专任教师的比例由1978年的60.9%增长至2019年的86.48%，但与我国普通中小学专任教师占比还有一定的差距。2001年中央编办等印发的《关于制定中小学教职工编制标准的意见》明确规定，非专任教师的比例，小学一般不超过9%，初中一般不超过15%。换言之，专任教师的比例，小学一般不低于91%，初中一般不低于85%。专任教师数量的不足直接加重了教师的工作负担。例如，进入21世纪后，特殊教育学校生师比有逐年升高趋势，2003—2019年基本处于3.86—4.63。因此，在特殊教育教师队伍数量稳步增长的基础上，进一步促进专任教师数量的增长将是当前特殊教育发展的重

要任务。

自 20 世纪 90 年代初随班就读开展以来，越来越多的残疾儿童能够进入学校接受教育，这也是我国特殊教育规模扩大的重要原因之一。但是从统计数据中不难发现，整个特殊教育（含特殊教育学校和普通中小学）生师比快速上升，进一步反映出特殊教育教师数量不足，尤其是随班就读教师数量短缺。已有研究也指出，即使在随班就读工作开展较好的省份，资源教师队伍的专业性和稳定性也明显不够，这表现为资源教师以兼职的普通学科教师为主，鲜有特殊教育专业背景，且大多数教师担任资源教师的年限不足一年。（冯雅静 等，2018）2016 年 1 月发布的《普通学校特殊教育资源教室建设指南》明确规定，"资源教室应配备适当资源教师，以保障资源教室能正常发挥作用"，并且强调区域内特殊教育指导中心或特殊教育学校应加强对资源教室的业务指导和评估。这为普通学校中的特殊教育教师队伍的数量补充奠定了政策基础，也为特殊教育教师队伍建设指明了方向。在不断扩大特殊教育学校专任教师规模的同时，重视普通学校中特殊教育教师队伍（资源教师、巡回指导教师等）的建设，是政策要求，也是现实需求。

此外，随着特殊教育的发展，特殊教育学校的生源结构也发生了改变，从改革开放初期以感官障碍儿童为主转变为以发展障碍儿童为主，因而，培智教育的规模快速扩大。但是，如前文所述，在培智教育发展中，教师无法适应教育规模扩大的需求。因此，应扩大培智教育教师队伍规模，以促进特殊教育体系内部各类型教育的均衡发展，适应当前以及未来特殊教育发展的需求。

二、以质量稳步提升为核心，推动复合型特殊教育教师队伍建设

特殊教育教师质量是特殊教育质量的重要保证。只有不断提升特殊教育教师的素质水平，即质量水平，才能促进特殊教育不断向前发展。国家也把加强教师队伍质量建设作为提高教育质量的关键环节，强调特殊教育教师专业化水平的提升，并且通过调整优化教师教育布局结构、加大教师培训力度、完善质量监管和培训考核制度等，为特殊教育教师队伍质量提升提供保障。进入 21 世纪以来，特别是最近十年，随着融合教育的全面推进和深化发展，特殊教育生态环境发生了重大变化。越来越多的特殊儿童进入普通学校随班就读，特殊教育学校学生出现障碍复杂、残疾程度严重的特征，特殊教育教师将不再是传统意义上的"教书匠"，而是兼具"康复""随班就读指导"等多种角色的复合型知识技能专业工作者（朱楠 等，

2015)。因而，复合型特殊教育教师队伍建设成为特殊教育发展以及教师教育改革的重要方向和内容。在保证特殊教育教师队伍质量稳步提升的基础上，变革特殊教育教师教育体系，推动复合型特殊教育教师队伍建设，成为当前乃至未来一段时间特殊教育教师队伍建设的主要任务。

三、以政策规范为契机，深化特殊教育教师队伍建设体制机制改革

改革开放后，国家出台了一系列政策对特殊教育教师队伍建设的制度、体系、机构、模式、保障条件等做出明确规定，极大地推动了我国特殊教育教师教育体系的建立与完善。从政策导向来看，该体系趋于开放、灵活，培养培训的模式趋于多样，采用混合式、开放性的特殊教育教师培养培训模式成为必然趋势。2015年《特殊教育教师专业标准（试行）》出台，成为引领特殊教育教师专业发展的基本准则，也是特殊教育教师队伍建设、特殊教育教师培养的主要依据。从政策导向来看，未来特殊教育教师的培养培训过程应突出专业性、复合性、实践性，以培养具有"复合型知识技能的卓越特殊教育教师"为目标；以多样化的职前培养和全员化、多元化、常态化的职后培训为载体，深化特殊教育教师培养培训一体化发展，使特殊教育教师专业化发展具有可持续性。因此，在未来特殊教育教师队伍建设中，应积极探索和充分实践多样化的特殊教育教师培养培训模式。

随着融合教育和随班就读的推进，融合教育教师的培养也成为我国特殊教育教师队伍建设的重点。以随班就读教师、资源教师、送教上门教师为主的特殊教育教师培养培训工作的开展，将进一步丰富我国特殊教育教师教育体系，促进我国特殊教育教师队伍的发展。因此，未来特殊教育教师教育体制的改革并非局限于特殊教育领域，而是要打破普通教育和特殊教育的藩篱，促进整个教师教育体系的变革。从政策导向来看，未来普通教师的培养培训中应融入特殊教育的内容，而为随班就读提供支持的专业教师（如资源教师、巡回指导教师、送教上门教师）的培养培训体系的建立与完善也将成为特殊教育教师队伍建设的重点。

与教师教育体制改革相适应的是教师教育制度的建设。应进一步推动特殊教育教师资格证书制度的建立，形成政府、社会与教师教育机构共同参与的、富有成效的质量认证、评估与鉴定制度，以持续提高特殊教育教师队伍建设的质量。

第七章
特殊教育的经费投入

特殊教育作为教育的重要组成部分，与人类发展、社会文明进步息息相关。办好特殊教育，需要一个良好的社会环境和以政府为主导的强有力的支持保障体系。其中，经费投入是支持保障体系的重要支柱。本章将参考特殊教育比较发达的国家的经验，结合我国改革开放40多年来特殊教育事业改革与发展的理论与实践，从提供经费支持的政策法规、资金来源、投入形式、地区差异、使用情况等几个方面来梳理特殊教育发展的经费支持与财政形式的发展历程，以促进我国特殊教育稳步发展，实现特殊教育的现代化。

第一节 现代特殊教育财政经费投入与使用概况

现代特殊儿童的教育，特别是身心存在障碍儿童的教育，涉及教育、医疗、康复和社会服务等多个方面。与普通教育相比，特殊教育是一个需要更高投入的教育领域。近百年来，为了推进教育公平，维护和保障特殊儿童接受教育的权益，一些特殊教育比较发达的国家和地区都采用了立法的手段来贯彻现代特殊教育的理念，增加公共财政投入，明确相关部门、学校和儿童家长的责任。本章将对这些国家特殊教育拨款情况做简单介绍，并回顾我国改革开放40多年来，尤其是《教育规划纲要》颁布以来，中央与地方政府对特殊教育的公共财政投入情况，在总结经验的基础上，更好地完善我国特殊教育经费支持制度。

一、现代特殊教育公共财政投入情况的国际比较

（一）美国、日本、英国特殊教育公共财政拨款概况

1. 美国特殊教育公共财政拨款概况

由联邦、州和地方三级政府共同分担教育经费，这是由美国分权政体决定的教育投入基本模式。多次修订的一系列法案是政府拨款的依据。由于各州采用不同的拨款方式，所以三级政府分担的比例各不相同，且没有硬性的规定。总体看，联邦

政府对特殊教育的投入多以项目拨款的方式,负担比例基本维持在9%左右;州和地方政府在特殊教育投入上承担主要责任,大约是以各负责一半的形式共同承担了其余91%的特殊教育费用(McCann,2014)。教育财政独立是美国学区制的一大特色,地方和学区有权征收教育税。

通过对2012—2016年美国联邦政府在特殊教育方面财政投入数据的梳理,我们发现,美国一直在增加对特殊教育的财政投入。2015年美国联邦政府特殊教育投入为125.22亿美元,2016年的预算为128.22亿美元,增长了2.40%(U. S. Department of Education,2015),总体呈上升趋势。

根据2016年美国财政预算,教育类项目从可自由支出的资金中获得707亿美元支持,比2015年增加了36亿美元(增加了5.4%),其中用于特殊教育的有128亿美元,约占教育总经费的18.1%。(U. S. Department of Education,2015)需要说明的是,美国特殊教育的对象是有特殊教育需要的学生,包括各类残疾儿童、问题儿童和超常儿童等13类,学生人数约占学龄儿童的20%。从中也可以看出,特殊教育服务的人数是公共财政拨款的依据之一。

此外,特殊教育公共财政资助的对象也有所改变,由资助特殊教育机构等转向增加对特殊学生及其利益相关者的资助,直接帮助特殊学生、婴幼儿及其家庭、特殊教育相关服务人员。对特殊教育对象的资助范围由最初的3—18岁儿童扩大到0—21岁的群体。2016年,美国联邦政府的投入主要用于提升残障学生的教育质量和早期干预水平。

2. 日本特殊教育公共财政拨款概况

日本的特殊教育的财政投入有充分保证。日本特殊教育经费基本上是由国家负担50%,都道府县、市町村负责50%,并且做到投入增长幅度大于通货膨胀率。(吕学静 等,2012)[149]日本《义务教育费国库负担法》规定,所有公立中小学编内教职人员的人头费(包括工资和相关福利保障费用)以及学生人头补助费和特殊补助费的50%由国库直接负担(国立学校则100%由国库负担)。同时日本《义务教育诸学校设施费国库负担法》规定,义务教育阶段各学校计划内新增建筑、新增基本设施费用的二分之一和危险建筑翻建改建费用的三分之一也由国家财政直接负担,其余部分则由各公立学校的设置机构——都道府县及市町村两级财政分担。在特殊教育领域亦是如此。

日本特殊教育公共财政投入不仅用于各类残障儿童少年的教育,还用于教师和研究人员费用；不仅用于改善学校提高教育教学质量所需的硬件条件，也非常重视用于改善教育的软件条件，比如重视开展相关研究、提高教师专业化水平等。在日本的特殊教育经费中，无论是基础研究还是应用研究，经费所占的比例都比较高。例如，日本筑波大学的残疾人教学辅具研究在世界特殊教育界享有很高的声誉。

3. 英国特殊教育公共财政拨款概况

英国主要分为英格兰、苏格兰、威尔士和北爱尔兰四块区域，四块区域教育行政相对独立，但统一遵循英国的相关法律和政策。特殊教育公共财政投入以联邦政府投入为主。以威尔士为例，2015年联邦政府对特殊教育学校的投入占全部教育投入的25%，对学前教育、小学教育、初中教育、高中教育的投入约占47%，剩下的28%是由地方政府支出。（U. K. Department of Education，2015）2003—2015年，政府拨款的力度越来越大。

英国政府将推行普特融合的全纳教育作为特殊教育发展最根本的方针。政府拨款也是为实现这一方针服务的。政府设立具有专门用途的基金，即"标准基金"（Standards Fund）和"学校创始基金"（School Access Initiative Fund）来提供特殊教育的拨款。除此之外，校外活动基金（Out of School Hour Activities Fund）和额外教育奖励（Additional Education Reward）也发挥了重要作用。

（二）国外特殊教育公共财政投入趋势

尽管美国、日本、英国国家体制不同，综合国力也有区别，但是，都呈现出当代特殊教育发展的主要特点与趋势：一是依法执教，特殊教育工作有明确的法律依据；二是政府对特殊教育的拨款额度日益增大；三是尽管各国的特殊教育政策体系各有不同，但是对不同层次的政府职责均有明确规定；四是特殊教育公共财政投入的保障对象不仅仅是特殊教育学生，还扩大到家长和教师；五是特殊教育公共财政投入对象不仅包括特殊教育学校，还日益融入了普通学校，这意味着融合教育在不断推进；六是特殊教育公共财政投入是以学生的"特殊需要"为依据确立的，比如学生需要早期干预，需要个别化教育，需要评估，需要融合环境的支持，需要获得交通补助，等等。每年拨款数额多根据专业评估报告确定。

二、我国特殊教育公共财政投入概况

（一）政策法规依据

新中国成立后，百废待兴，1951年政务院在颁布的《关于改革学制的决定》中就要求各级人民政府设立聋、哑、盲等特殊教育学校，对有生理缺陷的儿童、青年和成年人施以教育。

改革开放40多年来，随着我国社会文明的进步，特殊教育日益受到重视。"十二五"时期，是我国特殊教育工作推动力度最大、取得成绩最为显著的五年。党和政府十分关心残疾人事业，高度关心与重视特殊教育，提出了"办好特殊教育"的要求。通过贯彻和执行《教育规划纲要》和《特殊教育提升计划（2014—2016年）》，特殊教育在规模、质量和效益上有了较大提高，达到了历史最高水平，取得了显著的成就。

特殊教育的发展，需要稳定的资金投入和政策支持。尽管我国尚未颁布专门的特殊教育法，但相关法规、政策与文件对特殊教育公共财政投入有一系列比较明确的规定。

1994年《残疾人教育条例》提出："各级人民政府应当加强对残疾人教育事业的领导，统筹规划和发展残疾人教育事业，逐步增加残疾人教育经费，改善办学条件"；"对经济困难的残疾学生，应当酌情减免学费和其他费用"；"从事残疾人教育的教师、职工根据国家有关规定享受残疾人教育津贴及其他待遇"，"残疾人教育经费由各级人民政府负责筹措，予以保证，并随着教育事业费的增加而逐步增加。县级以上各级人民政府可以根据需要，设立专项补助款，用于发展残疾人教育。地方各级人民政府用于义务教育的财政拨款和征收的教育费附加，应当有一定比例用于发展残疾儿童、少年义务教育"。

1994年《关于开展残疾儿童少年随班就读工作的试行办法》提出，"各级教育行政部门应逐步增加对残疾儿童少年随班就读的经费投入，并在教师编制、教师工作量计算、教具、学具和图书资料等方面照顾随班就读工作的需要"，"地方各级教育行政部门和学校应当根据实际情况，制订奖励和补贴的办法"。

2006年修订通过的《中华人民共和国义务教育法》提出，"特殊教育学校（班）学生人均公用经费标准应当高于普通学校学生人均公用经费标准"，"特殊教育教师享有特殊岗位补助津贴"。

2008年修订通过的《中华人民共和国残疾人保障法》提出,"各级人民政府对接受义务教育的残疾学生、贫困残疾人家庭的学生提供免费教科书,并给予寄宿生活费等费用补助;对接受义务教育以外其他教育的残疾学生、贫困残疾人家庭的学生按照国家有关规定给予资助"。

《教育规划纲要》提出,"地方政府制定学生人均公用经费标准。加大对特殊教育的投入力度","加强特殊教育师资队伍建设,采取措施落实特殊教育教师待遇","加大对家庭经济困难残疾学生的资助力度"。

《特殊教育提升计划(2014—2016年)》更是明确指出:"针对义务教育阶段残疾学生的特殊需要,在'两免一补'基础上进一步提高补助水平。各地可根据实际对残疾学生提供交通费补助,纳入校车服务方案统筹解决。完善非义务教育阶段残疾学生资助政策,积极推进高中阶段残疾学生免费教育。"该计划特别强调,"义务教育阶段特殊教育学校生均预算内公用经费标准要在三年内达到每年6000元,有条件的地区可进一步提高"。

2017年修订通过的《残疾人教育条例》对特殊教育的经费保障做出了明确的规定。

第一,要求制定地方的残疾人教育拨款标准。如第四十七条要求:"省、自治区、直辖市人民政府应当根据残疾人教育的特殊情况,依据国务院有关行政主管部门的指导性标准,制定本行政区域内特殊教育学校的建设标准、经费开支标准、教学仪器设备配备标准等。义务教育阶段普通学校招收残疾学生,县级人民政府财政部门及教育行政部门应当按照特殊教育学校生均预算内公用经费标准足额拨付费用。"

第二,明确了残疾人教育经费的来源与渠道,如政府预算、专款补助、教育费附加、残疾人就业保障金等。

第三,要求政府提供必要的教育、教学、康复条件,设置无障碍校园,改善残疾人的教育环境。如第四十九条规定,"县级以上地方人民政府应当根据残疾人教育发展的需要统筹规划、合理布局,设置特殊教育学校,并按照国家有关规定配备必要的残疾人教育教学、康复评估和康复训练等仪器设备"。第五十条规定,"新建、改建、扩建各级各类学校应当符合《无障碍环境建设条例》的要求"。第五十五条规定,"县级以上人民政府及其有关部门应当采取优惠政策和措施,支持研究、生产残疾人教育教学专用仪器设备、教具、学具、软件及其他辅助用品，扶持特殊教育机构兴办和发展福利企业和辅助性就业机构"。

第四，对残疾学生费用减免、支持残疾学生报考费用等问题做出了明确规定。例如，第五十一条规定，"招收残疾学生的学校对经济困难的残疾学生，应当按照国家有关规定减免学费和其他费用，并按照国家资助政策优先给予补助。国家鼓励有条件的地方优先为经济困难的残疾学生提供免费的学前教育和高中教育，逐步实施残疾学生高中阶段免费教育"。

2017年发布的《第二期特殊教育提升计划（2017—2020年）》共提出六条主要措施，其中第三条"健全特殊教育经费投入机制"要求，"在落实义务教育阶段特殊教育学校生均公用经费6000元补助标准基础上，有条件的地区可以根据学校招收重度、多重残疾学生的比例，适当增加年度预算。各省（区、市）根据残疾学生类别多、程度重、教育成本高等特点，在制定学前、高中阶段和高等教育的生均财政拨款标准时，重点向特殊教育倾斜。随班就读、特教班和送教上门的义务教育阶段生均公用经费标准按特殊教育学校执行。县级以上人民政府可根据需要，设立专项补助资金，加强特殊教育基础能力建设，改善办学条件。中央财政特殊教育专项补助资金重点支持困难地区和薄弱环节"，"加大残疾学生资助力度"，"鼓励和引导社会力量兴办特殊教育学校，支持符合条件的非营利性社会福利机构向残疾人提供特殊教育。积极鼓励企事业单位、社会组织、公民个人捐资助学"。

从以上文字中我们能明确的是，特殊教育资助对象是残疾学生及其教师，资助内容主要是减免学生学费，增加教师的补助和改善特殊教育的环境。对照现代特殊教育发展的国际趋势，我们需要进一步探讨如下问题。

①我国发展特殊教育的政策多半是号召性的指令，是否会对各级人民政府对特殊教育的资金投入产生政策约束作用？

②我国特殊教育的资金来源有哪些？各占多大比例？是否受人口结构变化及国民经济发展总体水平的影响？是否会逐年增长？

③我国历年来对特殊教育的资助是多少？拨款标准是什么？是否存在较大的地区差异？

④特殊教育资助的对象和范畴是否符合我国特殊教育发展情况？特殊教育的发展是否与普通教育同步？

⑤在倡导融合教育的大背景下，我国特殊教育发展应该以随班就读为主体，

这意味着大部分残疾儿童少年应该是在普通学校接受融合教育。那么，承担融合教育任务的普通学校以及在普通学校接受融合教育的残疾儿童是否得到了相应资助？

带着上述问题，我们来考察我国特殊教育经费投入的执行情况。

（二）特殊教育财政经费投入执行情况

1. 财政投入是特殊教育经费的主要来源

2001年，国务院办公厅转发由教育部等九个部门联合发布的《关于"十五"期间进一步推进特殊教育改革和发展的意见》，明确指出："坚持特殊教育经费以地方人民政府投入为主的原则，努力增加特殊教育经费。各地要保证特殊教育必需的办学经费，并使特殊教育学校生均财政预算内教育经费、生均公用经费逐年增长。"由此可见，各级地方政府是特殊教育投入的主力。

如表7-1所示，在2016年，无论是特殊教育经费，还是特殊教育学校教育经费，主要来源都是国家财政性教育经费。尽管科研经费、企业办学中的企业拨款、其他属于国家财政性教育经费都没有单独的统计数据，但从实际情况看，许多特殊教育学校都联系日常工作开展了大量的研究，申请到了国家和地方政府的多项课题。有的学校还办了特殊教育的专业杂志，获得许多科研奖项。

表7-1 2016年特殊教育经费和特殊教育学校教育经费情况

项目	特殊教育经费（万元）	特殊教育学校教育经费（万元）
1. 国家财政性教育经费	1326839.0	1261945.5
2. 公共财政预算安排的教育经费	1316490.9	1252600.4
3. 公共财政教育经费	1208800.5	1152622.4
4. 教育事业费	1126198.1	1075366.5
5. 基本建设经费	8373.0	7773.0
6. 教育费附加	74229.3	69482.9
7. 科研经费	—	—
8. 其他	107690.4	99978.0
9. 政府性基金安排的教育经费	10331.8	9335.3

续表

项目	特殊教育经费（万元）	特殊教育学校教育经费（万元）
10. 彩票公益金	6667.1	6613.5
11. 企业办学中的企业拨款	—	—
12. 校办产业和社会服务收入中用于教育的经费	16.4	9.8
13. 其他属于国家财政性教育经费	—	—
14. 民办学校中举办者投入	298.5	298.5
15. 捐赠收入	2917.9	2917.1
16. 事业收入	9098.2	8046.4
17. 学费	4622.4	4135.3
18. 其他教育经费	18234.2	17924.5
合计	1357387.8	1291131.9

数据来源：教育部财务司，国家统计局社会科技和文化产业统计司. 中国教育经费统计年鉴：2017 [M]. 北京：中国统计出版社，2018：6-7.

2. 特殊教育经费保持逐年增长态势

通过对1998—2016年我国特殊教育学校经费支出情况的考察，我们发现，随着我国经济实力的增强，对教育的总投入逐年增加，全国特殊教育学校的办学经费持续增长，全国教育经费的支出已经从1998年的2668.9亿元增长到2016年的37444.7亿元，增加了13.03倍。全国特殊教育学校经费支出从1998年的8.4亿元增长到2016年的129.3亿元，增加了14.39倍，与全国教育经费支出的增长水平基本持平。但是，特殊教育学校经费在整个教育经费中的占比处于偏低水平，这与我国特殊教育的对象只限于三类登记在册的残疾儿童有关。此外，特殊教育学校的基建支出在特殊教育经费中所占的比例在2010年达到最高，此后逐年下降。这也充分说明，我国特殊教育学校的校舍建设与改造工作已经基本完成，特殊教育的发展从硬件建设转向软件建设，走上内涵发展的轨道。

3. 特殊教育专项资助增加

20世纪90年代以后，尤其是《教育规划纲要》和《特殊教育提升计

（2014—2016年）》实施以来，中央及地方政府对特殊教育的投入力度明显增加。"特教特办"的专项资助，也成为增加特殊教育投入、促进特殊教育发展的重要途径。

为了保障残疾人的教育权利，促进教育公平与社会和谐，"十一五"期间，教育部、国家发展改革委共同编制了《"十一五"期间中西部地区特殊教育学校建设规划（2008—2010年）》，基本实现在中西部地区的地（市、州、盟）级和30万人口以上或残疾儿童少年较多的县（市、旗）有1所独立设置的综合性或单一性特殊教育学校。2011年，根据《教育规划纲要》和《中国残疾人事业"十二五"发展纲要》的要求，"特殊教育学校建设二期"专项启动实施，中央和地方政府共同支持一批特殊教育师范院校建设，扩大培养培训规模，逐步形成布局合理、适应需要、专业水平较高的特殊教育教师培养培训体系；加强残疾人高等院校和职业学校建设，提高培养能力，进一步完善特殊教育体系。

此外，各地政府也启动了一系列专项资助，为特殊教育的发展提供补充性资源。在2015年启动的37个国家特殊教育改革实验区建设过程中，承担实验区建设的22个市（州）、区（县），都不同程度地围绕实验区建设项目，提供专项资助。例如，上海、天津、青岛等地区的"医教结合"项目，江苏围绕特殊教育指导中心和融合教育资源中心建设的"特教工程"项目，浙江的"卫星班"项目，云南玉溪的"送教上门"项目，湖南、贵州的"随班就读"项目，都是依靠专项投入来实施的。

据《中国残疾人事业统计年鉴2016》，2011—2015年，国家提供专项资助5.14万人次，使家庭经济困难残疾儿童享有普惠性的学前教育；通过实施重点康复工程，为1000多万名残疾人提供了基本康复服务，为90多万人次的残疾儿童实施了免费康复服务；全国由残联资助的托养、综合服务设施达到3643个；开展了首次全国残疾人基本服务状况和需求专项调查。（中国残疾人联合会，2016）[13-30]

第二节 第一期特殊教育提升计划执行概览与经费投入

特殊教育提升计划是贯彻《教育规划纲要》的重要举措。下面从人口、经济发展、人民生活水平的变化以及教育的总体发展等不同的角度，考察在实施第一期特殊教育提升计划期间，我国特殊教育发展状况及计划执行效果。

一、计划实施期间的人口变化状况

第一期特殊教育提升计划的实施，有其深刻的社会背景，适应了我国近年来人口变化的状况。

2018年2月，国家发布2017年国民经济和社会发展统计公报。相关数据显示，在实施第一期特殊教育提升计划的前一年（2013年），我国总人口数为136072万人。第一期特殊教育提升计划结束之后一年（2017年），全国总人口数增加到139008万人，比2013年净增人口2936万人。人口分布与人口结构也发生了一系列改变：一是城市人口的比例逐年提高（从2013年的53.7%增加到2017年的58.5%），乡村人口的比例逐年降低（从2013年的46.3%减少到2017年的41.5%）。二是流动人口和人户分离人口有所增加。2017年末，全国农民工总量比上年增长了1.7%，达到2.86亿人。其中，外出农民工增长1.5%，达到1.72亿人。三是0—14岁儿童占总人口的比例变化不大，但64岁以上人口比例逐年增加，从2013年的9.7%增加到2017的10.8%。

根据2017年国民经济和社会发展统计公报，从地区分布来看，虽然2013—2016年人口总数增加了近2200万人，大多数省份人口都有所增加，但幅度不大。从全国四个直辖市来看，天津增加了90万人，重庆增加了78万人，北京增加了58万人，上海只增加了5万人。人口增加最多的省份是广东，增加了355万人。辽宁、吉林、黑龙江三省人口略有减少。

表7-2表明，随着我国总人口的增加，2013—2016年，持证残疾人总数也有所增加（增加407.9万人），义务教育阶段入学特殊儿童增加了12.3万人，持证残疾儿童在读人数与普通儿童在读人数的比率有所降低。

表7-2　2013—2016年全国人口数及分布结构

	2013年	2014年	2015年	2016年
全国总人口（万人）	136072	136782	137462	138271
城镇人口（百分比）	73111（53.7%）	74916（54.8%）	77116（56.1%）	79298（57.4%）
乡村人口（百分比）	62961（46.3%）	61866（45.2%）	60346（43.9%）	58973（42.7%）
0—14岁人口（百分比）	22329（16.4%）	22558（16.5%）	22715（16.5%）	23008（16.7%）
64岁以上人口（百分比）	13161（9.7%）	13755（10.1%）	14386（10.5%）	15003（10.8%）

续表

	2013年	2014年	2015年	2016年
人户分离人口（万人）	28900	29800	29400	29200
流动人口（万人）	24500	25300	24700	24500
持证残疾人口（万人）	2811.5	2946.7	3145.7	3219.4
义务教育阶段学龄普通儿童（万人）	13800	13800	14000	14200
义务教育阶段学龄特殊儿童入学（万人）	35.8	38.5	43.2	48.1
持证残疾儿童与普通儿童入学人数比	1∶0.0025	1∶0.0028	1∶0.0031	1∶0.004

注：我国残疾人数量远超持证残疾人数。

数据来源：《中国统计年鉴2017》、2014—2017年《全国教育事业发展统计公报》、2013—2017年《中国儿童发展纲要（2011—2020年）》统计监测报告。

如表7-3所示，2007—2016年，我国特殊教育学校的类别结构和学生结构（按障碍类别分）都发生了一定的变化。虽然特殊教育学校从2007年的1618所增加到2016年的2080所，但盲校与聋校数量都明显减少，培智学校（辅读学校）与综合学校数量明显增加。

表7-3 我国特殊教育学校类别结构和学生结构（2007—2016年）

	2007年	2008年	2009年	2010年	2011年	2012年	2013年	2014年	2015年	2016年
特殊教育学校（所）	1618	1640	1672	1706	1767	1853	1933	2000	2053	2080
盲校（所）	33	36	35	33	32	32	32	31	30	29
聋校（所）	579	564	541	478	452	456	446	442	437	425
培智学校/辅读学校（所）	380	388	401	396	391	408	428	445	458	464
综合学校（所）	626	652	695	799	892	957	1027	1082	1128	1162
特殊教育学生（人）	419316	417440	428125	425613	398736	378751	368103	394870	442223	491740
视障（%）	10.68	11.29	11.30	11.54	13.11	10.79	10.89	8.63	8.29	7.33
听障（%）	28.27	28.06	26.87	26.44	27.00	26.69	24.23	22.40	20.23	18.30
智障（%）	49.69	49.30	48.58	49.11	47.45	49.29	50.27	52.08	52.48	52.98
其他障碍（%）	11.36	11.36	13.25	12.90	12.44	13.23	14.61	16.89	19.00	21.38

数据来源：2007—2016年《中国教育统计年鉴》。

全国与地区性人口总数、人口分布与结构的变化势必给以残疾人为对象的特殊教育的发展带来一定的影响，主要体现在以下四方面。

第一，城市人口的增加、流动人口和农民工数量的增长，不仅给城市尤其是大城市的教育增加了压力，更给特殊教育落实"一人一案"、实现"零拒绝"、推行普特融合带来一些困难。

第二，随着医疗技术的进步，一方面，优生优育降低了新生人口中传统的听障、视障儿童的比例，尤其是后天致盲和失聪儿童的比例不断下降；另一方面，新生儿存活率提高，患有智障、自闭症的儿童和多重残疾与重度残疾的儿童比例逐渐提高，给特殊教育的发展带来了新的困难。许多地区都缺乏"医教结合""教康结合"的条件，严重缺乏专业教师和相关设备条件。

第三，我国人口数量与结构的变化，也带来了我国特殊教育学校类别和学生结构的改变。如表7-4所示，2007—2016年，我国特殊教育学校虽然从1593所增加到2080所，入学的残疾儿童从41.93万人增加到49.17万人，但盲校、聋校数量都在减少。相比之下，智障儿童与其他障碍儿童（如自闭症儿童和多重残疾儿童）的数量大幅度增加。智障儿童与其他障碍儿童在残疾儿童中所占的比例分别从2007年的49.69%和11.36%增加到2016年的52.98%和21.38%。

第四，随着重度残疾与多重残疾儿童的增加，要落实"零拒绝"，就必须给一部分没有能力来校上学的残疾儿童提供"送教上门"与"送康上门"服务。

第五，伴随着特殊教育与普通教育从隔离走向融合发展，需要进一步完善随班就读的支持保障体系，为随班就读的残疾儿童提供更高水平的专业服务，这便需要普通学校和特殊教育学校共同合作，需要提供开展融合教育的专项经费支持。

二、计划实施期间的经济增长

2017年国民经济和社会发展统计公报（国家统计局，2018）数据显示，2017年我国初步核算全年国内生产总值为827122亿元，比上年增长6.9%（见图7-1）。其中，第一产业增加值为65468亿元，增长3.9%；第二产业增加值为334623亿元，增长6.1%；第三产业增加值为427032亿元，增长8.0%。2017年，第一产业增加值占国内生产总值的比例为7.9%，第二产业增加值占国内生产总值的比例为40.5%，第三产业增加值占国内生产总值的比例为51.6%（见图7-2）。全年人均国内生产总值为59660元，比上年增长6.3%。全年国民总收入为825016亿元，比上年增长7.0%。国内生产总值和第三产业增加值的连续增长，为我国教育的发展提供了经济基础。

图7-1 2013—2017年国内生产总值及其增长速度

资料来源：国家统计局. 中华人民共和国2017年国民经济和社会发展统计公报[EB/OL].（2018-02-28）[2019-07-05]. http://www.stats.gov.cn/tjsj/zxfb/201802/t20180228_1585631.html.

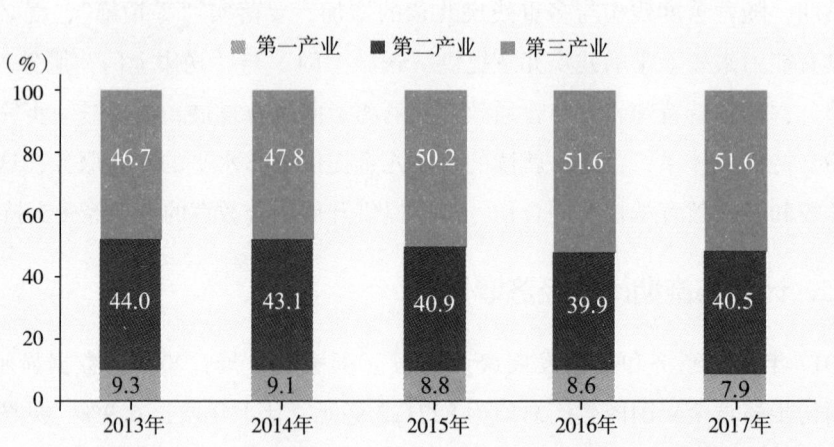

图7-2 2013—2017年三次产业增加值占国内生产总值比例

资料来源：国家统计局. 中华人民共和国2017年国民经济和社会发展统计公报[EB/OL].（2018-02-28）[2019-07-05]. http://www.stats.gov.cn/tjsj/zxfb/201802/t20180228_1585631.html.

三、计划实施期间的人民生活水平

如图 7-3 所示,从居民收入情况来看,2017 年全国居民人均可支配收入为 25974 元,比上年增长 9.0%,扣除价格因素,实际增长 7.3%。城镇居民人均可支配收入为 36396 元,比上年增长 8.3%,扣除价格因素,实际增长 6.5%。城镇居民人均可支配收入中位数为 33834 元,比上年增长 7.2%。农村居民人均可支配收入为 13432 元,比上年增长 8.6%,扣除价格因素,实际增长 7.3%。农村居民人均可支配收入中位数为 11969 元,比上年增长 7.4%。全国居民按收入五等份分组,低收入组人均可支配收入为 5958 元,中等偏下收入组人均可支配收入为 13843 元,中等收入组人均可支配收入为 22495 元,中等偏上收入组人均可支配收入为 34547 元,高收入组人均可支配收入为 64934 元。全国农民工人均月收入为 3485 元,比上年增长 6.4%。

图 7-3 2013—2017 年全国居民人均可支配收入及其增长速度

资料来源:国家统计局. 中华人民共和国 2017 年国民经济和社会发展统计公报[EB/OL].(2018-02-28)[2019-07-05]. http://www.stats.gov.cn/tjsj/zxfb/201802/t20180228_1585631.html.

2017 年,全国居民人均消费支出比上年增长 7.1%,扣除价格因素,实际增长 5.4%。按常住地分,城镇居民人均消费支出为 24445 元,比上年增长 5.9%,扣除价格因素,实际增长 4.1%;农村居民人均消费支出为 10955 元,比上年增长 8.1%,扣除价格因素,实际增长 6.8%。恩格尔系数为 29.3%,比上年下降 0.8 个百分点，其中城镇为 28.6%，农村为 31.2%。

由表 7-4 与图 7-4 可见，全国居民人均消费支出中用于教育文化与医疗保健的费用呈现逐年增加的趋势。

表 7-4　2013—2017 年全国居民生活基本情况

项目	2013 年	2014 年	2015 年	2016 年	2017 年
居民人均可支配收入（元）	18311	20167	21966	23821	25974
教育文化费用（元）	1398	1536	1723	1915	2086
教育文化费用所占比例（%）	—	—	11.0	11.2	11.4
医疗保健费用（元）	912	1045	1165	1307	1451
医疗保健费用所占比例（%）	—	—	7.4	7.6	7.9
参加基本医疗保险人数（万人）	57322	59774	66570	74839	117664
享受城市居民最低生活保障人数（万人）	—	—	1708.0	1479.9	1264.0
享受农村居民最低生活保障人数（万人）	—	—	4903.2	4576.5	4047.0
农村贫困人口（万人）	8249	7017	5575	4335	3046

数据来源：2013—2017 年国民经济和社会发展统计公报、《中国统计年鉴 2017》。

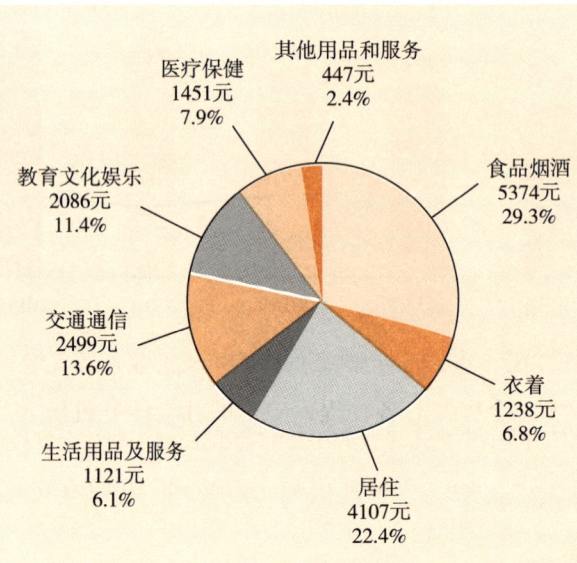

图 7-4　2017 年全国居民人均消费支出及其构成

资料来源：国家统计局. 中华人民共和国 2017 年国民经济和社会发展统计公报[EB/OL].（2018-02-28）[2019-07-05]. http://www.stats.gov.cn/tjsj/zxfb/201802/t20180228_1585631.html.

2017年末，全国参加城镇职工基本养老保险人数为40199万人，比上年末增加2269万人。参加城乡居民基本养老保险人数为51255万人，增加408万人。参加基本医疗保险人数为117664万人，增加43272万人。其中，参加职工基本医疗保险人数为30320万人，增加789万人；参加城乡居民基本医疗保险人数为87343万人，增加42483万人。参加失业保险人数为18784万人，增加695万人。全国领取失业保险金人数为220万人。参加工伤保险人数为22726万人，增加836万人；其中参加工伤保险的农民工有7807万人，增加297万人。参加生育保险人数为19240万人，增加789万人。全国共有1264万人享受城市居民最低生活保障，4047万人享受农村居民最低生活保障，467万人享受农村特困人员救助供养。全年资助5203万人参加基本医疗保险，医疗救助3536万人次。国家抚恤、补助各类优抚对象859万人。

2017年底，全国有线电视实际用户为2.20亿户，其中有线数字电视实际用户为1.98亿户。广播节目综合人口覆盖率为98.7%，电视节目综合人口覆盖率为99.1%。全国共有公共图书馆3162个，总流通72641万人次；共有文化馆3327个。这些为实现远程教育奠定了基础。

从卫生和社会服务情况来看，2017年末，全国共有医疗卫生机构99.5万个，其中医院3.0万个，包括公立医院1.2万个，民营医院1.8万个；基层医疗卫生机构94.0万个，其中乡镇卫生院3.7万个，社区卫生服务中心（站）3.5万个，门诊部（所）23.0万个，村卫生室63.8万个；专业公共卫生机构2.2万个，其中疾病预防控制中心3482个，卫生监督所（中心）3133个。卫生技术人员有891万人（见图7-5），其中执业医师和执业助理医师335万人，注册护士379万人。医疗卫生机构有床位785万张，其中医院609万张，乡镇卫生院125万张。全年总诊疗人次为81.0亿人次，出院人数为2.4亿人。

此外，2017年末，全国共有各类提供住宿的社会服务机构3.2万个，其中养老服务机构2.9万个，儿童服务机构656个。社会服务床位有749.5万张，其中养老服务床位714.2万张，儿童服务床位9.6万张。社区服务中心有2.5万个，社区服务站有13.9万个。

按照每人每年2300元（2010年不变价）的农村贫困标准计算，2017年末，农村贫困人口有3046万人，比上年末减少1289万人（见图7-6）；贫困发生率为3.1%，比上年下降1.4个百分点。贫困地区农村居民人均可支配收入为9377元，比上年增长10.5%，扣除价格因素，实际增长9.1%。总之，国民经济的发展与人民生活水平的提高，为特殊教育的发展奠定了坚实的基础。

图 7-5　2013—2017 年卫生技术人员人数

资料来源：国家统计局. 中华人民共和国 2017 年国民经济和社会发展统计公报［EB/OL］.（2018-02-28）［2019-07-05］. http://www.stats.gov.cn/tjsj/zxfb/201802/t20180228_1585631.html.

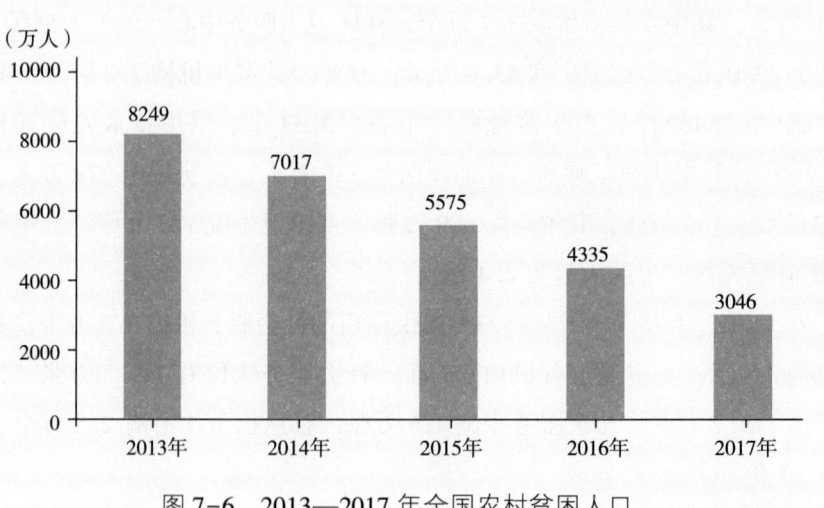

图 7-6　2013—2017 年全国农村贫困人口

资料来源：国家统计局. 中华人民共和国 2017 年国民经济和社会发展统计公报［EB/OL］.（2018-02-28）［2019-07-05］. http://www.stats.gov.cn/tjsj/zxfb/201802/t20180228_1585631.html.

四、计划实施期间的教育发展

2017年研究生教育招生80.5万人，在学研究生263.9万人，毕业生57.8万人。普通本专科招生761.5万人，在校生2753.6万人，毕业生735.8万人（见图7-7）。中等职业教育招生582.4万人，在校生1592.5万人，毕业生496.9万人。普通高中招生800.1万人，在校生2374.5万人，毕业生775.7万人。初中招生1547.2万人，在校生4442.1万人，毕业生1397.5万人。普通小学招生1766.6万人，在校生10093.7万人，毕业生1565.9万人。特殊教育招生11.1万人，在校生57.9万人，毕业生6.9万人。学前教育在园幼儿4600.1万人。九年义务教育巩固率为93.8%，高中阶段毛入学率为88.3%。

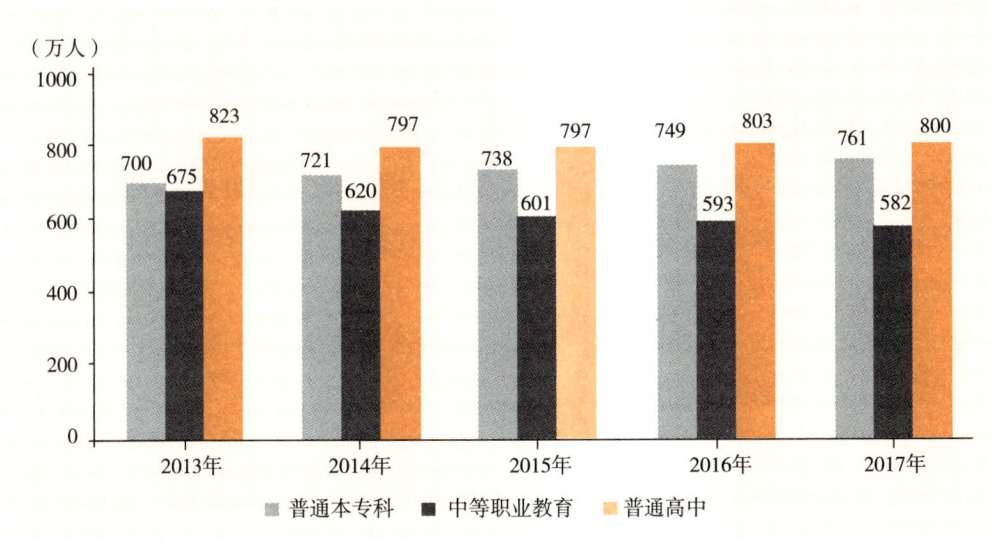

图7-7　2013—2017年普通本专科、中等职业教育及普通高中招生人数

资料来源：国家统计局. 中华人民共和国2017年国民经济和社会发展统计公报［EB/OL］. (2018-02-28)［2019-07-05］. http://www.stats.gov.cn/tjsj/zxfb/201802/t20180228_1585631.html.

五、计划实施促进特殊教育大发展

《特殊教育提升计划（2014—2016年）》明确提出了我国在2014—2016年发展特殊教育的三大重点任务：一是提高普及水平。针对实名登记的未入学残疾儿童少年残疾状况和教育需求，采取多种形式，逐一安排其接受义务教育。积极发展残疾儿童学前教育，大力发展以职业教育为主的残疾人高中教育，加快发展残疾人高等教育，逐步提高非义务教育阶段残疾人接受教育的比例。二是加强条件保障。提高特殊教育学校生均经费预算内公用经费标准。建立健全覆盖全体残疾学生的资助体系。改善特殊教育办学条件，加强残疾学生学习和生活无障碍设施建设。三是提升教育教学质量。研制盲、聋、培智三类特殊教育学校课程标准。健全适合残疾学生学习特点的教材体系。扩大特殊教育教师的培养规模，加大特殊教育教师培训力度，提高特殊教育教师专业化水平。逐步建立特殊教育质量监测评估体系。

经过三年的努力，第一期特殊教育提升计划提出的目标基本实现，布置的任务基本完成。该计划的实施使我国特殊教育的发展进入了快车道，取得了显著的成效。

（一）残疾儿童教育普及水平显著提高

第一期特殊教育提升计划将提高普及水平作为重中之重。20世纪80年代以来，适龄残疾儿童义务教育的普及水平是国家一直关注的问题。1989年5月国家教委等部门印发的《关于发展特殊教育的若干意见》第十条明确规定，"各地应根据本地区经济、文化发展的不同情况，分别制定发展特殊教育的规划目标：——大、中城市和经济、文化比较发达的沿海地区，以及经济、文化中等发达的地区中经济条件较好的县（市），到'八五'的最后一年（即1995年），盲、聋和轻度弱智学龄儿童入学率达到70%以上。'九五'期间，在继续发展、巩固、提高初等教育的基础上使初级中等以上的残疾人教育有适当的发展"。第一期特殊教育提升计划明确规定三年内视力、听力、智力残疾儿童义务教育入学率达90%以上。

从全国情况来看，根据2006年第二次全国残疾人抽样调查结果，我国6—14岁的适龄残疾儿童有246万人，除有视力残疾儿童13万人、听力残疾儿童11万人、智力残疾儿童76万人外，还有其他4类残疾儿童146万人（包括言语残疾儿童17万人、肢体残疾儿童48万人、精神残疾儿童6万人、多重残疾儿童75万人）。2015年公布的国民经济和社会发展统计公报显示，2014年在校接受特殊教育的学生有39.5万人（比2013年的36.8万人增加了约3万人）。以上述数据推算，全国目前三类适龄残疾儿童接受义务教育的比例没有达到50%。正因为这样，各省份残联 2014 年的报告中,都列出了 7 类和 3 类适龄残疾儿童未入学人数。

对于第一类地区的天津、北京、上海来说,适龄残疾儿童的入学率都已经达到普通儿童的水平,目前已远远超过计划的要求。第二类地区中的大多数省份,如江苏、浙江、山东、辽宁、福建等,残疾儿童义务教育入学率也超过了 90%,正在向 95%—96% 的水平迈进。第三类地区中的河北也基本达到标准。但是,第三类地区、第四类地区中的大多数省份,还需要经过一番努力才能达到 90% 的标准。例如,湖南、广西等省份明确提出三年里分别以 80%、85%、90% 的水平分期达到计划的要求。在第四类地区中,云南、贵州提出三年后能达到标准,西藏提出三年后达到 80% 以上,甘肃提出三年里逐步达到 75%、80%、85% 的水平。

在执行第一期特殊教育提升计划的过程中,各地采用了多种不同的方法,落实"一人一案",扩大残疾儿童接受教育的机会。我国义务教育与高中阶段残疾儿童在校生人数从 2013 年的 36.8 万人增加到 2017 年的 57.9 万人,不仅解决了 8.4 万名视障、听障和智障儿童的入学问题,还解决了一部分自闭症儿童、脑瘫儿童与多重残疾儿童的入学问题。目前,我国在校残疾学生人数达到历史新高。比较而言,中部地区增幅最大。在校残疾学生中,三类残疾儿童仍然占相当大的比例,其他类别残疾儿童,如脑瘫儿童、自闭症儿童及多重残疾儿童的人数增幅显著;送教上门与远程教育也得到了发展,在实名登记的未入学残疾儿童中,一部分不能入校的重度残疾和多重残疾儿童接受了"医教结合"的送教上门服务和远程教育服务。

此外,非义务阶段残疾儿童教育也得到了较大发展。残疾幼儿接受普惠性学前教育的机会大幅度增加,在北京、天津、上海、青岛、广州、石家庄以及推行"医教结合"的国家特殊教育改革实验区,越来越多的幼儿园推行早期融合教育,使一部分残障儿童能得到早期的教育、干预。

伴随我国高等教育的大众化,有的地区开始实行残疾儿童 12 年义务教育,面向残疾少年的高中教育和职业教育也不断发展,接受残疾少年的普通高中、职业学校不断增加,在读的残疾学生人数逐渐增长。2014 年教育部首次在高考中为盲人考生专门研制试卷,首次专门设立残疾人中医专业硕士学位,首次在硕士研究生招生考试中实现残疾学生单考单招。2015 年,教育部会同中国残联印发《残疾人参加普通高等学校招生全国统一考试管理规定(暂行)》,第一次在全国范围内为残障学生参加高考与平等竞争创造条件。迄今为止,全国已有 80 多所高等院校创办了特殊教育系或特殊教育专业；直接招收残疾人的高等院校由20世纪末的3所增加到23所，越来越多的高等院校接纳残疾人入校接受高等融合教育。已经有2万多名残疾青年进入高等特殊教育院校，12万多名残疾大学生和普通大学生一起在蓝天下实现了完成高等专业教育的梦想。

（二）特殊教育财政投入大幅度增加

从2014年起，我国提供特殊教育发展专项补助费的省份从10个增加到28个，专项补助费也从5500万元提高到4.1亿元（教育部，2016c）。在"十二五"期间，中央财政特殊教育经费达到9.5亿元。2012—2015年国家共下拨了24.42亿元，用于实施特殊教育学校建设二期工程。在这些专项特殊教育费用的支持下，许多特殊教育学校的校舍和教育教学条件得到很大改善，61所残疾人中等和高等职业教育学校以及培养特殊教育教师的高等师范院校的专业人才培养能力得到提升。这也为37个国家特殊教育改革实验区的建设奠定了基础。与此同时，各地对特殊教育项目的投入也大幅度增加。例如，广东投入12.5亿元支持特殊教育学校的建设，新疆投入1.5亿元支持特殊教育资源中心、资源教室的建设，云南和陕西每年分别安排5000万元和3000万元设立省级特殊教育专项补贴，山西、黑龙江等11个省份明确将3%—10%的残疾人就业保障金用于支持特殊教育的发展。

中央和地方各级政府对特殊教育财政投入总量增加，在专项特殊教育经费、常规化经费和专项经费有机结合等方面也形成了一定的制度。例如，通过地方投入和财政转移支付，义务教育阶段特殊教育学校的残疾儿童每年生均经费达到6000元以上。残疾人家庭教育负担，特别是义务教育阶段的教育负担逐渐减轻，有些地区的残疾人家庭已不需要承担相关支出等。

《特殊教育提升计划（2014—2016年）》明确指出，三年内特殊教育学校生均公用经费要达到每年6000元以上，随班就读、特教班与送教上门的义务教育阶段生均公用经费参照上述标准执行。要解决这个问题，必须加大政府财政对特殊教育的经费投入，利用残疾人就业保障金和福利彩票募集的资金。

2014年发布的国家教育督导报告中的2013年义务教育均衡发展督导评估明确指出，为了全面落实残疾学生接受免费义务教育和扶残助学相关政策，保障残疾学生的受教育权利，据不完全统计，2012—2013年，各地投入经费22.84亿元，新建、改扩建特殊教育学校累计532所，覆盖1695个县。与此同时，各地加大投入，不断改善特殊教育学校办学条件、落实特殊教育教师待遇、提高生均公用经费标准，使特殊教育学校硬、软件资源得到全面优化。浙江、河北两省每县均设立1所特殊教育学校，特殊教育学校生均公用经费按当地普通同级学校生均公用经费的10倍以上拨付，各县残疾儿童入学率均达到90%以上。

2014年，在全国接受各级各类教育的2.6亿名学生中，三分之二享受免费教育政策，三分之二享受各种资助政策。可以说，教育公平在近年来得到了极大的推动。国家各项资助政策实现了全面覆盖。在义务教育阶段，从最初的"两免一补"发展到目前至少是"三免两补"。

从特殊教育学校生均公用经费标准来看，不同地区存在差异。第一类地区远远超出标准，如上海在2011年就把特殊教育生均公用经费标准提高到不低于7800元，残疾儿童从学前至高中阶段实施免费教育。第二类地区的大部分省份能达到或超过标准，但第三类、第四类地区解决这一问题还有相当大的困难。从各省份的三年计划中，可以看到对生均公用经费标准有两种提法：一种是直接表明特殊教育学校学生的人均公用经费标准是每年6000元；另一种是以普通学生人均公用经费标准的5倍、8倍、10倍或15倍来计算，但并未明确说明该地区普通学生的人均公用经费标准。

据教育部2014年公布的数据，我国中西部地区小学人均公用经费标准是每年600元，初中是每年800元；东部地区小学人均公用经费标准是每年650元，初中是每年850元。所以，特殊教育学校学生人均公用经费要达到每年6000元，相当于进行普通学校学生人均公用经费10倍左右的投入。

需要特别指出的是，2015年11月，为了统筹城乡义务教育的资源均衡配置，国务院发布了《关于进一步完善城乡义务教育经费保障机制的通知》，明确规定，从2016年春季学期开始，统一城乡义务教育学校生均公用经费基准定额：中西部地区普通小学每年600元，普通初中每年800元；东部地区普通小学每年650元，普通初中每年850元。在此基础上，对寄宿制学校按照寄宿生生均每年200元标准补助公用经费。特殊教育学校和随班就读残疾学生按每生每年6000元标准补助公用经费。落实生均公用经费基准定额所需资金由中央和地方按不同的比例分担。文件下发后，各省份积极响应，根据中央文件精神，结合地区的实际情况，纷纷出台了相应的实施方案。

第三节 特殊教育主要经费指标与拨款地区差异

一、普通教育、特殊教育经费投入差异

和许多国家一样，我国的教育投入也主要采取中央和地方共同投入的方式。义务教育阶段的投入，是以县级地方政府财政投入为主。义务教育阶段的特殊教育投入也是如此。

从表7-5中可以看出，2006—2016年，伴随着我国国内生产总值的增加（从2006年的210871.0亿元增加到2016年的744127.2亿元），国家财政性教育经费也从6348.36亿元增加到31396.25亿元，占国内生产总值的比例也从3.01%提高到4.22%。义务教育阶段的小学与初中生均公共财政预算公用经费也从270.94元、378.42元分别增加到2610.80元和3562.05元。

表7-5　2006—2016年国家教育经费情况

年份	国家财政性教育经费占国内生产总值的比例（%）	国内生产总值（亿元）	国家教育经费总投入（亿元）	国家财政性教育经费（亿元）	公共财政教育经费（亿元）	义务教育阶段生均公共财政预算公用经费（元）	
						小学	初中
2006年	3.01	210871.0	9815.31	6348.36	5795.61	270.94	378.42
2007年	3.32	249529.9	12148.07	8280.21	7654.91	425.00	614.47
2008年	3.48	300670.0	14500.74	10449.63	9685.56	616.28	936.38
2009年	3.59	340507.0	16502.71	12231.09	11419.30	743.70	1161.97
2010年	3.66	401202.0	19561.85	14670.07	13489.56	929.89	1414.33
2011年	3.93	472882.0	23869.29	18586.70	16804.56	1366.41	2244.93
2012年	4.28	518942.1	27695.97	22236.23	20314.17	1829.24	2691.76
2013年	4.30	568845.2	30364.72	24488.22	21405.67	2068.47	2983.75
2014年	4.15	636139.0	32806.46	26420.58	22576.01	2241.83	3120.81
2015年	4.26	685505.8	36129.19	29221.45	25861.87	2434.26	3361.11
2016年	4.22	744127.2	38888.39	31396.25	30753.04	2610.80	3562.05

数据来源：2006—2016年《中国教育经费统计年鉴》。

由于经济发展与教育投入的差异,各省份公共财政教育经费占公共财政支出比例的增长幅度以及公共财政教育经费相比财政经常性收入的增长幅度是有所不同的。

从表7-6中可以看出,在执行第一期特殊教育提升计划的前几年,全国公共财政教育经费占公共财政支出的比例基本上保持略有减少的态势,但地区性差异比较大。从时间上看,2015年,河北、山西、辽宁、黑龙江、四川、云南、西藏公共财政教育经费相比财政经常性收入的增长幅度都在10%以上,但北京、天津、上海的增长幅度分别是-18.94%、-20.72%和-19.16%,并且2016年也呈现负增长趋势;从地区上看,经济比较发达、特殊教育发展相对较快的地区,如北京、天津、上海,两类增幅都有降低的趋势,表明特殊教育基本进入了平稳发展期。而原来特殊教育发展相对滞后的地区则有集中发力趋势。

表7-6 2012—2016年全国及各省份公共财政教育经费增幅比较

(单位:%)

	2012年		2013年		2014年		2015年		2016年	
	占公共财政支出比例增幅	与财政经常性收入相比增幅	占公共财政支出比例增减	与财政经常性收入相比增幅	占公共财政支出比例增幅	与财政经常性收入相比增幅	占公共财政支出比例增幅	与财政经常性收入相比增幅	占公共财政支出比例增幅	与财政经常性收入相比增幅
全国	1.35	—	-0.86	—	-0.40	—	-0.57	—	0.05	—
北京	0.32	1.57	0.15	7.64	0.01	0.23	-1.99	-18.94	-1.00	-8.59
天津	0.81	6.84	0.43	6.55	-0.18	2.81	-3.56	-20.72	-2.85	-9.45
河北	2.70	15.67	-2.06	-13.24	-0.30	1.39	0.62	15.00	0.67	4.54
山西	0.29	0.73	-0.89	-4.47	-0.81	-3.16	1.43	18.60	0.22	0.47
内蒙古	-0.22	0.97	-0.39	-5.69	-0.04	1.04	0.35	-1.06	-0.15	-3.66
辽宁	2.05	15.79	-2.94	-15.13	-1.02	-3.71	1.71	20.88	0.23	-2.08
吉林	3.15	12.84	-2.87	-19.15	-1.53	-9.04	0.77	8.92	-0.79	6.62
黑龙江	4.02	34.87	-2.54	-16.23	0.21	-2.14	-0.37	23.02	-0.15	10.39
上海	0.61	4.05	0.14	-0.25	-1.04	-9.69	-1.76	-19.16	-0.35	-7.61
江苏	1.48	8.19	-0.43	-4.08	-0.02	-1.72	0.47	-2.69	0.45	2.07
浙江	1.28	1.49	-0.79	0.05	0.31	2.74	-1.37	0.12	0.47	1.28
安徽	1.05	10.22	-1.24	-5.76	-0.89	-10.51	0.42	4.00	0.14	1.08

续表

	2012年		2013年		2014年		2015年		2016年	
	占公共财政支出比例增幅	与财政经常性收入相比增幅	占公共财政支出比例增减	与财政经常性收入相比增幅	占公共财政支出比例增幅	与财政经常性收入相比增幅	占公共财政支出比例增幅	与财政经常性收入相比增幅	占公共财政支出比例增幅	与财政经常性收入相比增幅
福建	2.24	19.70	-1.97	-9.87	0.53	-2.02	-0.32	5.93	-0.21	0.31
江西	1.69	17.51	-1.62	-3.97	-0.86	0.24	-0.18	1.61	0.45	2.24
山东	1.26	11.01	-1.31	-3.50	-0.56	-2.93	0.11	2.67	0.37	2.58
河南	1.79	15.76	-1.25	-5.57	-1.54	-9.62	-1.29	-7.63	-0.22	2.57
湖北	1.03	8.96	-1.11	-7.83	0.46	3.98	0.03	8.86	1.22	6.46
湖南	3.17	26.99	-0.23	-2.02	-0.65	-6.92	-0.47	-0.04	0.26	1.92
广东	1.71	9.66	0.07	1.06	0.21	-2.45	-3.51	1.14	0.76	0.15
广西	1.90	14.22	-0.69	-8.96	-0.12	1.75	0.47	8.44	-0.27	-0.24
海南	1.28	10.47	-1.12	-12.61	0.27	-4.43	1.14	6.74	-1.12	2.60
重庆	1.79	27.87	-0.41	-13.76	0.24	-0.85	0.18	5.73	0.42	7.31
四川	3.45	29.11	-1.46	-6.05	-1.11	-4.16	1.12	12.16	-0.64	0.16
贵州	1.93	12.01	-0.23	-4.84	-0.12	0.30	1.62	9.85	0.26	1.34
云南	2.24	21.94	-2.21	-11.70	-1.30	-3.20	1.00	10.14	1.14	10.13
西藏	0.12	-0.16	0.79	0.04	1.15	9.97	0.92	21.20	-1.88	-11.17
陕西	2.83	7.86	-0.98	-4.24	-1.05	-6.88	-0.46	-6.39	0.62	12.73
甘肃	2.37	13.87	-1.30	-10.21	-0.51	-6.54	1.12	8.63	0.52	1.68
青海	0.99	2.02	-4.39	-36.42	1.56	15.93	-0.82	-7.04	0.30	0.45
宁夏	-1.89	-2.43	0.21	-9.64	-0.16	-11.75	0.27	3.90	-0.29	1.36
新疆	-0.49	3.58	-0.04	0.37	-0.14	-30.57	0.03	-1.32	-0.80	-8.30

数据来源：2012—2016年《全国教育经费执行情况统计公告》。

如表7-7所示，以2016年为例，特殊教育经费分别占国家教育经费总投入的0.35%、财政性教育经费的0.42%、公共财政教育经费的0.43%。特殊教育经费较少，主要原因是我国目前特殊教育的对象主要是义务教育阶段的视障、听障、智障三类儿童。同时，有很大一部分已经在普通学校随班就读和接受融合教育的儿童并没有被登记为残疾儿童。只是某些比较发达的地区才开始考虑其他类型的有特殊教育需要的儿童，并将所涵盖的教育阶段从义务教育向学前教育和高中后教育延伸。

表 7-7 2015—2016 年特殊教育经费及占比

项目	2015 年			2016 年		
	国家教育经费总投入（亿元）	国家财政性教育经费（亿元）	公共财政教育经费（亿元）	国家教育经费总投入（亿元）	国家财政性教育经费（亿元）	公共财政教育经费（亿元）
普通教育与特殊教育	36129.19	29221.45	25861.87	38888.39	31396.25	30753.04
特殊教育	122.11	119.18	118.09	135.74	132.68	131.64
特殊教育所占比例	0.34%	0.41%	0.46%	0.35%	0.42%	0.43%

数据来源：2015—2016 年《中国教育经费统计年鉴》。

二、生均公用经费

生均公用经费，也称生均预算内公用经费，是指平均每名学生在教育事业费中耗费的公用经费，是考核教育成本、教育投资使用率的主要指标。生均公用经费通常包括公务费、设备费、修缮费、业务费与其他费用，其计算方法是将年度教育事业费减除人员费用后除以在校学生数。

《特殊教育提升计划（2014—2016 年）》在"加大特殊教育经费投入力度"部分明确指出："切实保障特殊教育学校正常运转。义务教育阶段特殊教育学校生均预算内公用经费标准要在三年内达到每年 6000 元，有条件的地区可进一步提高。"如何采取必要的措施落实这一指示，就成为执行计划的重要任务之一。

根据北京市财政局、北京市教育委员会 2015 年发布的关于调整基础教育公用经费定额标准的通知，特殊教育学校学生的生均公用经费包括学校日常公用经费、个人小型辅助器械的配备与维护更新、低值康复设备的维护与更新、教师特教和康复专业培训费、辅助人员劳务、会议和交流费、残奥和特奥体育运动经费等七个项目。若以学校、教师、学生为项目分解对象，分解结果为：学校固定支出 39800 元，教师 800 元，学生 3874 元。若按每校平均 52 名教职工、130 名学生计算，生均公用经费定额为每年 4500 元。

但大部分地区义务教育阶段的特殊教育学校生均公用经费定额标准是根据普通学校生均公用经费定额的倍数来确定的。各地特殊教育学校生均公用经费定额标准差异较大，大部分为普通学校生均公用经费定额的 3—10 倍。

在国家第二期特殊教育提升计划颁布后，有些省份强调提高特殊教育学生的生均公用经费，如山东省发布的第二期特殊教育提升计划强调，2019 年义务教育阶段特殊教育生均公用经费要达到 8000 元，已高于该标准的不得降低，学前、高中阶段特殊教育生均公用经费参照执行。

三、随班就读与经费投入

虽然我国已经形成了"以普通学校随班就读和附设特教班为主体，以特殊教育学校为骨干"的特殊教育办学体制，但是并没有确立与之相匹配的特殊教育经费分配机制。《特殊教育提升计划（2014—2016 年）》在阐述义务教育阶段特殊教育学校生均预算内公用经费标准要达到每年 6000 元时提出，"随班就读、特教班和送教上门的义务教育阶段生均公用经费参照上述标准执行"，但在经费使用上，我国绝大部分特殊教育经费被用于特殊教育学校。1998—2011 年，我国特殊教育学校投入从 8.4 亿元增加到 73.8 亿元，略高于同期教育经费增速。《"十一五"期间中西部地区特殊教育学校建设规划（2008—2010 年）》规定 2008—2010 年中央安排专项经费约 6 亿元用于支持 180 余所中西部特殊教育学校建设，2010—2011 年中央共安排 41 亿元用于支持中西部地区新建、改扩建特殊教育学校（袁贵仁，2011），大量经费被用于学校基础设施建设以及教学仪器设备、康复训练设施和图书资料的购置。2007—2011 年，特殊教育学校基建支出占特殊教育学校经费的比例从 1.99%增加到 9.18%（2010 年达到了 15.94%），公用经费占事业费的比例也从 30.25%提高到 42.96%。

为了推动融合教育，提高普通学校随班就读学生所接受的教育教学的质量，中央和一些地方政府对提高特殊教育经费，建立与特殊教育办学体制相适应的经费保障机制做出了明确规定。例如，《第二期特殊教育提升计划（2017—2020 年）》强调各地政府要"根据残疾学生类别多、程度重、教育成本高等特点，在制定学前、高中阶段和高等教育的生均财政拨款标准时，重点向特殊教育倾斜"。《天津市第二期特殊教育提升计划（2017—2020 年）》提出：继续提高特殊教育学校经费保障水平，义务教育阶段特殊教育学校生均公用经费拨款由每年不低于 6000 元，到 2018 年调整到 10000 元。义务教育阶段随班就读、送教上门残疾学生生均公用经费标准，参照特殊教育学校标准执行。天津市还提出，针对学前至高中阶段的残疾儿童少年，要在"三免两补"的基础上实行"四免多补"，即免杂费、教科书费、住宿生的住宿费、伙食费，补交通费、特殊学习用品费和校服费等。

四、特殊教育经费支持与拨款制度的思考

发展特殊教育，是社会文明、进步、和谐的重要标志。"办好特殊教育"是党的十九大对新时代我国特殊教育发展提出的新要求和新目标，彰显了以人民为中心的新时代社会主义建设的初心与使命。"十二五"期间，通过实行《教育规划纲要》，实施第一期特殊教育提升计划，各级政府加深了对维护教育公平、发展特殊教育的认识，加大了对特殊教育的经费支持，为办好特殊教育奠定了经济基础。从对我国特殊教育经费支持与拨款情况的考察与分析中我们清楚地看到：随着我国经济的发展、国力的增强和人民生活水平的提高，我国教育经费有了大幅度增长，特殊教育的经费，尤其是义务教育阶段特殊教育学校生均公用经费有了明显增长，特殊教育学校的办学条件有明显改善。正是这种财政支持使我国特殊教育进入了有史以来最好的发展时期。

从特殊教育的经费来源和拨款形式来看，我国和一些特殊教育比较发达的国家与地区一样，突出了政府的主导作用，通过中央财政经费支持和地方财政拨款来支持特殊教育的发展。

从特殊教育经费支持的对象来看，目前还主要是特殊教育学校，尤其是单独设立的特殊教育学校。伴随融合教育的推进，有的地区已经开始关注普通学校融合教育的经费支持问题，逐步将支持对象的主体从学校转向有教育教学和服务需要的特殊儿童、需要不断提高专业能力的教师和相关专业人员以及特殊儿童的家长。

从特殊教育经费支持的项目来看，比较集中的是提高残疾儿童的生均公用经费。第一期特殊教育提升计划要求的义务教育阶段预算内生均公用经费每年6000元的标准已经达到，有些地区远远超过了这个标准。有的地方还初步实现了义务教育阶段特殊教育的全免费，并且正在向学前教育、高中教育、职业教育和高等教育阶段延伸。特殊教育教师的津贴在大部分地区已得到落实。

我们也应清楚地看到，由于我国人口多、地域辽阔、特殊教育基础薄弱，我国的特殊教育无论是与发达国家的特殊教育相比，还是与我国的普通教育相比，还有一些需要进一步改进的方面。

一是由于缺乏全国性信息通报系统，我们尚不能准确掌握特殊教育对象人数。

这不仅影响了义务教育阶段适龄残疾儿童"零拒绝"和"一人一案"的落实,也造成特殊教育总经费过低。

二是由于高等教育对特殊教育师资和相关专业人才的培养滞后、储备不足,特殊教育专业教师和相关专业人员缺编,限制了对特殊儿童的科学鉴定、综合评估与安置,妨碍了特殊儿童教育教学与康复质量的提升。

三是为了巩固我国特殊教育发展的成果,应及时地将实验区建设中产生的被实践证明行之有效的地方性政策发展为国家性特殊教育方针政策、专项法规。国家应组织专门机构,尽早研制和颁布我国特殊教育专项法规。通过法律法规来推行普特融合、普职融合,明确相关部门和学校、儿童家长的责任,建立和完善促进我国特殊教育可持续发展的支持保障体系,形成具有稳定性、精准性的国家政策,实现"特教特办"与"制度化""常规化"实施的内在统一,办好新时代的特殊教育,实现中国特殊教育现代化。

参考文献

北京师范大学中国公益研究院，2017. 中国残疾人政策进步指数2017 [EB/OL]. （2018-11-07）[2019-12-11]. http：//www.bnu1.org/show_904.html.

北京市教育委员会，2017. 北京市2016年深化基础教育综合改革情况督导调研报告 [EB/OL]. （2017-04-25）[2019-05-11]. http：//jw.beijing.gov.cn/jyzx/ztzl/bjjydd/ddbg/201903/t20190325_537066.html.

北京市宣武区培智中心学校课题组，黄英，2010. 智障学生职业教育深化研究 [J]. 中国特殊教育（10）：32-38.

边丽，张海丛，滕祥东，等，2018. 我国残疾人高等教育单独招生考试现状与改革建议 [J]. 中国特殊教育（5）：9-14.

陈军，2000. 宽口径培养 小模块变化 大菜单选择：跨世纪特校职教改革之路 [J]. 中国特殊教育（2）：45-47，27.

陈文强，2017. 桐乡的送教上门经验正被推向全国 [EB/OL]. （2017-02-27）[2019-05-11]. http：//www.zjtxedu.org/web/jyzc/jyrd/20170224/135807.aspx.

陈云英，1988. 中国特殊教育的发展和展望 [J]. 特殊教育研究（3）：6-9.

陈云英，1991. 特殊儿童随班就读的研究方向 [J]. 教育研究（特殊教育增刊）：14-17.

陈云英，1993. 随班就读师资培养初步研究 [M]. 北京：教育科学出版社.

陈云英，1996. 随班就读的课堂教学 [M]. 北京：中国国际广播出版社.

陈云英，1997. 在中国发展全纳性教育 [J]. 中国特殊教育（2）：2-5，14.

陈云英，2003. 全纳教育的元型 [J]. 中国特殊教育（2）：3-11.

陈云英，等，2004. 中国特殊教育学基础 [M]. 北京：教育科学出版社.

陈云英，2005. 2004中国特殊儿童教育权利报告 [M]. 北京：人民出版社.

第二次全国残疾人抽样调查领导小组，国家统计局，2009. 2006年第二次全国残疾人抽样调查主要数据公报（第二号）[EB/OL].（2009-05-08）[2021-10-04].http://www.gov.cn/govweb/fwxx/cjr/content_1308391.htm.

董玮倩,昝飞,2011.台湾地区在家教育特殊教育服务概况及启示[J].基础教育（4）：113-118.

冯雅静,朱楠,2018.随班就读资源教师专业化发展的现状与对策[J].中国特殊教育（2）：45-51.

甘昭良,2010.聋校职业教育模式研究[J].中国职业技术教育（9）：46-49.

高成华,2003.聋儿康复事业的历史、现状与展望[J].中国听力语言康复科学杂志（1）：6-7.

高志琼,2002.引导式教育结合中医按摩治疗小儿脑瘫[J].中国康复（1）：40-41.

顾定倩,朴永馨,刘艳虹,2010.中国特殊教育史资料选：下卷[M].北京：北京师范大学出版社.

国家统计局,2007.第二次全国残疾人抽样调查主要数据公报[EB/OL].（2007-05-28）[2018-09-20].http://www.stats.gov.cn/tjsj/ndsj/shehui/2006/html/fu3.htm.

国家统计局,2018.中华人民共和国2017年国民经济和社会发展统计公报[EB/OL].（2018-02-28）[2018-07-05].http://www.stats.gov.cn/tjsj/zxfb/201802/t20180228_1585631.html.

国务院办公厅,2014.全国特殊教育工作电视电话会议召开 李克强作重要批示[EB/OL].（2014-01-27）[2018-09-20].http://www.gov.cn/guowuyuan/2014-01/27/content_2590974.htm.

杭州市上城区教育局,2018.俞林亚：守望特殊孩子,用心做整个学校的"大家长"[EB/OL].（2018-10-15）[2020-03-06].http://www.hzsc.gov.cn/art/2018/10/15/art_1267764_21807649.html.

洪佳琳,陈荣弟,2004.弱智教育职业高中课程体系的研究[J].中国特殊教育（3）：13-18.

胡岢,2004.听力残疾儿童的早期干预[J].中国听力语言康复科学杂志

（1）：48-50.

黄建行，雷江华，2011. 智障学生职业教育模式［M］. 北京：北京大学出版社.

姜晓蓉，2020. "智慧树"五周岁，温暖一座城！［EB/OL］.（2020-10-06）［2020-12-06］. https://www.19lou.com/forum-263-thread-12851577316264665-1-1.html.

教育部，2014. 特殊举措助推特教事业发展：教育部财务司负责人就特殊教育投入答记者问［EB/OL］.（2014-07-30）［2020-06-05］. http://www.moe.gov.cn/jyb_xwfb/s271/t20140730_172531.html.

教育部，2015.《国家中长期教育改革和发展规划纲要》中期评估特殊教育专题评估报告（摘要）［EB/OL］.（2015-11-30）［2019-05-10］. http://www.moe.gov.cn/jyb_xwfb/xw_fbh/moe_2069/xwfbh_2015n/xwfb_151130/151130_sfcl/201511/t20151130_221728.html.

教育部，2016a. 全国31个省份均已建立高职院校生均拨款制度［EB/OL］.（2016-01-11）［2018-09-20］. http://www.moe.gov.cn/jyb_xwfb/gzdt_gzdt/s5987/201601/t20160111_227502.html.

教育部，2016b. 特殊教育学校专任教师学历、职称情况［EB/OL］.（2016-10-12）［2018-09-20］. http://www.moe.edu.cn/s78/A03/moe_560/jytjsj_2015/2015_qg/201610/t20161012_284490.html.

教育部，2016c. 2015年全国教育事业发展统计公报［EB/OL］.（2016-07-06）［2018-07-05］. http://www.moe.gov.cn/srcsite/A03/s180/moe_633/201607/t20160706_270976.html.

教育部，2020. 2019年全国教育事业发展统计公报［EB/OL］.（2020-05-20）［2020-08-07］. http://www.moe.gov.cn/jyb_sjzl/sjzl_fztjgb/202005/t20200520_456751.html.

金野，2004. 新时期对发展我国高等特殊教育的思考［J］. 中国特殊教育（9）：26-29.

孔海燕，毕宪顺，2016. 山东省烟台市残疾人义务教育发展状况的调查研究［J］. 中国特殊教育（2）：19-22，29.

孔元原，2014. 重视新生儿疾病筛查［J］. 健康管理（10）：74-76.

雷江华，2016. "医教结合"理念下"送教上门"实验区工作思考［J］. 现代特殊教育（15）：5-6.

李馥荚，2018. 中职学校的跨界教育发展路径探索：以德清职业中专与普教、特教跨界合作实践为例［J］. 职业（32）：26-27.

李欢，汪甜甜，2018. 我国残疾人高等教育区域布局协调性的实证研究［J］. 中国特殊教育（8）：3-10，17.

李蓉，2011. 健聋融合：聋儿早期康复教育的实践探索［J］. 现代特殊教育（4）：7-9.

李天顺，2008. 落实十七大精神　关心特殊教育　进一步推进特教学校职业教育的发展：在全国特殊教育学校职业技术教育工作现场经验交流会上的报告［J］. 现代特殊教育（1）：9-14.

李元，2012. 新课改　新理念　新变化：北京市盲人学校职业教育改革初探［J］. 现代特殊教育（5）：4-8.

李志军，刘瑾，2001. 脑性瘫痪患儿引导式教育效果观察［J］. 现代康复（12）：123.

梁巍，2007. 聋儿听力语言康复教育的发展趋势与动向［J］. 中国听力语言康复科学杂志（2）：30-33.

凌寒，2012. 卫生部发布《中国出生缺陷防治报告（2012）》［J］. 中国药房（39）：3693.

刘本部，2018. 聋校职业教育的思考与实践［J］. 长春大学学报（5）：121-124.

刘文丽，雷江华，2017. 论促进视障职业教育的多元化发展［J］. 现代特殊教育（20）：53-56.

刘贤伟，2007. "全纳教育"呼唤中国完善特殊教育政策和教育立法［J］. 中国特殊教育（8）：3-7.

刘艳虹，吴曼曼，邹酬云，等，2016. 北京市残疾人教育状况的调查研究［J］. 残疾人研究（3）：71-78.

卢庆春，2000. 脑性瘫痪的现代诊断与治疗［M］. 北京：华夏出版社.

罗阳佳，薛婷彦，2009. 零拒绝：上海特教的承诺［J］. 上海教育（21）：16-17.

罗争光，2018. 透视残疾儿童康复救助制度："拯救折翼的天使"［EB/OL］.（2018-07-11）［2018-09-17］. http：//news. cnr. cn/native/gd/20180711/t20180711_524296873. shtml?from=groupmessage.

吕春苗，张婷，2017. 香港特殊教育经费投入和使用的现状、特点及启示［J］. 现代特殊教育（2）：64-68，74.

吕学静，赵萌萌，2012. 典型国家残疾人社会福利制度比较研究［M］. 北京：首都经济贸易大学出版社.

马斯佳，2016. 自闭症儿童随班就读存在的问题及对策［J］. 现代特殊教育（4）：34-38.

马宇，2012. 教育支持研究的持续探索［M］. 南京：江苏美术出版社.

茅于燕，2007. 智力落后与早期干预［M］. 上海：上海教育出版社.

倪光辉，2014. 习近平就加快发展职业教育作出重要指示 李克强会见全国职业教育工作会议代表并发表讲话［N］. 人民日报，2014-06-24（1）.

潘懋元，1996. 新编高等教育学［M］. 北京：北京师范大学出版社.

彭霞光，等，2013. 中国特殊教育发展报告2012［M］. 北京：教育科学出版社.

彭霞光，2019. 中国特色特殊教育发展模式初步形成［N］. 中国教育报，2019-09-26（6）.

彭霞光，齐媛，2014. 提高特殊教育发展水平的政策建议［J］. 中国特殊教育（12）：3-8.

朴永馨，1988. 中国特殊教育师资的培养［J］. 北京师范大学学报（6）：73-78.

朴永馨，顾定倩，2006. 特殊教育辞典（第二版）［M］. 北京：华夏出版社.

朴永馨，顾定倩，邓猛，2015. 特殊教育辞典：第3版［M］. 北京：华夏出版社.

钱玲玲，2013. 表面肌电对痉挛型脑瘫儿童早期诊断及疗效评估的研究［D］. 合肥：安徽医科大学.

曲学利，2011. PEN 项目在中国：中国聋人高等教育的实践与国际合作［M］. 南昌：江西高校出版社.

任伟宁，孙岩，葛明明，等，2018. 残疾人高等教育入学机会现状分析及对策［J］. 现代特殊教育（18）：19-25，30.

单志艳，等，2013. 中国教师发展报告 2012［M］. 北京：教育科学出版社.

邵志明，乔悦，2018. 信息技术支持下特殊职业教育个别化实训研究：以面点工艺专业为例［J］. 中国教育信息化（20）：30-35.

沈玉林，2016. 探索经济转型期聋校职业教育发展新路：浙江省聋校职业教育发展经验述评［J］. 现代特殊教育（3）：5-8.

石盈盈，胡国华，2018. 随班就读让残疾儿童少年入学"零拒绝"［EB/OL］.（2018-07-16）［2019-05-11］. https：//www.sohu.com/a/241393122_100194662.

史恩胜，吴岚，2015. 送教上门：特教学校功能的创新实践［J］. 现代特殊教育（3）：46-47.

谭奇元，文立平，2013. 维护残疾儿童少年义务教育权益：以湖南省相关调查统计为例［J］. 中国残疾人（6）：50-51.

铁山，郭荣，陈曦，2011. 回忆与思考：谈中国盲人按摩的发展历程［J］. 中国残疾人（6）：46-48.

童欣，曹宏阁，康顺利，2009. 分析借鉴美、俄聋人高等全纳教育经验：以美国国家聋人工学院和俄罗斯鲍曼技术大学聋人中心为例［J］. 中国特殊教育（4）：30-35.

汪飞雪，2011. 对辽宁省特殊教育教师继续教育课程设置问题的思考［J］. 辽宁教育行政学院学报（5）：104-105.

王辉，陈琳，李晓庆，2009. 江苏省特殊教育学校教师职后培训情况调查［J］. 中国特殊教育（2）：52-58.

王荣光，2018. 特殊高等职业教育在残疾人脱贫攻坚进程中的作用研究［J］. 中国校外教育（8）：159-160.

王艳梅，王爱国，2011. 我国高等特殊教育全纳实践的可行性分析：以长春大学视力障碍学生教育为例［J］. 现代教育科学（3）：152-154.

王雁，肖非，2012. 中国特殊教育教师培养研究 [M]. 北京：北京师范大学出版社.

韦小满，唐春梅，于文，2004. 弱智学生最需要掌握什么适应技能 [J]. 中国特殊教育 (6)：37-39.

魏国荣，张华，2001. 小儿脑性瘫痪运动治疗过程中引导式教育的实施 [J]. 现代康复 (9)：5-7.

吴晓英，陈琪，赵丽娟，2020. 特殊教育学校师资供给：问题、归因与对策 [J]. 绥化学院学报 (1)：109-113.

吴筱雅，2009. 中美两国特殊教育教师在职培训现状分析 [J]. 现代特殊教育 (9)：18-21.

夏峰，2005. 大龄智障学生初职教育支持式课程的研究 [J]. 上海教育 (12)：55.

夏峰，杜亚洲，吴金廉，2016. 西部民族地区送教上门的实践探索：以云南省玉溪市元江县为例 [J]. 现代特殊教育 (17)：7-9.

夏小荔，2016. "零拒绝，全接纳"佛山适龄残疾儿童少年入学安置率100% [EB/OL].（2016-05-13）[2019-05-28]. http://finance.china.com.cn/roll/20160513/3720607.shtml.

向群，1998. 脑瘫儿童康复的新方法：引导式教育 [J]. 现代康复 (11)：1176-1178.

肖玲，刘全礼，2016. 澳门特殊教育的发展及启示：以2015年为例 [J]. 绥化学院学报 (10)：5-9.

谢佳闻，2012. 家庭中的残障儿童：从社会模式理论看残障 [M]. 上海：上海社会科学院出版社.

徐胜，张福娟，2009. 促进智力障碍学生自我决定能力发展的家庭支持个案研究 [J]. 中国特殊教育 (7)：39-43.

徐云，1994. 儿童早期教育与训练 [M]. 杭州：浙江教育出版社.

徐云，朱旻芮，2016a. 体感游戏对智障儿童干预的效用分析 [J]. 中国特殊教育 (9)：24-29.

徐云，朱旻芮，2016b. 我国自闭症儿童融合教育的"痛"与"难"［J］. 现代特殊教育（19）：24-27.

许保生，2012. 论残疾人职业教育的现状及发展对策［J］. 浙江师范大学学报（社会科学版）（6）：95-99.

许保生，陈瑞英，2015. 残疾人职业教育的"2+3"学制改革实践研究［J］. 职教论坛（18）：35-38.

许保生，2018. 加强残疾人职业教育学校内涵建设［N］. 中国教育报，2018-07-31（3）.

薛天祥，2001. 高等教育学［M］. 桂林：广西师范大学出版社.

杨赛男，赵斌，2018. "送教上门"内涵、困境及建议［J］. 绥化学院学报（10）：20-23.

杨尧，王芳，何玺玉，2013. 智力障碍的遗传因素研究进展［J］. 中国儿童保健杂志（1）：54-56.

佚名，2016. 2015年度浙江省残疾人状况和小康实现程度监测主要数据公报［EB/OL］.（2016-03-14）［2020-12-06］. http://finance.china.com.cn/roll/20160314/3625016.shtml.

佚名，2019. 标准先行，引领特殊教育学校高质量发展：浙江省教育厅印发《浙江省特殊教育标准化学校评估细则（试行）》［EB/OL］.（2019-03-13）［2020-12-06］. https://www.sohu.com/a/301021130_744795.

于文，2016. 让教育属于所有的孩子：送教上门教育案例［M］. 北京：华夏出版社.

俞晓婷，2018. 浅论残疾儿童受教育权的法律保障：以浙江省为例［J］. 教育教学论坛（21）：246-247.

袁贵仁，2011. 国务院关于实施《国家中长期教育改革和发展规划纲要（2010—2020年）》工作情况的报告：2011年12月28日在第十一届全国人民代表大会常务委员会第二十四次会议上［EB/OL］.（2011-12-29）［2018-07-05］. http://www.moe.gov.cn/jyb_xwfb/moe_176/201112/t20111229_128730.html.

袁新茂，1997. 引导式教育及矫形器治疗脑瘫儿童30例报告［J］. 中国民政医学杂志（6）：333-334.

曾晓东，2012. 中国中小学教师发展报告（2012）[M]. 北京：社会科学文献出版社.

张婕，2016. 我国学前儿童特殊教育的现状和改进策略：基于教育公平视角的分析 [J]. 新乡学院学报（10）：67-69.

章金魁，2020. 听障学生职业教育的"浙江模式" [J]. 现代特殊教育（7）：11-15.

章永，2004. 特殊教育师资的继续教育与管理 [J]. 西南民族大学学报（人文社科版）（4）：345-347.

章永，张慧琼，2017. 特殊教育教师职后"长短结合动态培训"模式构建：基于"天府特殊教育人才素质提升工程"的研究 [J]. 乐山师范学院学报（4）：118-122.

赵聪敏，张雨平，廖伟，等，2002. 引导式教育辅以神经生理学疗法对脑性瘫痪儿童运动功能的改善与评价 [J]. 中国临床康复（7）：954-957.

赵汤琪，2013. "零拒绝"对随班就读实践的影响 [J]. 南京特教学院学报（2）：14-19.

赵小红，2003. 弱智青少年职业教育的培养目标和课程设置探讨 [J]. 中国特殊教育（6）：20-25.

赵小红. 2009. 近20年中国智力残疾学生职业教育研究进展 [J]. 中国特殊教育（8）：27-34.

赵小红，2013. 近25年中国残疾儿童教育安置形式变迁：兼论随班就读政策的发展 [J]. 中国特殊教育（3）：23-29.

赵小红，都丽萍，2014. 我国三类残疾人中等职业教育发展现状及对策 [J]. 中国特殊教育（1）：10-16.

浙江省残疾人联合会，2017. 2016年度浙江省残疾人全面小康实现程度主要数据公报 [EB/OL]. （2017-04-24）[2018-10-04]. http：//www.zjcl.com.cn/sjzx/sytj/2017/04/24/27236.htm.

浙江省教育厅，2016. 2015年浙江教育事业发展统计公报 [EB/OL]. （2016-

04-18）[2020-12-06].http：//jyt.zj.gov.cn/art/2016/4/18/art_1229266680_2379024.html.

中国残疾人联合会，2008.1987年全国残疾人抽样调查研究资料-视力残疾人基本情况[EB/OL].（2008-07-17）[2020-12-06].http：//www.chinadp.net.cn/data-search_/aboutUs/2008-07/17-562.html.

中国残疾人联合会，2013.2012年中国残疾人事业发展统计公报[EB/OL].（2013-06-06）[2018-09-20].http：//www.gov.cn/fuwu/cjr/2013-06/06/content_2630957.htm.

中国残疾人联合会，2015.2014年中国残疾人事业发展统计公报[EB/OL].（2015-03-31）[2019-05-10].http：//www.cdpf.org.cn/zcwj/zxwj/201503/t20150331_444108.shtml.

中国残疾人联合会，2016.中国残疾人事业统计年鉴2016[M].北京：中国统计出版社.

中国残疾人联合会，2019.2018年残疾人事业发展统计公报[EB/OL].（2019-03-25）[2020-07-10].http：//www.caoss.org.cn/sbnr.asp?id=1571.

中国残疾人联合会，2020.2019年中国残疾人事业发展统计公报[EB/OL].（2020-04-02）[2020-06-02].http：//www.cdpf.org.cn/zcwj/zxwj/202004/t20200402_674393.shtml.

《中国教育年鉴》编辑部，1984.中国教育年鉴（1949—1981）[M].北京：中国大百科全书出版社.

中华人民共和国卫生部，中华人民共和国公安部，中国残疾人联合会，等，2003.2001中国0—6岁残疾儿童抽样调查报告[M].北京：中国统计出版社.

钟义，2004.中国0岁~6岁残疾儿童抽样调查结果在京发布[J].中国残疾人（4）：42.

周安艳，2000.韵律体操训练程序对脑性瘫痪儿童的功能促进作用[J].现代康复（8）：1172-1173.

周满生，2008.全纳教育：概念及主要议题[J].教育研究（7）：16-20.

周志英，2016.学前聋儿融合教育[M].北京：中国轻工业出版社.

朱楠,王雁,2015."复合型"特殊教育教师的培养:基于复合型的内涵分析[J].教师教育研究(6):39-44.

朱宗顺,2011.特殊教育史[M].北京:北京大学出版社.

MCCANN C, 2014. Federal funding for students with disabilities: the evolution of federal special education finance in the United States[EB/OL].[2018-07-05].https://files.eric.ed.gov/fulltext/ED556326.pdf.

MITCHELL D R, 1995. Special education policies and practices in the Pacific Rim region[EB/OL].[2021-09-21].https://files.eric.ed.gov/fulltext/ED391261.pdf.

U.K. Department of Education, 2015. Budgeted expenditure on special educational needs (SEN) provision: 2015-16[EB/OL].(2015-06-30)[2018-07-05].https://dera.ioe.ac.uk/23798/.

U.S.Department of Education, 2015.Special education fiscal year 2015 budget request [EB/OL].(2015-02-02)[2018-07-05].https://www2.ed.gov/about/overview/budget/budget15/index.html.

出 版 人　李　东
责任编辑　张玉荣　方檀香　薛　莉
版式设计　郝晓红
责任校对　张晓雯
责任印制　叶小峰

图书在版编目（CIP）数据

当代中国特殊教育／陈云英编著. — 北京：教育科学出版社，2021.12
　ISBN 978-7-5191-2876-0

Ⅰ.①当… Ⅱ.①陈… Ⅲ.①特殊教育—研究—中国 Ⅳ.①G769.2

中国版本图书馆 CIP 数据核字（2021）第 258468 号

当代中国特殊教育

DANGDAI ZHONGGUO TESHU JIAOYU

出版发行	教育科学出版社			
社　　址	北京·朝阳区安慧北里安园甲9号	邮　　编	100101	
总编室电话	010-64981290	编辑部电话	010-64989421，64981252	
出版部电话	010-64989487	市场部电话	010-64989009	
传　　真	010-64891796	网　　址	http://www.esph.com.cn	
经　　销	各地新华书店			
制　　作	北京金奥都图文制作中心			
印　　刷	保定市中画美凯印刷有限公司			
开　　本	787毫米×1092毫米　1/16	版　　次	2021年12月第1版	
印　　张	14.75	印　　次	2021年12月第1次印刷	
字　　数	240千	定　　价	50.00元	

图书出现印装质量问题，本社负责调换。